本书为国家社会科学基金一般项目"非法非正常收入形成的博弈……对国民收入分配格局的影响研究"（项目编号：13BJL033）的最终……

非法非正常收入形成的博弈机理及其对国民收入分配格局的影响研究

王少国⊙著

GAME THEORY ANALYSIS ON THE FORMATION MECHANISM
OF ILLEGAL AND ABNORMAL INCOME
AND ITS INFLUENCE ON NATIONAL INCOME DISTRIBUTION STRUCTURE

经济管理出版社
ECONOMY & MANAGEMENT PUBLISHING HOUSE

图书在版编目（CIP）数据

非法非正常收入形成的博弈机理及其对国民收入分配格局的影响研究/王少国著 . —北京：
经济管理出版社，2016.12
ISBN 978 - 7 - 5096 - 4779 - 0

Ⅰ.①非…　Ⅱ.①王…　Ⅲ.①国民收入分配—研究—中国　Ⅳ.①F124.7

中国版本图书馆 CIP 数据核字（2016）第 287207 号

组稿编辑：胡　茜
责任编辑：任爱清
责任印制：黄章平
责任校对：董杉珊

出版发行：经济管理出版社
　　　　　（北京市海淀区北蜂窝 8 号中雅大厦 A 座 11 层　100038）
网　　址：www. E - mp. com. cn
电　　话：(010) 51915602
印　　刷：三河市延风印装有限公司
经　　销：新华书店
开　　本：720mm × 1000mm/16
印　　张：12.25
字　　数：234 千字
版　　次：2016 年 12 月第 1 版　　2020 年 5 月第 2 次印刷
书　　号：ISBN 978 - 7 - 5096 - 4779 - 0
定　　价：59.00 元

前　　言

　　非法非正常收入作为影响收入分配的重要问题之一，对其的有效治理有助于形成合理有序的分配格局，深化推进分配制度改革。本书研究了非法非正常收入形成的博弈机理及其对国民收入分配格局的影响，从利益博弈视角为其形成和发展提供了理论解释；通过定量刻画中国各类市场主体非法非正常收入规模变化对分配格局的扰动程度及其发展趋势，为政府寻求治理的政策突破口和相关制度建设提供依据，具有重要的理论和现实意义。

　　基于上述研究价值判断，本书重点进行了非法非正常收入形成的博弈机理分析、中国非法非正常收入规模的测度、中国非法非正常收入规模对国民收入分配格局的影响分析、非法非正常收入治理的国际绩效比较与启示、治理非法非正常收入的政策建议专题研究。本书的主要创新在于：第一，提出了经济社会发展的合意状态和非合意状态与非法非正常收入的关系。第二，基于损益矩阵分析了各类市场主体与监管者之间的博弈，得到静态博弈中的合意解和动态博弈中的均衡解，从理论上对非法非正常收入形成的博弈机理进行了阐释。第三，根据非法非正常收入的动态博弈均衡状态比较，推演出由非法非正常活动出现到非法非正常收入得到有效治理的过程中，将会经历的四个发展阶段，即从非法非正常行为猖獗，经济社会无法容忍阶段，到监管者不惜社会成本开展非法非正常收入治理，尽管非法非正常收入大幅减少，但经济社会无法承担治理成本的阶段，再到治理非法非正常收入的低成本长效机制生效，非法非正常治理成本与社会危害大体相当的均衡阶段，最后进入新型非法非正常活动不断涌现，原有治理方式的治理成本大大提升，查处成本与非法非正常活动带来的经济社会损失之间的均衡状态被打破，进入到下一个非法非正常活动的治理阶段。第四，采用改进的现金比率法，并使用微观收支差异法进行测算结果比较，测度了自 1992 年以来政府、企业和居民三个部门的非法非正常收入规模，分析了其变化趋势。第五，分析了中国非法非正常收入规模对国民收入分配格局的影响状况。尽管非法非正常收入对初次分配格局及其变化的影响并不显著，但是却进一步恶化了再分配格局，使其进一步向政府部门倾斜，而不利于企业和居民部门。第六，选取了一些具有代表性的国家，对其治理贪污腐败、地下经济、灰色收入、偷税漏税等非法非正常收入的主要措施和绩效进行比较分析，提出对中国进行非法非正常收入治理的若干有益启示。第七，提出了从经济主体与监管者两方面着手，治理中国非法非正常收入的总体思路。

目　　录

绪　论 ………………………………………………………………… 1

    一、研究背景 …………………………………………………… 1

    二、国内外研究现状评述 ……………………………………… 2

    三、研究的主要内容与研究方法 ……………………………… 4

    四、研究的主要创新 …………………………………………… 5

第一章　非法非正常收入界定及其主要表现形式 ……………… 7

  第一节　非法非正常收入的界定 ……………………………… 7

    一、非法非正常收入的外延式界定 …………………………… 7

    二、非法非正常收入的内涵式界定 …………………………… 8

  第二节　非法非正常收入的主要表现形式 …………………… 9

    一、非法收入的主要表现形式 ………………………………… 9

    二、合法非正常收入的主要表现形式 ………………………… 12

第二章　非法非正常收入形成的博弈机理分析 ………………… 17

  第一节　关于非法非正常收入博弈机理的研究评述 ………… 17

    一、非法非正常收入的博弈分析范式 ………………………… 17

    二、关于企业部门的非法非正常收入的博弈行为研究 ……… 18

    三、关于居民部门的非法非正常收入的博弈行为研究 ……… 19

    四、关于由政府等权力部门派生出的非法非正常收入的

      博弈行为研究 ……………………………………………… 19

  第二节　非法非正常收入形成的动机分析 …………………… 21

    一、政府行政部门及其工作人员的动机 ……………………… 22

    二、企业部门及其工作人员的动机 …………………………… 22

三、居民部门获得非法非正常收入的动机 …………………… 22

四、政府监管部门防范和治理非法非正常收入的动机 ……… 23

第三节 非法非正常收入形成的博弈机理分析 ……………… 23

一、经济行为主体的收益描述 …………………………… 23

二、监管者保障的社会整体利益描述 …………………… 23

三、经济主体与监管者之间的博弈 ……………………… 24

四、静态博弈中的合意解 ………………………………… 24

五、动态博弈中的均衡解 ………………………………… 25

第四节 各类非法非正常收入的动态博弈均衡状态比较 …… 25

一、地方政府和腐败分子与监管者之间的博弈均衡解 … 26

二、企业部门与监管者之间的博弈均衡解 ……………… 26

三、居民部门与监管者之间的博弈均衡解 ……………… 27

第五节 博弈视角下非法非正常收入治理历程演进历程及美、

韩的实例 ………………………………………………… 27

一、基于博弈模型下非法非正常收入治理阶段的推演 … 27

二、美国、韩国非法非正常收入治理的博弈阶段演进 … 29

第三章 中国非法非正常收入规模的测度 …………………… 33

第一节 测算中国非法非正常收入的主要方法比较及选择 … 33

一、直接调查法 …………………………………………… 33

二、间接测度 ……………………………………………… 34

三、测算中国非法非正常收入的适宜方法 ……………… 36

第二节 基于现金比率法测度中国非法非正常收入规模 …… 36

一、基于现金比率法测度中国非法非正常收入总体规模 … 36

二、测度结果 ……………………………………………… 37

第三节 基于微观收支差异法测度的中国非法非正常收入 … 39

一、合法正常收入估算 …………………………………… 39

二、支出与收入的数量比较 ……………………………… 39

三、非法非正常收入的估算 ……………………………… 40

第四节 基于现金比率法测度中国居民部门和企业部门

非法非正常收入 ……………………………………… 41

一、数据来源与规模测算 ………………………………… 41

二、居民部门和企业部门非法非正常收入规模的变动趋势 … 42

第五节 分地区的非法非正常收入规模测算 ………………… 43

　　一、各地区非法非正常收入测算的基本方法 ·············· 43

　　二、各地区非法非正常收入测算结果 ·················· 44

第六节　基于分配环节的非法非正常收入规模测算 ·········· 46

　　一、基于初次分配环节的非法非正常收入规模测算 ········ 46

　　二、再分配格局中的非法非正常收入规模测算 ·········· 52

第七节　非法非正常收入规模变动的博弈原因分析 ·········· 67

第四章　中国非法非正常收入规模对国民收入分配格局的影响 ·········· 68

第一节　不考虑非法非正常收入情形下的宏观国民收入
　　　　分配格局测算 ·························· 68

　　一、资金流量法测算国民收入分配初次格局 ············ 69

　　二、要素收入法测算国民收入初次分配格局 ············ 71

　　三、国民收入再分配格局测算和分析 ·················· 75

　　四、国民收入分配格局的国际比较 ·················· 77

第二节　非法非正常收入对国民收入初次分配格局的影响 ······ 79

　　一、测算方法调整的说明 ······················ 80

　　二、测算结果及分析 ·························· 80

第三节　非法非正常收入对国民收入再分配格局的影响 ········ 84

　　一、测算方法调整 ·························· 84

　　二、测算结果分析 ·························· 86

第四节　非法非正常收入对部门内部分配格局的影响 ········ 92

　　一、土地出让金对政府部门内部分配格局的影响 ········ 92

　　二、隐性收入对居民收入分配差距的影响 ·············· 98

第五节　非法非正常收入影响国民收入分配格局变化的原因分析 ······ 102

第五章　非法非正常收入治理的国际绩效比较与启示 ·········· 104

第一节　治理贪污腐败的措施和绩效比较 ·············· 104

　　一、法律体系建设的措施和绩效比较 ·················· 105

　　二、反腐组织机构的运行措施和绩效比较 ·············· 109

　　三、社会力量参与监督的措施和绩效比较 ·············· 111

　　四、总体绩效评价 ·························· 113

第二节　治理地下经济的措施和绩效比较 ·············· 116

　　一、美国通过完善法律压缩地下经济发生空间 ·········· 117

　　二、日本通过完善法律和动机抑制降低地下经济的潜在发生率 ····· 118

三、韩国通过金融市场改革铲除地下经济发生的土壤 ………… 119

四、多国通过限制现金交易减少地下经济 ……………………… 120

第三节 治理灰色收入的措施和绩效比较 ……………………… 121

一、通过收入规范化治理灰色收入 ……………………………… 121

二、通过职业监督降低职务侵占 ………………………………… 122

三、通过制度建设强化对灰色收入征税 ………………………… 123

第四节 治理偷税、漏税的措施和绩效比较 …………………… 123

一、加大对偷税、漏税行为的惩治力度 ………………………… 124

二、完善机构和税制设计减少偷税、漏税发生的漏洞 ………… 124

三、降低宏观税负水平减少偷税、漏税的发生 ………………… 125

第五节 非法非正常收入治理的国际经验对我国的启示 ……… 126

一、建立健全科学协同的法治体系 ……………………………… 127

二、健全市场经济体制 …………………………………………… 127

三、构建多层次治理的社会体制环境 …………………………… 128

四、提高直接治理机构自身的运转效率 ………………………… 128

五、强化公务人员自身的道德约束 ……………………………… 129

六、调动社会力量参与违法行为治理的积极性 ………………… 130

七、促进金融交易的透明化 ……………………………………… 130

八、抑制地下经济发生的动机 …………………………………… 131

第六章 治理非法非正常收入的政策建议 ……………………… 132

第一节 治理非法非正常收入，促进国民收入分配格局的合理化 … 132

一、基于不同经济主体利益的政策目标导向 …………………… 132

二、规范政府部门的各项收入 …………………………………… 134

三、建立与现代企业管理相适应的分配政策体系 ……………… 138

四、提高居民合理正常收入比例，加强居民部门

非法非正常收入监测 ………………………………………… 141

第二节 治理非法非正常收入的突破口选择 …………………… 144

一、全面深化改革，推动重点领域改革 ………………………… 144

二、优化初次分配与再分配机制，建立有效的综合治理体系 … 146

三、保持持续高压态势，震慑从事非法非正常活动的经济主体 … 156

参考文献 …………………………………………………………… 157

附　录 ·· 169

　　附录1　1992～2013年企业、政府、居民三部门初次分配收入

　　　　　　规模及比例 ·· 169

　　附录2　1952～2014年支出法最终消费支出结构 ···················· 170

　　附录3　2013年资金流量表（实物交易） ···························· 173

　　附录4　2010～2014年世界各国清廉指数得分情况 ···················· 176

后　　记 ·· 183

绪　　论

一、研究背景

纵观世界各国历史，自人类社会存在以来，人与人在生产过程中就结成了一定的社会关系。在马克思和恩格斯以前的许多学者是"用人的理性、人的意识来解释这种社会关系，而马克思和恩格斯把复杂的社会现象归结为经济关系，即生产关系"[①]。按照马克思的观点，生产力的发展引起生产关系的变革，生产关系的变革又为生产力的发展开辟道路，进一步推动生产力向前发展。如果生产关系适合生产力的发展，并且所有经济主体都能够按照生产关系的安排开展经济活动，整个经济社会的发展将处在合意状态，可以最大限度地促进生产力的发展。更多的情形是经济社会处在不合意状态，即生产关系与生产力不完全适应，以及生产关系的生产、分配、交换、消费四个环节经济主体的经济活动不完全适应。在不合意状态下，违反生产关系安排的非法非正常行为也随之而来，其原因在于：一是经济主体基于自身利益最大化的考量，总有违反既有生产关系安排的动机，在增加自身利益的同时，造成经济社会整体的损失，成为非法经济活动的雏形。二是经济社会快速发展，由于生产关系调整不及时，造成诸多生产关系不适应生产力的问题，一些不符合生产力发展方向的经济活动，依然符合既定生产关系安排，成为非正常收入的雏形。此外，还有一种特殊情况是，一些符合生产力发展的经济活动，被视为违背既定生产关系安排，成为非法正常收入的雏形。这种经济活动是推动生产关系调整，推动社会进步的力量，需要积极推动改革以适应生产力的发展。从社会实践来看，在第三次社会大分工后，真正意义上的法律诞生了，这些法律规则约束着每个经济个体，并影响其经济利益。自此之后，经济主体突破既定生产关系安排的行为就被称为非法经济活动，取得的收入则为非法收入。在生产关系调整迟缓、法律制度不健全的领域中，由不符合经济社会发

[①]　刘灿. 揭示生产关系规律是中国特色社会主义政治经济学研究的重大课题［J］. 经济学家，2016（3）.

展趋势的经济活动所获得的收入则为合法非正常收入。这就是非法非正常收入产生的历史根源。可以说，非法非正常收入的产生，是个体追求经济利益最大化的必然结果。上千年来，为保障经济社会的整体利益，世界各国都在不断探索非法非正常收入的有效治理手段，但遗憾的是，任何一个国家都没能彻底消除非法非正常收入，只能是通过制度设计将非法非正常行为控制在可容忍范围之内。

目前，中国已经建立起社会主义市场经济体制，"破除了传统计划经济体制下平均主义的分配方式，在坚持以按劳分配为主体的基础上，允许和鼓励资本、技术、管理等要素按贡献参与分配，不断加大收入分配调节力度。经过 40 多年的探索与实践，以按劳分配为主体、多种分配方式并存的分配制度基本确立，以税收、社会保障、转移支付为主要手段的再分配调节框架初步形成，有力地推动了社会主义市场经济体制的建立，极大地促进了国民经济的快速发展；同时，也要看到收入分配领域仍存在着一些亟待解决的突出问题，主要是城乡区域发展差距和居民收入分配差距依然较大，收入分配秩序不规范，隐性收入、非法收入问题比较突出，部分群众生活比较困难，宏观收入分配格局有待优化"①。有效治理非法非正常收入对于促进收入分配制度改革，形成合理有序的分配格局具有重要意义。

二、国内外研究现状评述

从国内外研究来看，有关非法非正常收入的研究一般是针对某一类非法非正常收入进行研究，研究内容主要集中在三个方面。

1. 测算政府、企业和居民部门的非法非正常收入规模

（1）关于政府部门的非法非正常收入。陈宗胜（1991）在界定非法收入为私营经济的非法经营收入、党政官员的贪污受贿收入和集团消费向个人消费转化的基础上，测算出 1988 年党政官员的贪污受贿收入最高规模为 112.5 亿元。杨斌等（1998）、常兴华（2009）、王宏伟（2012）用资金流量表估算了中国政府税外收费等制度外收入规模。平新乔（2007）、贾康（2009）测算了中国地方政府土地出让收入规模。

（2）关于企业部门的非法非正常收入。Ross（1978）、Feige E. L.（1982）用货币需求法估算了发达国家地下经济的税收逃逸规模。Schneider F.（2000、2005、2010）用货币需求法和 MIMIC 法测算了隐形经济比重，发达国家占 17%、发展中国家占 41%、转型经济体占 38%。Rafael（2012）用货币需求法测算了 24 个非洲国家的隐形经济规模。Dennis（2012）用结构方程法测算了美国隐形经

---

① 发展改革委、财政部、人力资源社会保障部. 关于深化收入分配制度改革的若干意见 [N]. 2013 – 02 – 03.

济规模。Wells SC（2012）用博弈模型分析了发达国家企业的税收流失。孔蕊（2002）通过支出法和生产法计算 GDP，初步估算了中国隐形经济的规模。贾绍华（2002）用现金比率法测算了 2000 年中国企业的税收流失比重为 35%。刘洪、夏帆（2003）测算中国非正规经济规模为 GDP 的 15%。罗磊（2005）测算中国地下经济规模占 GDP 的平均比重为 10%。杨灿明（2010）用 MIMIC 法测算中国隐形经济规模为 15%。苏飞、胡艳（2012）应用多因素多指标（MIMIC）法测算了中国地下经济规模，研究发现，1979 年中国地下经济规模比例仅为 0.78%，2009 年则高达 19.93%。

（3）关于居民部门的非法非正常收入。陈宗胜等（1991、2001）估算了中国居民非法收入规模。李实等（2007、2011）、王小鲁（2007）用家庭收支调查数据分别估算了中国居民的非正常收入。

2. 关于非法非正常收入的影响分析

Rafael（2012）认为，隐形经济对正式经济发展有较大的负面作用。Yonatan（2012）认为，美国居民非正常收入降低了再分配政策的调节作用。Dennis（2012）认为，美国隐形经济扩大了居民的收入差距。Wells S. C.（2012）认为，税收流失导致资本收入份额上升。陈宗胜（2001）、李实（2007）认为，中国居民灰色收入导致居民收入比重低估的同时扩大了收入差距。平新乔（2007）、贾康（2003、2009）、白重恩等（2009）均认为，中国非法非正常收入对分配格局变化影响较大。卢现祥、杨云彦（1992）认为，地下经济侵蚀了国家财政。张红、吴树斌（2001）认为，灰色收入干扰了正常经济秩序，造成国家税收流失，加剧了社会不公等社会问题，同时还提出灰色收入有补充按劳分配不足和提高资源供给效率的积极作用。孔蕊（2002）认为，隐形经济导致国家财政收入损失、扰乱流通秩序、宏观调控失灵、分配不公、腐败等。罗磊（2005）分析认为，地下经济影响了 GDP 数据的真实性、造成国家财力萎缩、导致收入分配不合理、社会经济信息的失真和扭曲。

3. 关于非法非正常收入的成因及其治理

Andreoni（1998）、Franzoni（2000）、Wells S. C.（2002）从信息不对称角度研究纳税人的纳税遵从行为，认为税收负担和监管不力是税收流失的主要原因。Bernstein（2011）认为，美国政府从最优经济增长角度对收入和财富不均等的较高容忍度导致非正常收入膨胀。陈宗胜（1991）、于祖尧（1998）认为，中国双轨转型期的腐败是政府租金规模上升的主要原因。岳希明（2010）认为，垄断与竞争行业收入差距的 50% 来自行政垄断。蔡昉（2003）、任太增（2011）、林毅夫（2003、2012）认为，基于中国重工业优先发展战略的一整套政府干预政策是分配格局向非居民倾斜的主要原因。徐正云（2009）发现，直接税比重、间接税比重以及自我雇佣的比例三者对地下经济影响较大。对非法非正常收入的治理，以上学者均强调加强监管和完善相关制度的重要性。

总体来看，国内外相关研究用多种方法测度了灰色收入、非法收入、隐形经济、地下经济等不同或相关的非法非正常收入规模，并分析其对分配格局的影响，强调经济转轨、制度缺陷和发展战略等因素的影响，主张从制度建设方面治理。但对市场主体非法非正常收入的全面测算缺乏，不能刻画其对分配格局的综合影响，对其产生机制的理论研究不足，不能为政府政策制定提供充分的理论依据，也不能更好地揭示各类非法非正常收入对分配格局的扰动程度和发展趋势，不利于政府寻求治理的政策突破口。为了更好地推动非法非正常收入治理，需要研究非法非正常收入形成的博弈机理及其对国民收入分配格局的影响，并按照利益博弈的视角为其形成发展提供理论解释，为相关制度建设提供新的理论依据。通过定量刻画中国各类市场主体非法非正常收入规模及对分配格局的扰动程度和影响，判断其发展趋势，为寻求治理的政策突破口提供依据。

三、研究的主要内容与研究方法

基于上述研究价值判断，本书重点研究内容包括非法非正常收入形成的博弈机理分析、中国非法非正常收入规模的测度、中国非法非正常收入规模对国民收入分配格局的影响、非法非正常收入治理的国际绩效比较与启示、治理非法非正常收入相关政策建议等的研究。

在研究方法上，本书注重运用博弈分析、统计分析、比较分析、规范分析等方法进行研究。一是在博弈分析方面，通过中央与地方政府、企业、居民等市场主体和监管部门的行为模式和利益博弈，在揭示非法非正常收入的形成和发展机制的过程中，运用了静态和动态博弈方法。二是在统计分析方面，在分析非法非正常收入对分配格局的影响过程中，用资金流量表相关指标和时变弹性生产函数确定劳动报酬比重并按年度折算系数折算政府和企业收入比重法分别刻画收入分配格局；用政府非预算收入 = 政府总收入 – 财政收入 – 预算外收入、检察院和海关的腐败与走私数据、改进的现金比率法和货币需求法测算隐形经济规模和税收流失、对比相关行业的国际经营成本和利润率差异测算行政垄断利润、对数正态分布和核密度分布拟合收入分布函数法测算高收入阶层过高薪酬和隐形收入等方法测算非法非正常收入。三是在比较分析方面，对比世界典型国家的非法非正常收入治理绩效情况，获得对中国非法非正常收入治理的启示；比较非法非正常收入对中国收入分配格局的影响，发现其变化趋势。四是在规范分析方面，提出了基于不同主体经济利益的政策目标导向，分析了国外治理非法非正常收入的经验与启示和中国治理的突破口选择。

四、研究的主要创新

通过上述研究，实现的创新主要有：

第一，阐明了经济社会发展的合意状态、非合意状态与非法非正常收入的关系。生产关系适应生产力，所有经济个体服从生产关系的相关安排，经济社会发展则处于合意状态。但经济社会发展的更多情形不符合以上状态，即处于非合意状态。这种不合意就会产生非法非正常收入。

第二，阐释了非法非正常收入形成的博弈机理。运用博弈分析方法中的损益矩阵刻画了经济行为主体的收益、监管者保障的社会整体利益，并基于该损益矩阵分析各类经济主体与监管者之间的博弈，从而得到静态博弈中的合意解和动态博弈中的均衡解。在各类非法非正常收入的动态博弈均衡状态比较中，从合意状态角度，分析地方政府和腐败分子与监管者之间、企业与监管者之间、居民与监管者之间的博弈均衡解。得出地方政府与监管者博弈的可能均衡状态是监管者出于监管成本较高、不惩处的社会危害相对较小方面的考虑，更加有可能采取对地方政府"睁一只眼，闭一只眼"的态度；监管者与腐败分子之间博弈的可能状态是，不断加大监管力度，达到合意状态。企业与监管者之间的博弈特点是监管者发现企业的非法非正常行为后，对其进行查处的成本相对较低，但由于企业数目众多，监管者发现其非法非正常行为较为困难，要进一步提高查处率就需要支付巨大的监管成本，因此，博弈均衡状态既有可能是合意状态，也有可能是次优的将非法非正常活动控制在一定范围内的状态。居民与监管者之间的博弈特点是，监管者很难发现居民的非法非正常行为，即便发现了，对其进行惩处的难度也较大，因而监督成本较高，也可能会采取"睁一只眼，闭一只眼"的态度。

第三，根据类非法非正常收入的动态博弈均衡状态比较，推演了由非法非正常活动出现到非法非正常收入得到有效治理过程中，将会经历四个发展阶段。从非法非正常行为猖獗，经济社会无法容忍的阶段，到监管者不惜社会成本开展非法非正常收入治理，非法非正常收入大幅减少，但经济社会无法承担治理成本的阶段，再到治理非法非正常收入的低成本长效机制生效，非法非正常治理成本与社会危害大体相当的均衡阶段，最后进入新型非法非正常活动不断涌现，原有治理方式的治理成本大大提高，查处成本与非法非正常活动带来的经济社会损失之间的均衡状态被打破，进入到下一个非法非正常活动治理的阶段。

第四，采用改进的现金比率法，并使用微观收支差异法进行测算结果比较，测度了1992年以来政府、企业和居民三部门的非法非正常收入规模。测度结果表明当前非法非正常收入规模较大，以2013年为例，其规模相当于正常收入的1/4，但近年来其变化呈下降趋势。居民部门非法非正常收入规模比企业部门大，两者的变化趋势具有较强的一致性。

第五，分析了中国非法非正常收入规模对国民收入分配格局的影响状况。尽管非法非正常收入对初次分配格局及其变化的影响并不显著，但进一步恶化了再分配格局，使其向政府部门倾斜，而不利于企业和居民部门。中央与地方政府财权与事权的不对称，中央财政转移支付对地方政府的灵活自主性不强是地方政府土地出让收入居高不下的重要原因。从居民部门来看，隐性收入对中国居民收入分配差距存在明显的促增作用，其作用最强的时期仍然是 20 世纪 90 年代，进入 21 世纪以来的促增作用下降。

第六，选取美国、日本、韩国、新加坡、俄罗斯等代表性国家，对其治理贪污腐败、地下经济、灰色收入、偷税漏税等非法非正常收入的主要措施和绩效进行比较，提出对中国进行非法非正常收入治理的若干有益启示。

第七，提出了从经济主体与监管者两方面着手，治理中国非法非正常收入的总体思路。

第一章　非法非正常收入界定及其主要表现形式

改革开放以来，随着所有制经济形式的多样化及其日益发展，各种生产要素参与收入分配，在经济转轨和市场经济体制不完善的情况下，非法和不合理收入种类逐渐增加，且规模呈扩大趋势，不仅扰乱了收入分配秩序，同时也影响国民经济的健康发展。因此，这种非法非正常收入受到越来越多的关注。

第一节　非法非正常收入的界定

一、非法非正常收入的外延式界定

非法非正常收入是相对于合法正常收入而言的。合法正常收入一般是指合法、合理、应得的收入。《现代劳动关系辞典》（2000）将其定义为："以劳动或经营等方式所获得的收益以及私人通过储蓄、借贷、入股、租赁、资产营运等而取得的收益。从收入来源划分，有劳动收入、经营收入、服务收入和税款收入等；从收入对象划分，有国民收入、家庭收入和个人收入。"《现代经济词典》（2005）对收入给出了更为详尽的描述："收入是经济活动主体，如政府、企业或个人在一定时期内所获得的收益。"从收入载体角度，可分为货币收入、实物收入等；从获得收入的主体角度，可分为政府财政收入、企业收入、个人收入等，其中，在个人收入中，又有个人可支配收入、城市居民家庭全部收入、城市居民家庭可支配收入、农村居民家庭纯收入等；从国民经济统计角度，分为国民总收入、国民净收入、国民收入、原始收入、国民可支配总收入、国民可支配净收入等；从收入来源角度，可分为要素收入、财产收入等；按照是否扣除价格变化因素，可分为名义收入、实际收入。

对于非法非正常收入概念的界定,目前主要是在合法正常收入的基础上进行外延式界定,例如,《经济大辞典》将非法收入定义为单位或个人利用不正当手段,违反国家法律和政策规定而取得的财物,包括用非法倒卖物资、买空卖空、转包渔利、居间牟利、弄虚作假、骗钱牟利、坐地分赃等手段攫取的非法收入。陈宗胜(1991)认为,非法非正常收入包括私营经济靠偷税漏税和行贿而获得的非法收入、少数贪腐官员贪污受贿获得的非法收入、个人利用职务之便进行集团消费而形成的不正当收入。值得注意的是,王治(2012)认为,非法收入与违法收入不同,违法收入中的"法"是指宪法、刑法、民法、商法等"狭义"的法律,非法收入中的"法"是指一切法律、行政法规、规章等规范性法律文件,是广义的"法"。

二、非法非正常收入的内涵式界定

(一)从较长历史视角来看,非法非正常收入是一个具有阶段性内涵的概念

在生产关系不断调整以适应生产力发展的过程中,经济社会中的生产资料权属关系、分配制度也随之相应变化。在不同的发展阶段中"合法"和"正常"有不同的含义,非法收入、非正常收入的内涵与外延也存在差异。例如,由1952年的中国社会主义改造基本完成后到1978年改革开放前,国家实行的是计划经济体制,按照法律规定所有的生产资料归国家或集体所有,作为"资本主义尾巴"的个体经营既是非法行为也是非正常行为,相应获得的收入就是非法非正常收入;在1979~1983年的过渡期内,随着大批知青返城,允许"个体户"发展已经成为了历史潮流,特别是1979年2月,中共中央、国务院批转了第一个有关发展个体经济的报告后,个体经营收入已经成为了正常收入,但还未在法律上得到认可,其收入严格来说仍然是非法收入;直至1983年《关于城镇劳动者合作经营的若干规定》出台后,允许城乡居民和剩余劳动力从事个体经营,并放宽批准权限、经营范围和经营方式,简化登记审批手续,个体经营才成为合法、正常的经营活动,获得的收入也成为了合法正常收入。

(二)非法收入与非正常收入之间的关系

尽管非法收入与非正常收入大体上是一致的,但也存在着一些不一致的地方。从相一致的方面来看,随着法律体系的不断完善,法律与经济社会发展的适应性会不断增强,与经济社会发展不相符的非正常收入最终会通过立法等手段予以规范;虽然符合经济社会发展需要,但不符合原有法律规定的法条会稳步废止或修正,"非法"而"正常"收入会越来越少。因而,大部分的非正常收入都是非法收入,大部分的非法收入也是非正常收入。从不一致的方面来看,由于法律相对于经济社会变化而言比较稳定,法律调整会相对滞后,在一些新兴领域中,

容易出现一些符合经济社会发展需要的合理但不合法的收入，例如，20 世纪 80 年代初的个体户，近两年出现的"网约车"等。另外，在一些涉及面广、改革难度较大、改革进程相对滞后的领域，容易出现一些不符合经济社会发展需要的非正常但合法的收入，例如，行政性垄断获得的超额收益等，补贴国有企业经营性亏损等的收入。

（三）对非法非正常收入的内涵式界定

考虑到非法非正常收入多种多样，并且不断发展变化，很难给出准确的定义。为便于进行分析，基于目前中国经济社会发展的实际状况，本书对非法非正常收入予以内涵式界定，即非法非正常收入为从按劳分配或按生产要素分配之外获得的违法收入以及合法但有悖道德规范的收入。

第二节　非法非正常收入的主要表现形式

在经济生活中，非法非正常收入的表现形式多种多样，我们有必要对其典型形式加以阐述，以便理清非法非正常收入的研究脉络，下面主要从非法收入、合法非正常收入两个方面，按照政府、企业和居民部门对其进行分类说明。

一、非法收入的主要表现形式

（一）政府部门的贪污腐败收入

按照我国刑法规定，"国家工作人员利用职务上的便利，侵吞、窃取、法律判决骗取或以其他手段非法占有公共财物的，以及受国家机关、国有公司、企业、事业单位、人民团体委托管理、经营国有财产的人员，利用职务上的便利，侵吞、窃取、骗取或以其他手段非法占有国有财物的，均为贪污行为；国家工作人员利用职务上的便利，索取他人财物的，或非法收受他人财物，为他人谋取利益的，均为受贿行为"[①]。这种由贪污受贿行为取得的收入即为贪污受贿收入，显然是一种非法收入。目前，贪污受贿收入已经成为一种主要的非法收入形式，是非法非正常收入治理的重点。胡星斗教授认为，中国贪官的查处率只有 1%："2009 年中国的 GDP 约为 335000 多亿元，按照中等腐败国家的腐败额占 3% 计算，中国的腐败金额约 1 万亿元，实际查处 100 余亿元，腐败黑数也是 99%。"[②] 按照这个比例计算，GDP×3%，2013 年中国的腐败金额为 1.7 万亿元。中国社

---

① 《中华人民共和国刑法》第八十三、八十五、八十八条规定。
② 胡星斗. 中国腐败的治理［EB/OL］. http：//www.huxingdou.com.cn/graft.html.

会科学院调研资料披露的外逃贪官达一万余人，携款八千亿元，近年来互联网披露的贪污受贿领导干部情况更是触目惊心。但事实上，由于有些没有在互联网公开，有些公开了但是没有详细的腐败内容和数字，近几年查处的腐败官员数量远不止于此。根据 2012～2014 年被查处的官员的受贿数额进行粗略的统计推断，各级官员的受贿平均值为：部级（包括正副）105790 万元；厅级（包括正副）2802 万元；处级（包括正副）2439 万元。2014 年最高检察院的工作报告指出，2013 年立案侦查的贪污、挪用公款、贿赂案件涉案金额 100 万元以上的有 2581 件，县处级以上的国家工作人员涉嫌犯罪的 2871 人，其中省部级有 8 人、厅局级有 253 人。按照计算公式：受贿平均值×涉嫌犯罪人数＝政府机关干部非法非正常收入。2013 年政府机关干部获得的非法非正常收入总额粗略估算为 792.1 亿元。

贪污腐败不仅造成国家税收的严重损失，更重要的是严重扭曲社会公平正义，加大了社会各阶层间的收入分配差距，增加了市场主体的交易成本，扭曲资源配置，长期来看不利于国民经济健康发展。如 20 世纪 80 年代的南美大陆，尽管在一定时期内实现了经济的快速成长，但大面积的政府腐败最终导致阿根廷、巴西等国家经济社会发展长期停滞，最终陷入中等收入陷阱难以自拔。

（二）企业和居民部门来自地下经济和偷税漏税的收入

地下经济是一种不在政府的法律法规约束之下，经济活动不向政府申报，不向政府纳税的经济形态。地下经济活动存在于生产关系中的各个环节，在世界范围内是一种普遍存在的经济现象，被国际社会称为"经济黑洞"。从表现形式来看，地下经济通常被分为三类：第一类为"灰色经济"或"影子经济"，主要是未经工商管理部门登记，进行逃税的个体经济，例如，无照经营的小商贩、个体装修、维修服务等；第二类为"黑色经济"，指走私、贩毒、制假、赌博、洗钱、贩卖人口等犯罪经济，这类经济不仅违法犯罪，还逃避税收；第三类为新型网络犯罪，主要是指通过在网上搞假投资、假公司等来骗取钱财的经济犯罪活动。这些地下经济活动带来的收入则为地下经济收入，显然是一种非法收入。地下经济收入是非法收入的重要组成部分，对一国国民经济侵蚀严重，特别是对于那些法制不健全、制度不规范、执法不严格的发展中国家来说，地下经济收入不仅广泛发生，还严重威胁着这些国家的经济宏观体系的稳定，损害着公平正义的社会环境。

偷税是指"纳税人以不缴或少缴税款为目的，采取各种不公开的手段，隐瞒真实情况，欺骗税务机关的行为"①。漏税是指"由于纳税人不熟悉税法规定和

① 参见《中华人民共和国刑法》第 201 条规定，《刑法修正案（七）》取消了偷税，归入逃税。

财务制度，或由于工作粗心大意等原因造成的，例如，错用税率，漏报应税项目，少计应税数量，错算销售金额和经营利润等"①。由于偷税、漏税都属于违法行为，偷税、漏税带来的收入自然属于非法收入。偷税、漏税收入是地下经济中的重要组成部分，由于该部分收入占地下经济的比重较大，发达国家中的美日等国偷税、漏税占地下经济的比重均超过七成。偷税、漏税的发生不仅大幅减少了国家的财政收入，降低了国家宏观调控能力，还使收入在不同阶层间的二次分配难以实施，扰乱了一国正常的经济秩序，动摇了国家的经济安全以及社会的和谐稳定。对国民经济正常运转危害相对于其他地下经济行为更大，因此，在接下来的研究中我们对该部分收入现状及其治理行为进行重点分析。

（三）居民部门的灰色收入

目前，对"灰色收入"的界定意见不一，有的学者认为，灰色收入就是没有在案记录、未申报、未纳税、来路不明的个人隐蔽收入。也有学者指出，收入"非白即黑"，没有中间地带，灰色收入本质上就是公权与私利进行交易产生的"黑色收入"。为了便于研究，这里我们界定灰色收入为一种介于非法和合法之间或有关法律法规尚未明确规定其合法性的收入。由于灰色收入基本上是通过"制度外"实现的，其最大特点表现为非公开性，就是以各种手段和技术外理方式逃避政府和社会监督，也就没有照章纳税，从这一角度来看，灰色收入又属于偷税收入，在严格意义上来说也是一种非法收入。

虽然灰色收入是各国普遍发生的一种社会现象，但其发生的程度高低与规模大小取决于各国法制健全水平、监督有效性，以及立法、执法、监督之间是否建立了相互配合、三位一体的治理体系等因素。如果一国灰色收入频繁发生，那么不仅反映出该国在收入分配体制上存在着公平缺失问题，还意味着该国面临着经济效率下降和社会不安定隐患升高的风险。

（四）互联网时代企业和居民部门的非法收入新形式

1. 网络传销收入

传销本身是扰乱社会经济稳定秩序的行为，在现实中是警方严厉打击的对象。随着互联网应用的普及，非法传销活动从现实中转移到了网络中，在互联网虚拟世界披着"网络化的外衣"且带有一定的隐蔽性的情况下，继续从事犯罪活动，谋取利益，但其实质还是诈骗，是一种非法收入。

2. 互联网黑色产业收入

互联网黑色产业收入主要有：①制造销售网络病毒程序，以在网页上悬挂木马病毒的形式投放、在图片等形式的文件里植入盗取银行、游戏账号密码的木马

---

① 参见《税收征收管理暂行规定》的有关规定。

病毒等方式，直接窃取他人的现实财产或虚拟财产，从而获得非法收入；②利用人们贪小便宜的心理，通过赠送一些廉价小礼物，获得人们的信任而让手机用户扫描二维码，通过互联网技术手段不断地向用户推介大量商业垃圾广告，从而获得非法收入；③非法获取用户个人信息，在没有得到用户授权的情况下，向蓄意从事诈骗、非法广告推广等非法活动的主体，泄露销售用户个人信息牟取的收入；④非法网络博彩。随着互联网的快速发展，很多赌博活动正在从日常生活转移到网络虚拟世界，但是网络博彩的规模与传统赌博相比，却有过之而无不及，形成规模庞大的非法网络博彩地下产业链条，例如，传统的棋牌麻将、"一元购"、博彩类网络游戏、"疯狂跑车"等，以此牟取暴利。

3. 微商偷税、漏税收入

微商是一种微信生态环境下的社会化分销经营模式，是企业或个人借助微信这一社交软件进行经营活动的新型电商，是微信电子商务的简称。迅速发展的微商产业向人们展示移动电子商务新时代的到来，同时随着微商规模的壮大，出现了偷税、漏税的现象。由于网络商务纳税本身就是新鲜事物，相关税收规章制度还有待完善健全，微商这一新的产业形态肆无忌惮地偷税、漏税，获得非法收入，其覆盖之广、管理之难、影响之恶劣，已经超出了传统电子商务。

4. 网络犯罪收入

黑客通过计算机技术非法进入个人电脑获取个人资料、信息，掌握个人隐私和秘密，然后对被攻击人进行敲诈勒索，以此来获取非法收入。近年来，网络犯罪呈现扩大趋势。

在我们的日常经济生活中，特别是以互联网经济为代表的新兴经济形式的出现，会产生更多新形式的非法收入，也是今后对非法非正常收入研究需要进一步关注的方向。

二、合法非正常收入的主要表现形式

（一）行政性垄断形成的居民部门垄断工资收入

行政垄断行业主要是指那些依靠国家行政授权、行业准入限制或特许经营等垄断整个行业生产与经营的行业，例如，石油、烟草、盐业、电信、金融、供热、自来水、煤气、电力、公交、航空、铁路等。这些行业就业人员凭借行业的行政性垄断而获得高于其他行业的收入，是一种同工不同酬的合法但不合理的收入，属于非正常收入。行政性垄断工资收入是一种主要的非正常收入形式。以2014年的"按行业分城镇单位就业人员平均工资"为例，见表1-1。2014年全部城镇单位就业人员平均工资为56360元，其中2~11的行业人员平均工资高于城镇单位就业人员平均工资，所包含的垄断性行业有金融业，电力、燃气及水的生产和供应业，交通运输、仓储和邮政业，卫生、社会保障和社会福利业，教育业。按行业划分，最高的是金融业人员，平均工资为108273元，最低的是农、林、牧、渔业人员，平均工资为28356元，最高工资与最低工资的差距为79917元，最高工资是最低工资的3.8倍，是城镇单位就业人员平均工资的1.9倍。从行业平均工资的增长速度来看，近几年垄断性行业平均工资增速也快于低收入行业的平均工资增速，如图1-1所示。

表1-1 2014年按行业分城镇单位就业人员平均工资   单位：元

序号	按行业分的城镇单位	就业人员平均工资
1	全部城镇单位	56360
2	金融业	108273
3	信息传输、计算机服务和软件业	100845
4	科学研究、技术服务和地质勘查业	82259
5	电力、燃气及水的生产和供应业	73339
6	租赁和商务服务业	67131
7	文化、体育和娱乐业	64375
8	交通运输、仓储和邮政业	63416
9	卫生、社会保障和社会福利业	63267
10	采矿业	61677
11	教育业	56580
12	批发和零售业	55838
13	房地产业	55568
14	公共管理和社会组织	53110
15	制造业	51369
16	建筑业	45804
17	居民服务和其他服务业	41882
18	水利、环境和公共设施管理业	39198
19	住宿和餐饮业	37264
20	农、林、牧、渔业	28356

资料来源：《2016中国统计年鉴》。

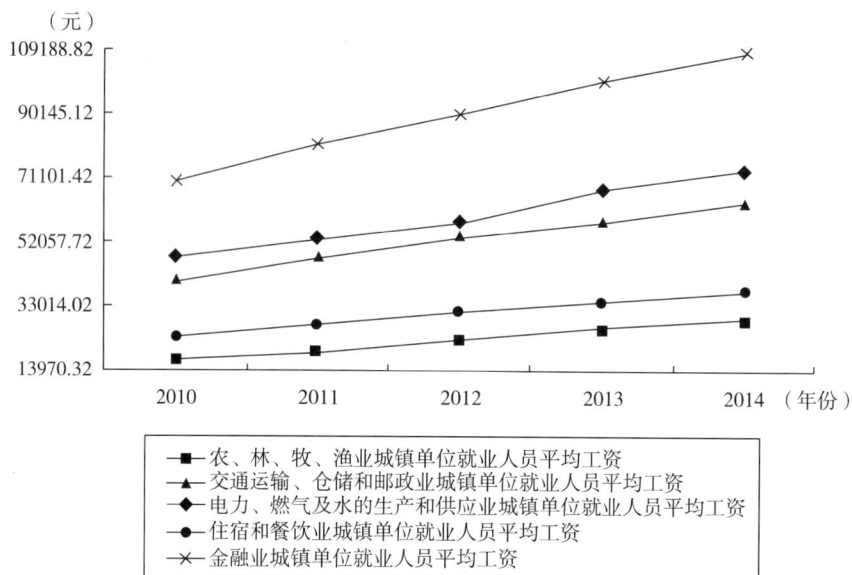

图 1-1　2010~2014 年不同行业城镇单位就业人员平均工资对比

　　近年来，行政性垄断所形成的行业收入差距和居民收入差距逐渐拉大，成为收入分配不公的主要因素之一，逐渐成为人们关注的焦点。由行政性垄断给企业和居民个人带来的垄断高收入和隐性福利等形式的收入，是非正常收入的一个重要组成部分。这种借助国家资源及行政保护所形成的高收入，并不是高效率的体现，更不会保证公平，反而在一定程度上妨碍了收入分配公平，从长远来看，也不利于行政性垄断行业自身的发展，因而需要对这部分非正常收入进行有效的制约。

　　（二）居民部门的行业隐性福利收入

　　除了由行政性垄断造成的高收入是一种非正常收入外，行业中还存在另一种形式的非正常收入，那就是行业内的隐性福利。隐性福利不只存在于垄断性行业，其他一般性行业也存在，不同的是，相比于一般性行业来说，在垄断性行业内存在的隐性福利种类更多、规模更大。具体来看：

　　1. 银行业

　　银行业的隐性福利主要包括：①低息贷款。银行内部员工可以享受低于面向社会贷款利率的利率贷款购房、购车等；②各大银行与房地产开发企业合作建设商品房，以低于市场平均价格的内部价向职工出售。

2. 教育业

学校的隐性福利主要是教职员工的子女在本单位上学福利：①享受低于录取分数入学；②上学学费优惠，比正常学费低，在收取"择校费"方面也存在减免待遇。

3. 交通业

交通业的隐性福利包括：①航空业的"免费机票全家享"，国内各大航空公司职工基本都有类似的"福利"，每位在职普通职工每年可以享受国内或全球若干数量的免费飞机票；②铁路、长途、地铁、公交、航运等交通运输业的职工由于工作通勤需要，可以免票乘车，但是同时也很难避免出现非职工本人使用通勤车票享受免费运输服务的现象。

4. 电信业

电信业的隐性福利主要包括为职工办理特殊业务和功能的通信卡，以较低的价格使用更多通信功能和海量通信服务，基本达到了"一人拥有，全家使用"的效果。

这些行业隐性福利实质上都是行业内职工无偿占有全社会的公共资源，损害和侵吞公共利益，而这些"福利"成本则由全社会成员共同承担。

（三）政府部门的非正常收入

在政府的实际行政管理中，政府部门收入来源距离"法无授权不可为"还有一定差距，仍然有一些游离于预算监管之外的非正常收入。需要高度重视的非正常收入主要有以下三种。

1. 政府制度外收入

政府制度外收入是指政府及其所属机构凭借行政权力或垄断地位，采取各种非税收入形式收取的没有纳入预算管理的各项政府收入的统称，主要包括制度外基金、收费、摊派和制度外罚没等，这些资金绝大部分是由企业负担的。

2. 农村非税收入

农村非税收入是指以乡镇统筹、自筹（包括原村集体提留）等形式向农民征收的财政性资金，本质上是向农民征收的额外的税。2004 年开始在全国农村地区实行减免农业税后，各种变相集资和摊派在某些地区仍然存在。近年来随着政府部门简政放权力度持续深入、行政事业性收费"费改税"改革力度加大和收费项目规范清理，这部分收入逐步减少。

3. 土地出让金收入

土地出让金收入来自国有土地使用权出让，是指政府以出让等方式配置国有土地使用权取得的全部土地价款。具体包括以招标、拍卖、挂牌和协议方式出让国有土地使用权所得的总成交价款（不含代收代缴的税费）；转让划拨国有土地使用权或依法利用原划拨土地进行经营性建设应当补缴的土地价款；处置抵押划拨国有土地使用权应当补缴的土地价款；转让房改房、经济适用住房按照规定应当补缴的土地价款；改变出让国有土地使用权土地用途、容积率等土地使用条件应当补缴的土地价款，以及其他和国有土地使用权出让或变更有关的收入等。它属于政府性基金，是中央和地方政府基金收入的主要来源。自 20 世纪 80 年代在改革开放前沿城市试点，20 世纪 90 年代在全国展开国有土地使用权出让之后，政府部门的该项收入逐年攀升。但是，土地出让收入在 2007 年才因政府颁布《国务院关于加强土地调控有关问题的通知》开始"全额纳入地方政府预算，实行收支两条线管理"，在 2007 年前既不列入预算内，又未列入预算外管理，成为游离于监管之外的主要非预算收入，并逐渐成为地方政府的"第二财政"。

第二章 非法非正常收入形成的博弈机理分析

合理收入分配格局是保障经济社会可持续发展的必要条件，但近十年来中国收入差距过大的问题并没有显著改善，2015 年中国基尼系数高达 0.462，已连续 13 年超过 0.46[①]，大大高于 0.4 的国际警戒线水平。收入差距的问题已成为制约我国经济持续健康发展的重要影响因素，是经济步入新常态不得不面对的挑战之一。在产生收入差距的三大因素中，非法非正常收入相比行业差别、制度性城乡差别导致的收入差距更不合理，对经济社会产生的危害最大，需要分类研究剖析非法非正常收入形成的博弈机理，探寻非法非正常收入形成的根源，从体制机制设计角度，提出消除或取缔非法非正常收入的相关政策建议。

第一节 关于非法非正常收入博弈机理的研究评述

目前研究非法非正常收入的领域相对较窄，缺乏统筹考虑经济社会各个部门的非法非正常收入研究；并且现有研究缺乏对非法非正常收入治理演进历程的分析，没有从发展角度看待非法非正常收入的博弈机理。

一、非法非正常收入的博弈分析范式

目前国内外的相关研究主要是沿着规制经济理论的脉络拓展。斯蒂格勒（Stigler，1971）最早提出了规制经济理论用以解释行政性垄断的来源，他认为，政治家是自我利益最大化的主体，而非社会整体利益最大化的追求者，企业能够通过为其提供金融支持以及其他方面的支持来换取经济政策上的袒护，从而使经

---

① 资料来源：国家统计局，全国居民收入基尼系数。

济政策成为为少数企业和集团服务的政策，因此，这一理论也称为规制俘获理论。佩尔兹曼（1976）提出了最优规制政策模型，贝克尔（1983）建立了压力集团之间政治影响的竞争模型—政治均衡模型。随着规制实践的变化以及信息经济学、委托—代理理论、动态博弈论等微观经济学前沿理论的推动，利益集团规制理论继续发展，新规制经济理论、内生规制变迁理论、利益集团政治的委托—代理理论应运而生。拉丰和蒂若尔（Laffont and Tirole，1991）在《政府决策的政治学：一个规制俘获理论》中，将规制机构这个"黑箱"划分为政策制定机构（国会）和具体的执行者（规制者）两层。虽然政策制定机构是追求经济社会整体利益最大化的主体，但具体的执行者则是追求自身效用最大化的主体，很有可能会被受规制企业或其他利益集团俘获。企业等利益集团为了通过影响政治决策获得更多的切身利益，它有动机为规制者提供支持，当切身利益大于或等于用作俘获规制机构的成本时，影响政治决策的行为就会发生。在目前的国内研究中，针对非法非正常收入治理的相关研究主要是基于规制经济理论体系，结合实际状况做相应的应用分析，从博弈行为上解释相对具体的经济现实。

二、关于企业部门的非法非正常收入的博弈行为研究

在企业的非法非正常收入研究方面，国内研究者聚焦在企业与政府合谋从而影响经济政策制定等方面，例如，获取行政性垄断、偷税漏税等。王娟、王艳君（2012）通过建立包含企业、地方政府、中央政府三部门参与的三阶段博弈模型，对地方政府与企业进行税收合谋、人为操纵税收收入进度的现象进行了深入分析。研究认为，在分税制体制下，中央政府缺乏对地方政府的监督力，因而，地方政府与企业之间的默契合谋不可避免，在地方政府的税收任务能够轻松完成时，企业就按地方政府的要求，适量少缴纳税款，藏税源于企业，以备不时之需；当地方政府的税收任务完成较为困难时，企业慷慨解囊，适量多缴纳税款，以解地方政府的燃眉之急，帮助地方政府顺利完成当年度的税收任务。这样既保证了地方政府每年度的税收任务都能够顺利完成，企业又能够和当地政府结成良好的互动关系，在经营活动中谋取地方政府保护和税收优惠等诸多便利。刘志彪和陈爱贞（2008）借鉴 Comanor 和 Smiley（1975）的行政垄断—非行政垄断两部门模型，建立起适用于分析中国行政性垄断的分析框架，并得出结论，行政垄断使城镇内部高收入阶层的年收入增加 14% ~ 23%，同时使其他阶层的年收入有较显著的减少，如果没有行政垄断，低收入和中偏下收入阶层的年收入将分别比现在增加 8.8% ~ 21% 和 7.9% ~ 12.9%。张原（2009）基于 WDV 模型等行政垄断部门的利润分享模型和行政垄断—非行政垄断两部门模型，建立行政垄断收入分配效应理论模型，定量分析不同要素价格、数量分配及利润分享比重对居民收入差距的影响。其研究成果表明，如果存在行政性垄断，那么充分就业、收入差距缩小和总收入上升三大目标就不可能同时实现。

三、关于居民部门的非法非正常收入的博弈行为研究

在居民个人获得的非法非正常收入方面，国内外研究主要集中在信息不对称下的个税征缴研究上。詹姆斯·莫里斯就政府在信息不完全的情况下，对怎样设计出一种激励性税收机制进行了探讨，并提出了显示机制原则[①]。王劲颖（2003）在税收征管中引入博弈论，运用混合战略纳什均衡模型计算出了最优逃税概率和最优检查概率，发现由于税收检查成本的差异，规模较小的纳税人反而比规模较大的纳税人更容易发生逃税行为，阻止纳税人偷税、逃税的最有力措施是提高税收检查概率和惩罚力度。七林卓玛（2014）构建了纳税人与征税人之间的简单博弈模型，分析在信息不对称情形下征纳双方的博弈分析机理。郭剑川（2013）建立了一个不完全信息下的动态博弈模型来进一步分析征税过程中博弈各方的策略选择，其分析结果表明，在不完全信息动态博弈的前提下，纳税人不管其应纳税所得额的高低，往往都会倾向于申报一个较低的数额，而税务人员的态度是由于严查会付出额外的成本，除非这部分成本政府能够给予相应数额的补偿，否则他将一定不会严查。对纳税人的惩罚并没有起到有效遏制逃税的作用，政府最终的个人所得税收入仍将流失。

四、关于由政府等权力部门派生出的非法非正常收入的博弈行为研究

关于政府等权力部门派生出的非法非正常收入方面，相关研究主要沿着两条路径展开。

第一条研究路径是以获得非法非正常收入违反国家法律法规的严重程度作为标准，界定黑色收入和灰色收入，分析其对经济社会产生的危害。国家发展改革委经济研究院常修泽教授（2010）认为，"灰色收入"主要有三种情况：一是"正灰色"的，即违章不犯法的收入，也就是非正常的合法收入；二是名为"灰"实为"黑"的收入，例如，权钱交易、以权谋私、公共投资的腐败、土地收益权力的寻租行为、商业回扣、年节收礼、小金库私分等，属变相受贿，也就是既是非法又是非正常的收入；三是"浅灰色"收入，这一部分收入渠道正常，本来应该归到"白色收入"里，也就是非法但正常的收入。郑永彪和王丹（2015）认为，灰色收入的来源在于制度建设的滞后与缺失，并列举了几类较为明显的灰色收入，例如，行政审批中权力寻租带来的名为"灰"实为"黑"的

---

① ［英］詹姆斯·莫里斯. 税制设计［M］. 湖南国税翻译小组译. 长沙：湖南人民出版社，2016.

灰色收入、特权垄断中的正灰色收入、科研经费规章制度调整滞后所产生的浅灰色收入。其他具有代表性的研究还有：金健（1984）用旅馆的非法收入为例，给出非法收入定义，他认为，非法收入是指经营单位通过违反价格政策和纪律的非法手段牟取的收入。蒋华（1991）指出，一些生产企业高价销售国家平价物资而获得的暴利为非法收入。中国城镇职工收入被形象地概括为白色、灰色、黑色三种颜色的收入。会敏（1992）认为，非法收入即为黑色收入，包括贪污盗窃、索贿受贿等不正当所得。程曾泽（1988）分析认为，凭债权取得的利息、股息和红利、企业经营者的风险补偿、企业依法创造的非劳动收入可以允许，触犯刑律的收入、违反财政法规的收入、违反其他法规的收入是通过非法手段获得的非法收入。叶天勇（1990）对灰色收入的界定较为宽泛，他认为，应包括个体和私营经济收入（从事个体经济和私营经济的城镇居民取得的收入），第二职业收入（工程技术人员、离退休职工和部分在职职工自谋第二职业取得的收入），获创造发明奖、自然科学奖、科学技术进步奖和合理化建议奖取得的收入，通过产品转让、技术转比、技术培训、技术服务、技术咨询等活动获得的部分收入，稿费、讲课费、演出费及其他专门工作报酬，第三产业收入，财产所得收入（包括储蓄存款利息收入、投资收入及租金收入等），劳务收入（一些企事业单位通过预算外资金支付工资总领以外的报酬，使有些人取得劳务收入），各种实物折价收入（不少单位经常向职工分发实物，单位对商品的价格进行暗补，使职工得到折价收入），从工作单位得到的其他收入（包括出差伙食补助费、误餐补助、交通补贴、洗理费、冬季取暖补贴、职工生活困难补助费、职工死亡丧葬费及抚恤费等）。鄢烈山（1991）认为，工资性收入和补贴之外的收入即为灰色收入。会敏（1992）认为，职工工资外收入，一般指职工在工资之外从单位内额外得到的现金和实物。杭植林（1999）认为，灰色收入是介于正当收入和非法收入之间的收入，依据这一观点，我们可以认为，非法非正常收入是"黑色收入"与"灰色收入"的总和。张亦峥（1993）、茂亭和茂才（1996）、碧明（1998）、马凌（2004）研究了灰色收入的存在形式、成因和来源，其中，马凌（2004）将灰色收入来源渠道归纳得较为全面系统，共分为四类：一是权力资本化收入，主要表现为一些行政机关的领导干部和公务员利用权力之便收受红包礼金，或是占有国有资产的部分产权和收益分配权，这种情况从本质上来讲就是腐败；二是第二职业收入，指在职人员利用业务时间从事本职工作以外的经常性工作所取得的收入，例如，教师校外兼职、兼课，医生走穴所得收入等；三是"娱乐业"中的赌博、色情服务收入；四是各种垄断性收入。这里所说的垄断性收入既包括行业或部门垄断收入，例如，有的供电部门要求施工单位安装其指定的电表，否则不予验收，也包括个人因具有某种特别优势所带来的"灰色收入"，例如，优秀教师常会收到学生家长送的各种礼品礼金、医生从医药代表那里所吃的回扣、导游从购物中心得到的游客人头费、采购方从销售方所吃的回扣等。

第二条研究路径是从经济活动主体出发，探寻治理非法非正常收入的方法。例如，庄新英（2012）建立特权者和监督机构之间的博弈行为模型，假定监督机构代表国家和社会公众利益，对社会中可能存在收受灰色收入的人进行监督，虽然特权者有可能会受到惩罚，但由于监督者监督范围不能覆盖每一个对象，利用制度漏洞进行收受灰色收入，以获得更高的期望收入，让特权者停止收受灰色收入，必须提高监督力度。李开（2015）聚焦于腐败收入建立反腐与官员互相监督的博弈机制模型，官员的决策是选择贪污和清廉，纪检人员的决策是不查处和查处，而查处的结果无论是成功还是失败，只能通过增加提高查处概率、扩大查处频率来增加成功率。在这一博弈模型中，如果能让官员之间相互监督，让其进入"囚徒困境"，监管者的查出成功率将大大提升。

为更好地分析非法非正常收入的产生机理，本书将构建包含居民部门、企业部门、政府部门三大经济部门的博弈模型，并用博弈模型的损益矩阵分析非法非正常收入博弈一般性演进阶段的发展过程。

第二节　非法非正常收入形成的动机分析

对于市场经济国家，凯恩斯（1936）的经典著作《就业、利息和货币通论》提出国民收入决定理论。在其经典的国民收入三部门模型中，他将参与经济活动的主体分为三类，即企业部门、居民部门和政府部门。其中，企业部门组织生产活动以获取利润；居民部门提供资本劳动力等生产要素，并获得相应的要素收入；政府部门提供公共服务，其收入主要来自居民部门和企业部门提供的税收。本书在借鉴凯恩斯的经典三部门模型基础上，将政府部门划分为政府行政部门和负责立法执法的政府监管部门，政府监管部门负责对政府行政部门、企业部门和居民部门的经济活动进行监管。这样我们把经济活动的参与主体扩展为四类，即政府行政部门（中央或地方）、企业部门、居民部门、政府监管部门。

假定政府行政部门从理论上以促进经济社会的整体利益最大化为目标，按照行政授权的方式，让其工作人员行使行政权力；企业部门是进行经济活动的主体，以实现企业部门利益最大化为目标；居民以实现自身效用或收入最大化为目标，在为经济建设贡献资本、劳动力等生产要素的同时获得相应的要素收入。虽然政府监管部门本身并不直接创造价值，但可以通过规制政府行政部门、企业部门和居民部门的非法非正常活动，减少其所造成的社会危害来促进经济社会整体利益。

一、政府行政部门及其工作人员的动机

虽然政府行政部门担负着促进经济社会整体利益的责任，但由于政府行政部门工作人员的个人利益、地方政府部门的集体利益和经济社会整体利益之间不完全一致，在内部或外部约束不强的情形下，拥有管理经济社会职权的政府官员及被赋予公共资源使用权的公共代理人为获取自身利益而进行权钱交易，从而获得非法非正常收入；在以经济增长、财税收入等经济指标作为地方官员政绩考核标准的体制下，地方政府往往会实施有利于地方短期经济增长的行政性垄断政策举措，从而在实现地区性的非正常收入的同时，让政府官员和地方政府行政部门的政绩更加突出。因此，政府行政部门工作的个人往往通过以权谋私等手段获取非法收入来满足自身利益，地方政府也会通过实施行政性垄断等措施获得非正常收入。从收益主体来看，上述两类非法非正常收入存在较大差别。地方政府获得的非法非正常收入由政府行政部门掌握，并通过财政支出用于地方经济社会建设；政府部门工作人员获得的非法非正常收入，政府行政部门并没有直接获得，而是掌握在少数腐败分子手中。从博弈行为来看，无论是政府中的工作人员，还是地方政府在获得非法非正常收入过程中的博弈机理大体相似。

二、企业部门及其工作人员的动机

与政府行政部门有所不同，企业部门是追求自身利益最大化的主体，并不担负促进整个经济社会利益最大化的责任，因而其获得非法非正常收入的动机更强。政府监管部门为保证整个经济社会的整体利益，在法律法规和产业政策的框架下对其进行有效监管。从不同所有制类型的企业来看，私营企业、个体企业以及混合所有制企业中经营者利益与企业利益基本一致，因此，企业中存在的非法非正常收入以企业部门获得的非法非正常收入为主。但对于国有企业而言，由于所有者虚位，委托代理问题比较突出，不仅存在以部门为主体获得的非法非正常收入，也存在国企工作人员利用企业职权谋取的非法非正常收入。

三、居民部门获得非法非正常收入的动机

居民是社会财富的创造者，在为经济建设贡献资本、劳动力等生产要素的同时获得相应的要素收入，且担负缴纳税收的义务，并促进社会形成经济效益。但对于居民部门的个体而言，如果通过非法非正常途径占有生产要素或逃避税收，则有可能获得的收入高于正常收入。

四、政府监管部门防范和治理非法非正常收入的动机

无论是政府行政部门、企业部门，还是居民部门进行非法非正常经济活动，都将对经济社会的整体利益造成损失。主要表现在四个方面：一是政府行政部门及企业部门获得非法非正常收入实质就是扭曲市场定价获得超额收益，这将严重影响市场的价格信号寻找功能，降低市场对资源的配置效率，鼓励人才等核心生产要素流向寻租部门，并影响经济稳定和金融安全；二是政府行政部门腐败分子的腐败行为可能会大幅增加无效公共投资，减少必需的财政支出，影响公共服务质量；三是非法非正常收入经济活动将加重正常开展经济活动的企业的负担，对私人和外商投资的积极性造成损害，进而影响投资结构和投资效率；四是非法非正常收入严重危害社会公平正义，是不断拉大收入差距的重要因素之一，是引发社会矛盾的重大风险点。因此，防范和治理非法非正常收入是共同诉求，是营造良好投资环境、提升经济效率、促进社会公平正义的必然选择。政府监管部门（简称监管者）将竭尽所能地防范非法非正常收入的产生。

第三节　非法非正常收入形成的博弈机理分析

一、经济行为主体的收益描述

令 I_i 为第 i 部门获得的合理合法收入，其中，i = 1，2，3，4 分别代表地方政府行政部门、政府行政部门的工作人员、企业部门和居民部门。ΔI_i 为第 i 部门进行非法非正常活动所获得的额外收益，D_i 为第 i 部门被监管者查处后所需要支付的惩罚，P_i 为第 i 部门开展非法非正常经营而被查处的概率。那么，在无监管情形下，正常开展活动的收益为 I_i，开展非法非正常活动获得的收益为 $I_i + \Delta I_i$；在有监管情形下，正常开展活动的收益依然为 I_i，但开展非法非正常活动的收益要小于无监管情形下的收益，为 $I_i + \Delta I_i - P_i * D_i$。

二、监管者保障的社会整体利益描述

令 S_i 为 i 部门正常开展经济活动时社会能够达到的整体利益，ΔS_i 为 i 部门开展非法非正常活动时所带来的社会损失，T_i 为开展监管活动所需要支出的监管成本，P_i 为查处非法非正常经营主体的概率，G_i 为通过查处所挽回的损失。通常来说，ΔS_i 是 P_i 的减函数，查处率越高，非法非正常收入活动会越少，社会整

体利益的损失越小；T_i 是 P_i 的单增函数，查处率越高，监管者需要支付的成本也越高。

三、经济主体与监管者之间的博弈

在 i 部门正常开展经济活动情形下，不进行监管时的社会整体利益为 S_i，进行监管时的社会整体利益为 $S_i - T_i$；在 i 部门开展非法非正常活动时，不进行监管时的社会整体利益为 $S_i - \Delta S_i$，进行监管时社会整体利益为 $S_i - \Delta S_i - T_i + P_i {}^* G_i$，经济行为主体与监管者的博弈行为可以用损益矩阵表示，见表 2 - 1。

表 2 - 1   行为主体与监管者的损益矩阵

监管者　　　　　行为主体	不监管	监管
正常开展活动	状态 I ：（I_i，S_i）	状态 II ：（I_i，$S_i - T_i$ （P_i））
开展非法非正常活动	状态 III ： （$I_i + \Delta I_i$，$S_i - \Delta S_i$ （$P_i = 0$））	状态 IV ：（$I_i + \Delta I_i - P_i {}^* D_i$， $S_i - \Delta S_i$ （P_i） $- T_i$ （P_i） $+ P_i {}^* G_i$）

四、静态博弈中的合意解

从行为主体与监管者的损益矩阵中可以看出，如果不对非法非正常活动进行监管，那么，行为主体一定会选择开展非法非正常收入，因此，状态 I 一定不是重复博弈下的均衡解。博弈中的均衡解将存在于状态 II 、III 和状态 IV 三者之间。如果状态 III 、IV 是行为主体与监管者之间博弈的均衡解，那么意味着行为主体选择开展非法非正常活动是理性行为，法律法规与监管措施的效果十分有限，监管者的监管手段、监管力度或在制度设计方面存在问题。这两种状态均不是博弈的合意均衡解。

只有状态 II 才是行为主体与监管者之间博弈的合意解。在此情形下，行为主体因为担心被处罚而不敢进行非法非正常活动，监管者仅以较小的代价 T_i，避免了非法非正常行为所带来的社会整体利益损失。因此，满足下述两个条件就能促进均衡解从非合意状态走向合意状态，一是开展非法非正常活动所获得的期望收益小于或等于正常活动时所能够获得的收益，即 $I_i + \Delta I_i - P_i {}^* D_i < I_i$，等价于 $\Delta I_i < P_i {}^* D_i$；二是监管者进行监管所取得的社会收益要大于不监管情形下的收益，即 $S_i - \Delta S_i < S_i - T_i$，等价于 $T_i < \Delta S_i$。

五、动态博弈中的均衡解

在动态博弈过程中，监管者则可以调整非法非正常行为被查出的概率 P_i，此时，ΔS_i、T_i 以及经济主体实际到手的收入 $I_i + \Delta I_i - P_i * D_i$ 将随之发生改变，博弈的均衡状态也将随之调整。

如果存在合意解，对于整体社会利益而言，无论监管者是否监管，当行为主体正常活动时的社会收益一定会大于非法非正常活动时的社会收益。监管者要首先保证活动主体没有动机选择非法非正常行动，即保证 $I_i + \Delta I_i - P_i * D_i \leqslant I_i$；在此基础上尽可能控制监管成本 $T_i（P_i）$。于是监管者的行为可以用规划模型来描述，即：

max　　$S_i - T_i（P_i）\geqslant S_i - \Delta S_i（P_i）$

s. t.　　$I_i + \Delta I_i - P_i * D_i \leqslant I_i$

在此规划模型下，监督者将选择一个能够保证 $\Delta I_i < P_i * D_i$ 实现的 P_i^*，以促进社会整体收益达到最大化的 $S_i - T_i（P_i^*）$。

如果不存在合意解，令 P_i^{min} 为实现 $\Delta I_i < P_i * D_i$ 条件下的最小查处率，如果 $S_i - T_i（P_i^{min}）< S_i - \Delta S_i（P_i = 0）$，则监管者出于社会利益最大化的考虑，不会将查处概率 P_i 控制到 P_i^{min} 那么高的水平，此时，部分行为主体将开展非法非正常活动以获得额外的收益。在这种情形下，监管者将在 $\Delta S_i（P_i）$ 与成本 $T_i（P_i）$ 之间进行权衡，此时监管者的决策模型为：

max　　$S_i - \Delta S_i（P_i）- T_i（P_i）+ P_i * G_i \geqslant S_i - \Delta S_i（P_i = 0）$

s. t.　　$I_i + \Delta I_i - P_i * D_i \leqslant I_i$

在此规划模型下，监督者将选择一个小于 P_i^{min} 的 P_i^2 以促进社会整体达到最大化的 $S_i - \Delta S_i（P_i^2）- Ti（P_i^2）+ P_i^2 * G_i$。

第四节　各类非法非正常收入的动态博弈
均衡状态比较

虽然各类经济主体与监管者之间的博弈机理较为相似，但各类主体非法非正常收入的规模不同，非法非正常行为对社会造成的危害不同，监管者查处非法非正常行为的难易不同、成本不同，在经济主体与监管者的博弈中呈现的动态博弈均衡状态差异较大，如表 2 - 2 所示。

表 2-2　行为主体与监管者的损益矩阵

	地方政府	政府工作人员	企业部门	居民部门
$\Delta I_i/I_i$	较小	大	较大	小
$\Delta S_i/S_i$	较小	大	较大	小
T_i	较大	小	较小	大
提高 P_i 的难度	较小	小	较大	大
容易出现的博弈均衡解	状态Ⅱ、Ⅲ	状态Ⅱ	状态Ⅱ、Ⅳ	状态Ⅳ

一、地方政府和腐败分子与监管者之间的博弈均衡解

对于地方政府，无论是否开展非法非正常经济活动，税收收入等预算收入仍是收入的主体，非预算收入比重有限；并且取得的非法非正常收入主要用于本地区经济建设、民生改善等方面，相对其他非法非正常行为危害较小；尽管监管者查获地方政府实施的非法非正常行为很容易，但处理案件的难度却较大，进行有效监管的成本较高，如果用函数来描述监管成本，其函数形式更加接近线性函数 $T_1(P_1) = T_{10} + K_1 P_1$，其中 $K_1 P_1$ 占总成本的比重较高。出于监管成本较高、不惩处的社会危害相对较小方面的考虑，监管者有时会采取对地方政府"睁一只眼，闭一只眼"的态度。因而，博弈的均衡解处于状态Ⅱ或状态Ⅲ。

对于政府部门的腐败分子，开展非法非正常活动能够获得数倍于其正常开展活动时的收入，其非法非正常活动所造成的社会危害极大，取得的收入也主要是用于个人挥霍等。监管者能够相对容易的查处腐败分子实施的非法非正常行为，案件处理的难度较小，如果用函数来描述监管成本，其函数形式更加接近线性函数 $T_2(P_2) = T_{20} + K_2 P_2$，其中 T_{20} 占总成本的比重较高，提高查处概率并不会对总成本产生太大的影响，还能够有效地降低社会损失。总体来说，腐败分子与监管者对于查处概率 P_2 都十分敏感。博弈的均衡解将处于状态Ⅱ。

二、企业部门与监管者之间的博弈均衡解

对于企业部门开展非法非正常活动能够为其带来较大的收益，其行为将破坏市场秩序，削弱市场配置资源的能力，降低经济效率，对社会产生较大的危害。监管者发现企业的非法非正常行为后，对其进行查处的成本相对较低，但由于企业数目众多，监管者发现其非法非正常行为较为困难，想进一步提高查处率就需要支付巨大的监管成本。如果用函数来描述监管成本，其函数形式更加接近幂函数的形式，表示为 $T_3(P_3) = T_{30} + (1 + P_3)^n$，其中 $(1 + P_3)^n$ 占总成本的比重较高。监管者不断平衡企业非法非正常所造成的社会危害 $\Delta S_3(P_3)$ 与监管所支付的

监管成本 $T_3(P_3)$，当监管成本 $T_3(P_3^{min}) < \Delta S_3(P_3^{min})$ 时，博弈均衡将达到合意的状态 II；当监管成本 $T_3(P_3^{min}) > \Delta S_3(P_3^{min})$ 时，博弈均衡将达到状态 IV。

三、居民部门与监管者之间的博弈均衡解

对于居民部门来说，在经济活动中提供经济要素并获得相应的要素报酬，开展非法非正常行为能够为其带来的收入较小，其行为对社会造成的损害较小。由于居民众多，使监管者很难发现其非法非正常行为，即便发现了，对其进行惩处的难度也较大，因而监督成本较高，进一步提高查处率就需要支付更高的成本。成本函数与企业部门的形式相似，表示为 $T_4(P_4) = T_{40} + (1 + P_4)^n$，其中 T_{40} 占总成本的比重较高。由于居民部门非法非正常行为的危害小，查处难度大，进一步提高查处率的难度更大，因此，相对于其他非法非正常行为，监管者提高查处率的动力较弱，即便查到了，也可能会采取"睁一只眼，闭一只眼"的态度，博弈均衡更多的是处于状态 IV。

第五节　博弈视角下非法非正常收入治理历程演进历程及美、韩的实例

一、基于博弈模型下非法非正常收入治理阶段的推演

从监管者与三类经济主体之间的博弈模型分析非法非正常收入的治理，在由非法非正常活动出现到非法非正常收入得到有效治理的过程中，一般会经历四个发展阶段：一是非法非正常行为猖獗，经济社会无法容忍的阶段；二是监管者不惜社会成本开展"非法非正常"收入治理，非法非正常收入大幅减少，但经济社会无法承担治理成本的阶段；三是治理非法非正常收入的低成本长效机制生效，非法非正常治理成本与社会危害大体相当的均衡阶段；四是新型非法非正常活动不断涌现，原有治理方式的成本将会大大提高，查处成本与非法非正常活动带来的经济社会损失之间的均衡状态也将被打破，进入到下一个非法非正常活动治理阶段之中，如图 2-1 所示。

在第一阶段中，经济社会发展初期的监管制度不甚健全、监管手段也相对落后，难以对非法非正常活动形成有效震慑，在追求自身利益最大化的驱动下，经济主体将选择开展非法非正常活动，整个社会将因此蒙受巨大损失，这一阶段的经济社会秩序相对混乱。

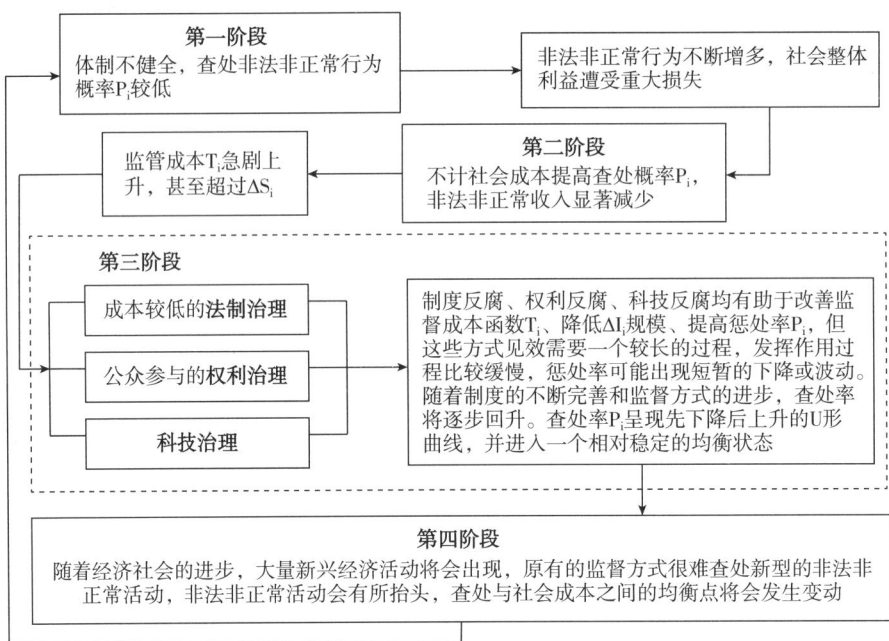

图 2 - 1　博弈模型下推演的非法非正常收入治理四阶段

在第二阶段中，监管者为迅速扭转这一局面，建立良好的经济社会秩序，或将选择不惜成本的提高查处非法非正常活动的概率，非法非正常活动将在短期内得到有效控制，但为此支付的监督成本也会急剧上升，甚至会超过非法非正常活动所带来的经济社会损失 ΔS_i，这一时期经济社会秩序开始趋于规范，但正常的经济活动也受到了较大影响，经济社会发展动力被大大削弱。

在第三阶段中，面对猖獗的非法非正常活动和影响正常经济社会活动的两难选择，监管者将更加关注于如何改善成本函数，以更小的成本实现更高的非法非正常活动查处率，而非在既定的成本函数中以高昂的成本换取查处率的提升，例如，通过法制、公众参与、科技手段治理非法非正常活动，最终让经济社会步入"经济活动主体没有动机选择非法非正常行动，且监督成本小于非法非正常活动带来的社会整体利益损失"的合意状态。值得注意的是，这些治理手段的短期效果较为有限，并且建立这些长效机制需要较长时间。因此，在迈向治理非法非正常活动合意状态的过程中，查处非法非正常活动的概率需要经历一定时期的下降后才会逐步回升，从而查处率呈现先下降后上升的"U"形变化。这一时期，经济社会秩序趋于好转，正常的经济社会活动也不会受到太大的干扰，非法非正常收入治理逐步向合意状态迈进。

在第四阶段中，随着经济社会的不断进步，新技术、新产业、新模式、新业态和新需求会不断涌现，极大地影响人们的生产和生活方式，推动经济社会的不断发展。随之而来的新型非法非正常活动将会不断出现并增多，原有的经济社会治理和监管模式逐渐变得难以奏效，非法非正常活动将再度活跃。随着成本函数的恶化，博弈的均衡状态将向着"非合意"状态演进，当监管成本 T（P^{min}）>ΔS（P^{min}）时，合意状态博弈解不复存在，这意味着非法非正常收入治理进入到新一轮发展周期的第一阶段。

二、美国、韩国非法非正常收入治理的博弈阶段演进

从美国、韩国的非法非正常收入治理历程来看，都经历了从运动式治理向法治治理和公众监督治理的阶段演进。

（一）美国非法非正常收入治理阶段的演进

自 19 世纪以来，美国经过两百余年的努力，非法非正常活动得到了有效控制，非法非正常收入治理制度日臻完善。在美国的非法非正常收入治理历程中，也曾经历与本研究博弈模型所描述的四个阶段，即 1815～1875 年非法非正常活动日益猖獗的阶段、1876～1914 年运动式治理非法非正常活动的阶段、1914 年至 20 世纪末制度化治理非法非正常收入格局逐步形成并日益稳固的阶段、20 世纪末至今新型非法非正常活动开始出现并对经济社会的影响有所加剧的阶段。如果以腐败与欺诈指数[①]来衡量非法非正常活动的猖獗程度，美国的非法非正常活动的猖獗程度总体呈现倒 U 形曲线，该指数从 19 世纪初不足 0.4 的水平，上升至 19 世纪 70 年代 1.03 的历史高位，在大规模的非法非正常活动治理运动推动下，19 世纪末期腐败与欺诈指数逐步走低，1914 年下降至 0.16 的历史最低水平，直至 20 世纪末美国腐败与欺诈指数基本保持稳定，大体在 0.2 的水平上轻度波动（Glaeser and Saks，2004）。

在 19 世纪初至 19 世纪 70 年代，美国处于非法非正常收入治理第一阶段，其非法非正常活动呈现日益猖獗的发展态势。由于联邦政府监管力度不足，企业与州行政、立法、司法等部门相互勾结，毫无忌惮地非法非正常敛财，并大肆"收购"政府部门工作人员手中的政治权力，人们甚至将这一时期的州政府称为"政治机器"。这期间，当"强盗贵族"践踏公众利益时，往往可以通过买通法官或操纵司法程序而逍遥法外；而地方政府的工作人员被那些"慷慨"行贿的

[①]　Glaeser 和 Saks 以"腐败""欺诈"作为关键词检索了纽约时报和 Ancestry.com，首先，统计包含出现这些词的文章数或页数，然后，分别用"一月""政治的"作为缩减字在结果中再度检索，计算并绘制出三条"腐败与欺诈指数曲线"。第一条指数曲线的资料来自纽约时报，后两条均依据 Ancestry.com 的检索结果得出。

企业或财团俘虏，帮助"强盗贵族"逃避惩处，公众利益蒙受重大损失，经济社会秩序也变成了低效率的"强盗秩序"。其中，典型的一个案例就是联合太平洋铁路公司主要的股东、马萨诸塞州众议员爱米斯于 1867 年组建的 Credit Mobilier 公司从联合太平洋铁路公司和联邦政府诈骗数千万美元。为阻止政府调查和介入，爱米斯通过分发铁路股票疯狂贿赂国会议员，并成功地将司法部门的审查拒之门外。据证实，当时的美国副总统科尔法克斯收取了大量铁路股票，此后当选为美国总统的詹姆斯·加菲尔德也卷入此交易中。尽管该丑闻造成的直接经济损失高达 2000 万美元（按 1870 年美元价格计算），但美国司法部门并没有起诉爱米斯的腐败行为，因此，这场沸沸扬扬的丑闻最终不了了之。

19 世纪末至 20 世纪初，是美国非法非正常收入治理的第二阶段。遍地横行的腐败引起了公众的强烈不满，20 世纪初，美国爆发了大规模的政治运动，即进步主义运动，包括：19 世纪末以来农民对垄断弊端不满的平民主义和人民党运动；19 世纪末 20 世纪初，城市中小资产阶级对垄断弊端不满的揭发丑闻运动和城市改革运动；20 世纪初，城市自由资产阶级反对寡头专权、呼吁公正的经济立法和市政民主化程序问题的老拉福莱特改革运动；共和党人西奥多·罗斯福的完善托拉斯改革运动和民主党人伍德罗·威尔逊的"新自由"运动；等等。在大规模的政治运动推动下，非法非正常活动得到了有效治理，并通过了以建立功绩制为核心的文官选拔和奖惩机制的《彭德尔顿法》（1883 年）、禁止公司向联邦公职候选人捐款的法律（1907 年）、竞选经费公开法（1910 年）等，到 1914 年，美国的腐败与欺诈指数下降至 0.16 的历史低位。

随着政治运动的结束，美国的非法非正常收入治理进入第三阶段。在这一时期内，治理非法非正常活动的制度进一步完善，低成本治理非法非正常收入的格局逐步形成并日益稳固。联邦反腐败行为法（1925 年）和禁止联邦文官参与政党活动的哈奇法（1939 年）相继出台，监督执行法律规章制度的独立机构日益壮大，负责调查和起诉公共腐败行为的联邦刑事机构，有司法部公共廉洁处、联邦调查局和独立检察官；非刑事公共廉洁机构包括司法部律师办公室、政府道德办公室、监察长办公室和白宫律师办公室等（周琪，2004）。自 20 世纪以来，近 80% 的公共腐败案件是由联邦检察机构依据《腐败行为法》提出诉讼的（Corporate Crime Reporter，2004）。

20 世纪末至今，美国的非法非正常收入活动实现"进化"，非法非正常收入的治理进入第四阶段。在这一阶段，贪污、受贿等触犯法律的传统腐败行为在减少，腐败在很多情况下通过各种形式披上合法外衣，或根植于政治体制内部，或游走在法律漏洞之间，表现出更强的隐蔽性和欺骗性，成为隐匿于海面之下的"冰山"（郭河驹，2015）。有学者将这种"文明""合法"的腐败称为"第二代腐败"。普林斯顿大学和西北大学对 1981 ~ 2002 年实施的近 1800 项政策进行对比后发现，美国的政策走向实质上由精英阶层牢牢把控，而普通民众没有发言权。其中，2008 年全球金融危机是最典型、最严重的"第二代腐败"。在泡沫破灭前，累计有 1.5 万亿美元劣质贷款被包装成优质金融产品出售，其中既包含着金融机构的"精心设计"、评级机构的"权威认可"，又包含着监管机构的"视而不见"、知名学者的"极力鼓吹"。然而至今为止，从华盛顿到华尔街，从监管者到被监管者，从政界、商界到学术界，几乎没有人因危机遭到法律制裁。麻省理工学院西蒙·约翰逊教授与经济学者郭庾信指出，1998 ~ 2008 年金融部门分别花费了 17 亿美元、34 亿美元用在竞选和游说上，其中大量资金流向诸如参议院银行委员会主席、众议院金融服务会主席等实权人物。在这些有权势的政客帮助下，美国国会相继通过了《金融服务现代化法》和《商品期货现代化法》，直接导致金融监管全面失灵。①

2011 年 9 月，纽约爆发了"占领华尔街"运动，随后迅速蔓延至全美各大城市。运动发起者喊出了"我代表99%，不再忍受1%的贪婪与腐败"的口号，反对"资本垂帘""寡头听政"。这场运动正是金融危机以后西方民众对现有体制不满的一次总爆发。在美国，经济主体与监管者关于非法非正常收入之间的博弈正在不断地演进升级。

（二）韩国非法非正常收入治理阶段的演进

自 1948 年韩国建国以来，经历 70 年的努力，韩国的非法非正常收入治理逐步走向正轨，清廉有序的经济社会秩序得以建立。在其非法非正常收入治理进程中，也同样经历了与本书博弈模型描述相类似的发展阶段。

1. 第一阶段（第一共和国与第二共和国时期）

非法非正常活动日益猖獗的发展阶段。李承晚执政时期，为强化其独裁统治，任人唯亲，大小官员利用权力相继腐败，并且政治权力与经济掠夺相结合，整个经济社会陷入崩溃边缘，并最终引发了"4·19"革命，结束了李承晚的统治。但打着治理非法非正常收入口号上台的张勉，却无力扭转第一共和国独裁与腐败带来的后遗症，政治腐败、社会动荡、经济低迷、民怨沸腾的局面没有得到彻底改观，此时的韩国也被称为是"毫无希望"的国家。

2. 第二阶段（第三共和国至第六共和国时期）

非法非正常收入治理运动曲折推进的发展阶段：在非法非正常活动日益猖獗的背景下，朴正熙通过军事政变建立了第三共和国，并开启了真正意义上的非法非正常收入治理运动和经济现代化进程，韩国的非法非正常收入现象大大减少，

---

① ［美］西蒙·约翰逊，郭庾信.13个银行家：下一次金融危机的真实图景［M］.北京：中信出版社，2010.

但在他被暗杀后,非法非正常收入又有所抬头。1961 年,他通过秘密调查和政治运动的方式,对 41000 名政府雇员进行大审查。1975 年开始又分三阶段推动了"庶政刷新运动",即将腐败的官员和公务员赶出政府、消除社会上的浪费奢侈与不公正之风、对全民实行"精神革命",改造全体韩国人的灵魂。韩国人普遍认为,20 世纪 70 年代的中央情报局的线人网络覆盖广泛,非法非正常行为基本上很难逃过他们的监控。但在 1979 年朴正熙本人被暗杀后,在全斗焕、卢泰愚执政时期,韩国的腐败现象变本加厉,两位总统成为了当时最大的腐败分子,最终也因腐败问题而被拘捕送上法庭。

3. 第三阶段(1992 年以来的现代韩国)

非法非正常收入走向制度化建设道路,清廉有序的经济社会秩序得以建立。1992 年,金泳三作为韩国"二战"后第一任民选总统上台,开创了制度反腐的新时代。一是反腐的力量主要依赖正规的独立检察机构,并将检察院成为独立机关,不受总统府和政党控制;二是不依赖个人威权下的运动反腐,建立了包括公职人员财产公开、金融交易实名化等诸多制度。自此之后,金大中、卢武铉、李明博等总统在此道路上继续推进,推行了《防止反腐败法案》等政策。到 2014 年,韩国在透明国际清廉指数榜近 180 个国家和地区中,排名第 43 位,成为治理非法非正常收入的典范。

美国和韩国的发展案例表明,本书博弈模型的设定较为合理、博弈阶段演进具有典型性特征。

第三章 中国非法非正常收入规模的测度

中国市场经济体制仍处在不断完善的发展过程中，法治化建设的相对滞后和市场与政府边界的不清晰，经济主体经济活动不规范、违法违规等问题经常发生，其在收入分配领域的表现就是非法非正常收入的不断扩大，收入差距的不合理较为突出。在这一过程中，非法非正常收入对提升高收入阶层的收入水平起到了重要作用，正如俗话所说"马无夜草不肥，人无外财不富"，形容的是某人在自己正常收入之外得到额外非法非正常的高收入。为了从收入结构、形成原因上更清晰地分析非法非正常收入，本章在梳理总结以往测度非法非正常收入相关研究成果的基础上，比较总结出现实可行、估计准确的研究方法，结合可获得的最新数据，重新对中国非法非正常收入的规模进行测算，为收入结构分析和原因机制分析提供基础支撑。

第一节 测算中国非法非正常收入的主要方法比较及选择

一、直接调查法

直接调查法是一种综合运用抽样调查和随机化问答技术来直接搜集地下经济有关资料的方法。它要求设计一套（或多套）特殊的问卷，由被调查者在无顾虑的情况下如实回答地下经济活动的问题，然后运用概率的有关原理，根据样本资料估计从事地下经济的人数和地下经济规模。这种方法可以利用中国现有的抽样调查队来组织采用，但技术水平要求较高，花费的人力、物力和财力相对前两种方法要多得多。为了保证资料的准确性，在做调查之前，一定要让被调查者充分了解随机化问答技术的基本原理,使其知道调查者在调查中是无法知道某一个具体的被调查者是否有地下经济活动,以消除戒备心理。这种方法如果在中国加以应用,可以考虑将其与收支差异法相结合,着重调查人们的非法支出资料,然后将非法支出额加上支出法国内生产总值后,再减去生产法国内生产总值,便可得到地下经济规模的估计额。

二、间接测度

间接测度是通过工具指标来间接反映,例如,现金比率法、收支差异法、多指标多因素法(Multiple Zndicators and Multiple Causes,MIMIC)等。多指标多因素法(MIMIC),1984 年,Frey 和 Weck – Hannemann 通过对外生变量和内生变量结构关系的描述来估算地下经济的相对规模,并将其命名为多指标多因素法。多指标多因素按照结构方程的构成,将表示地下经济和导致产生地下经济原因变量的方程称为结构模型,而用于表示地下经济变量和指标变量之间关系的方程称为测量模型。MIMIC 法整合了因素分析和回归分析两大统计技术的特点,其信息覆盖面更广阔,建模要求更符合实际数据质量情况。MIMIC 有三个优点:一是避免了若干假设,而这些假设在多数情况下难以满足,因而比其他估计方法更具有弹性;二是通过指标变量的选取,在模型中同时考虑地下经济活动的多方面影响;三是允许变量含有测量误差,并提供模型总体估计效果检验和参数估计检验该方法对货币需求量的要求使它只适于流通一种货币的整个地区,可以用于测算整体地下经济规模,对于边境地区地下经济的测算则误差会很大。

(一)现金比率法

现金比率法(General Currency Ratio Model,GCRM),GCR 模型最早由美国经济学家 Cagan 于 1958 年提出,主要用于对地下经济规模的测算。Cagan 认为,人们在开展诸如黑市交易、偷税、贩毒、走私等地下经济活动时,为了逃避政府打击以及逃避征税和其他监管,他们一般会选择使用现金这样一种较难留下稽查线索和证据的交易工具。由于地下经济活动对现金的大量使用,当地下经济活动规模发生变化时,在不考虑其他因素的影响下,社会中流通现金占银行存款或其他货币供应量的比例会发生变化。据此,现金比率法通过用现金和活期存款两个指标来计算和衡量地下经济活动规模。

现金比率法模型的基本公式为:

$$M_{全社会} = M_{地上} + M_{地下} \qquad (3-1)$$

$$Deposit_{全社会} = Deposit_{地上} + Deposit_{地下} \qquad (3-2)$$

$$Ratio_{全社会} = \frac{M_{全社会}}{Deposit_{全社会}} \qquad (3-3)$$

$$\text{Ratio}_{地下} = \frac{M_{地下}}{\text{Deposit}_{地下}} \tag{3-4}$$

$$\text{Velocity}_{地上} = \frac{Y_{地上}}{M_{地上} + \text{Deposit}_{地上}} \tag{3-5}$$

$$\text{Velocity}_{地下} = \frac{Y_{地下}}{M_{地下} + \text{Deposit}_{地下}} \tag{3-6}$$

$$\beta = \frac{\text{Velocity}_{地上}}{\text{Velocity}_{地下}} \tag{3-7}$$

$$Y_{地下} = \frac{1}{\beta} Y_{地上} \frac{(\text{Ration}_{地下} + 1)(M_{全社会} - \text{Ration}_{地上} * \text{Deposit}_{全社会})}{(\text{Ration}_{地上} + 1)(\text{Ration}_{地下} * \text{Deposit}_{全社会} - M_{全社会})} \tag{3-8}$$

其中，全社会的货币总量、地上经济占有的货币量和地下经济占有的货币量分别为 $M_{全社会}$、$M_{地上}$、$M_{地下}$，全社会的活期存款总量、地上经济活期存款量和地下经济活期存款量分别为 $\text{Deposit}_{全社会}$、$\text{Deposit}_{地上}$、$\text{Deposit}_{地下}$，其现金与存款的比例分别为 $\text{Ratio}_{全社会}$、$\text{Ratio}_{地上}$、$\text{Ratio}_{地下}$，其货币周转速度 $\text{Velocity}_{全社会}$、$\text{Velocity}_{地上}$、$\text{Velocity}_{地下}$ 为经济规模除以货币规模，β 为地上经济和地下经济的货币周转速度之比。假设经济满足 GCR 模型的三个假设前提：

（1）地下经济用于商品交换的货币媒介只有现金一种形式（$\text{Deposit}_{地下} \rightarrow 0$，$\text{Velocity}_{地下} \rightarrow \infty$）。

（2）货币周转速度对于地下经济和正规经济是相等的（$\beta = 1$）。

（3）存款量与现金量之间的比例为常数（$\text{Ratio}_{全社会}(t) = \text{Ratio}_{全社会}$，对所有 t 成立）。

结合上述假设，对式（3-8）进行整理得到：

$$Y_{地下} = Y_{地上} \frac{M_{全社会} - \text{Ratio}_{地上} \text{Deposit}_{全社会}}{(\text{Ratio}_{地上} + 1) \text{Deposit}_{全社会}} \tag{3-9}$$

根据 $M_{全社会}$、$\text{Deposit}_{全社会}$、$\text{Ratio}_{全社会}$、地上经济规模 $Y_{地上}$ 的数据，依照公式（3-9）即可对地下经济规模进行估算。

（二）微观收支差异法

根据经济学原理，经济中的总收入与总支出是恒等的，如果在统计数据上两者不一致，那么两者之间的差额就是地下经济的规模。如果用 GDP 来表征收入和支出，那么支出法统计的 GDP 规模减去收入法统计的 GDP 规模就可以近似地看作地下经济的规模。如果用国内生产总值表和投入产出表来观测，GDP 是全社会资金流量的源头，经过初次分配环节，资金流入到居民手中形成可支配收入，因此，存在着"国内生产总值＝初次分配总收入＝可支配总收入"的数据关系。从支出的角度来看，支出的源头在收入，消费和储蓄方面都源自可支配收入，消费活动的结果是形成了最终消费，储蓄经过一系列的转化形成了资本形成，因此，存在着"国民可支配总收入＝全社会最终消费＋全社会资本形成总额"的等式关系。

在具体测算中，需要关注两个现实问题。一是中国支出法 GDP 不是必然大于收入法 GDP。在高速增长阶段，GDP 是衡量中国政府官员政绩的第一指标，因此，收入法 GDP 有失真的可能。中国从 1984 年至 1994 年，支出法 GDP 均小于收入法 GDP，从收支差异法来看，地下经济为负，应当是统计数据失真的结果。二是地下经济活动没有被支出法统计。例如，由地下经济活动产生的收入用于非法经济活动，如黄赌毒等，这些非法支出很明显不会反映在 GDP 数据之中。另外，以现金为媒介的经济行为给统计工作也带来了巨大挑战，事实上难以纳统。

三、测算中国非法非正常收入的适宜方法

对中国非法非正常收入进行研究，如果选择直接测度，数据来源于调查问卷等调研材料，只有经过符合随机性特点，广泛而大量的社会调查才能获得，需要付出大量的人力和财力，数据获得成本较大，困难较多。而选择间接测度，一般数据来源于中国统计年鉴、专业统计年鉴或专业机构提供的统计数据，数据来自官方渠道或专业机构，易获得，成本低。选择直接测度，测算主要有两个环节：一是对调查问卷中的数据进行挖掘和整理；二是按照数据的经济关系对非法非正常收入的规模进行测算估计。可操作性相对复杂，并且测算准确度容易受到影响。选择间接测度，采用合适的方法，将统计数据按照固定模型的相应变量，录入计算软件测算非法非正常收入规模。操作相对简单，不用再对数据进行二次处理和加工。因此，本书将选择间接测度法对中国非法非正常收入进行测度。

第二节　基于现金比率法测度中国
非法非正常收入规模

一、基于现金比率法测度中国非法非正常收入总体规模

传统的现金比率法存在以下四个缺陷：一是由于正常的经济活动也会使用现金和活期存款，只采用这两个指标来测算非法非正常收入规模，很容易高估非法非正常收入的规模。例如，随着金融系统的逐步发达，德国使用现金的比率逐步下降；英国大幅减少支票交易费用使现金/活期存款比率大幅下降（刘洪、夏帆，

2003）。二是随着现代支付方式的出现，电子支付逐渐成为一种代替现金支付的重要支付方式，现金不再是唯一的地下经济活动的支付方式，现金和活期存款正在逐渐失去与非法非正常收入的强相关性，作为主要计算指标，将影响非法非正常收入规模测算的准确性。三是地上经济和地下经济的货币流通速度不同。现金比率法估算的中国非法非正常收入规模与真实规模可能存在较大误差。四是在现实社会经济生活中，金融创新、理财繁荣、应急性偶然性消费等，使得现金和活期存款的比例稳定性较差，会产生一定波动性。为了更接近真实测算结果，本书用狭义货币 M_1 替代现金存款，用广义货币与狭义货币之差替代活期存款 M。Ratio$_{地上}$、Ratio$_{地下}$ 分别表示地上经济 M_1 对 M 的比值和地下经济 M_1 对 M 的比值，其他变量和参数不变。那么，地下经济规模的系列基础公式为：

$$M_1 = M_{10} + M_{1u} \tag{3-10}$$

$$M = M_2 - M_1 \tag{3-11}$$

$$M = M_0 + M_u \tag{3-12}$$

$$Ratio_{全社会} = \frac{M_{全社会}}{Deposit_{全社会}} \tag{3-13}$$

$$Ratio_{地下} = \frac{M_{地下}}{Deposit_{地下}} \tag{3-14}$$

$$Velocity_{地上} = \frac{Y_{地上}}{M_{地上} + Deposit_{地上}} \tag{3-15}$$

$$Velocity_{地下} = \frac{Y_{地下}}{M_{地下} + Deposit_{地下}} \tag{3-16}$$

$$\beta = \frac{Velocity_{地上}}{Velocity_{地下}} \tag{3-17}$$

$$Y_{地下} = \frac{1}{\beta} Y_{地上} \frac{(Ration_{地下} + 1)(M_{全社会} - Ration_{地上} * Deposit_{全社会})}{(Ration_{地上} + 1)(Ration_{地下} * Deposit_{全社会} - M_{全社会})} \tag{3-18}$$

假设经济满足 GCR 模型的三个假设前提，得出新的估算公式为：

$$Y_{地下} = Y_{地上} \frac{M_{全社会} - Ratio_{地上} Deposit_{全社会}}{(Ratio_{地上} + 1) Deposit_{全社会}} \tag{3-19}$$

二、测度结果

狭义货币量 M_1、地上经济规模即 GDP 数据直接来自于历年的统计年鉴，M 数据和 Ratio$_{地上}$ 数据根据统计年鉴中狭义货币量数据、广义货币量数据简单计算得到，Ratio$_{地上}$ 是使用刘洪、夏帆（2003）的处理方法，建立表示 Ratio$_{地上}$ 的函数模型，通过存款利率、税收总额、工资总额三个外生变量计算获得。数据区间未选取建立社会主义市场经济前的数据，以避免体制变化前后数据波动过大，将数据区间统一选择为 1994~2014 年。整理统计数据，使用 Eviews 6.0 软件计算出中国非法非正常收入的规模，见表 3-1。

表 3-1　1994~2014 年中国非法非正常收入现金比率法测算规模

年份	GDP（亿元）	M_1（亿元）	M（广义货币减去狭义货币）（亿元）	K_0	非法非正常收入规模（亿元）	占 GDP 比重
1994	48459.6	20540.7	26382.8	0.2562	20149.96	41.6
1995	61129.8	23987.1	36763.4	0.2808	17738.07	29.0
1996	71572.3	28514.8	47580.1	0.3163	15387.75	21.5
1997	79429.5	34826	56169.1	0.2931	20085.04	25.3
1998	84883.7	38953.7	65544.9	0.3184	17764.54	20.9
1999	90187.7	45837.2	74060.6	0.3223	20232.61	22.4
2000	99776.3	53147.2	81463.1	0.2850	28523.67	28.6
2001	110270.4	59871.6	98430.3	0.3122	24881.99	22.6
2002	121002.0	70881.8	114125.2	0.3020	29652.91	24.5
2003	136564.6	84118.6	137104.3	0.3024	32623.05	23.9
2004	160714.4	95969.7	158137.2	0.2823	40687.55	25.3
2005	185895.8	107278.8	191476.9	0.3132	34968.42	18.8
2006	217656.6	126028.1	219549.9	0.3239	41127.57	18.9
2007	268019.4	152560.1	250882.1	0.2705	71219.27	26.6
2008	316751.7	166217.1	308949.5	0.3237	51287.49	16.2
2009	345629.2	221445.8	388778.7	0.3116	67976.11	19.7
2010	408903.0	266621.5	459230.3	0.2717	99314.01	24.3
2011	484123.5	289847.7	561743.2	0.2748	91579.81	18.9
2012	534123.0	308664.2	665484.6	0.2890	72426.91	13.6
2013	588018.8	337291.1	769233.9	0.2757	75040.9	12.8
2014	636138.7	348056.4	880318.4	0.3129	39963.49	6.3

资料来源：《中国统计年鉴》相关年度和本书计算数据。

从规模来看，中国的非法非正常收入总体呈现倒 U 形曲线，拐点为 2010 年。在 2010 年之前，非法非正常收入规模逐年扩大，在 2010 年之后，治理非法非正常收入的力度不断加码，中国的非法非正常收入得到控制，规模呈现明显下降趋势。

从占 GDP 的比重来看，1994～2014 年年均占比 22%，处于偏高的水平。但随着改革的不断深入，非法非正常收入占 GDP 的比重逐年下降。

第三节　基于微观收支差异法测度的中国非法非正常收入

一、合法正常收入估算

根据 Wind 资讯统计数据和式（3－5），中国的地上经济规模不断扩大，1994～2014 年地上经济年均增速达到 26.4%，年平均规模为 119137.18 亿元。

二、支出与收入的数量比较

居民消费支出 C_t 的指标为本书选取支出法国内地区生产总值中最终消费中的居民消费，投资 I_t 选取全社会固定资产投资中的个体经济和私营经济固定资产投资两部分之和。通过数据分析可以发现，1994～2014 年，居民年平均消费支出为 93515.18 亿元，年平均资本形成总额为 36859.9 亿元，两者之和为 130375.08 亿元。这一规模要大幅高于地区生产总值年平均 119137.18 亿元的规模，表明中国用较低的收入支撑了较高的支出。低收入能够支撑高支出的可能因素有两个：一是有金融投资支持；二是有非法非正常收入的支撑。

如果是金融投资的支撑，即对用于消费的居民部门其借贷规模大幅高于金融投资规模，即净金融投资为负。通过文献梳理，发现中国的居民部门具有偏爱储蓄和投资的特点，中国居民金融投资规模大幅高于借贷规模。根据樊纲、姚枝仲（2002）及李建军（2005）的测算结果，我国居民净金融资产高达 10 万亿，说明金融投资非但没有支撑高支出，反而是将一部分收入通过金融活动攒了起来。初步判断，低收入支撑高消费的因素就是经济中还存在着大规模的非法非正常收入，如表 3－2 所示。

表 3 - 2　1994 ~ 2014 年中国非法非正常收入规模收入差异法估算结果

单位：亿元

年份	地区生产总值	居民消费	投资	总支出	非法非正常收入
1994	22407.82	21446.10	1970.60	8077.84	9086.68
1995	28624.71	28072.90	2560.25	9218.99	11227.42
1996	34439.25	33660.30	3211.17	11719.16	14151.38
1997	37950.78	36626.30	3429.42	11931.67	14036.61
1998	40550.23	38821.80	3744.37	10768.35	12784.29
1999	43743.03	41914.90	4195.70	11850.11	14217.69
2000	47044.69	46987.80	4709.36	8949.51	13601.99
2001	51797.67	50708.80	5429.57	10960.42	15301.11
2002	58046.64	55076.40	6519.19	13983.78	17532.73
2003	64525.86	59343.80	7720.13	15209.40	17747.46
2004	73373.34	66587.00	9880.55	18150.90	21245.12
2005	83246.75	75232.40	13890.65	21661.28	27537.53
2006	94785.97	84119.10	24431.06	25850.57	39614.80
2007	113189.71	99793.30	33114.26	30762.18	50480.03
2008	131990.82	115338.30	42766.42	36606.99	62720.89
2009	146322.23	126660.90	55794.93	43562.32	79695.92
2010	167715.39	146057.60	70078.95	51839.16	100260.32
2011	196469.94	176532.00	81821.21	61688.60	123571.87
2012	225698.45	198536.80	103011.00	73409.44	149258.79
2013	253080.91	219762.50	133637.30	87357.23	187676.12
2014	281308.55	242539.70	162141.90	103955.10	227328.16

资料来源：《中国统计年鉴》和 Wind 资讯相关年度数据和本书的测算。

三、非法非正常收入的估算

根据上一节式（3-7），估算得出全体居民的非法非正常收入，见表 3-2。结果显示：1994 ~ 2014 年，全体居民年均非法非正常收入达到 57575.09 亿元。与现金比率法计算的全国非法非正常收入规模相比，1994 ~ 2005 年，现金比率法计算的规模略大于收支差异法计算的规模；2006 ~ 2010 年，这两个结果较一致；2011 ~ 2014 年，收支差异法计算的规模持续扩大，而现金比率法计算的规模缓慢下降。从现实来看，现金比率法更符合实际。由于净金融资产 2003 年之后的数据是估算数据，影响了非法非正常收入规模的测算准确性，而且 2008 年爆发了世界性金融危机，对中国经济的影响依然没有完全消除，这也在一定程度上制约了收支差异法的估算精度。2008 年之前的估算规模与现金比率法的结果比较接近，且在一定程度上印证了现金比率法的可靠性。

第四节　基于现金比率法测度中国居民部门和企业部门非法非正常收入

一、数据来源与规模测算

居民部门和企业部门的初次分配收入数据来源 Wind 数据库，时间跨度为 1994 ~ 2013 年。通过整理居民部门和企业部门的初次分配收入数据，得出居民部门和企业部门各自占比，使用 Eviews 6.0 软件计算 1994 ~ 2013 年中国居民部门和企业部门非法非正常收入规模，见表 3 - 3。

表 3 - 3　1994 ~ 2013 年中国居民部门和企业部门非法非正常收入测算规模

年份	居民部门占比（%）	企业部门占比（%）	居民部门非法非正常收入规模（亿元）	企业部门非法非正常收入规模（亿元）
1994	74.8	25.2	15077.23	5072.731
1995	73.5	26.5	13033.53	4704.546
1996	77.1	22.9	11860.59	3527.155
1997	75.0	25.0	15072.10	5012.938
1998	76.4	23.6	13580.32	4184.223
1999	76.1	23.9	15404.09	4828.516
2000	75.6	24.4	21576.38	6947.286
2001	73.6	26.4	18311.21	6570.785
2002	72.8	27.2	21599.88	8053.031
2003	71.9	28.1	23467.19	9155.863
2004	68.8	31.2	27987.70	12699.850
2005	69.0	31.0	24129.73	10838.690
2006	68.6	31.4	28226.66	12900.910
2007	67.8	32.2	48306.87	22912.410

年份	居民部门占比（％）	企业部门占比（％）	居民部门非法非正常收入规模（亿元）	企业部门非法非正常收入规模（亿元）
2008	67.0	33.0	34362.71	16924.790
2009	68.3	31.7	46444.89	21531.220
2010	68.5	31.5	68007.59	31306.430
2011	69.7	30.3	63792.08	27787.730
2012	70.7	29.3	51220.62	21206.290
2013	71.5	28.5	53688.68	21352.220

资料来源：本书的测算结果。

二、居民部门和企业部门非法非正常收入规模的变动趋势

从变化来看，居民部门和企业部门非法非正常收入规模的波动变化趋势具有较强的一致性，如图 3 - 1 所示。

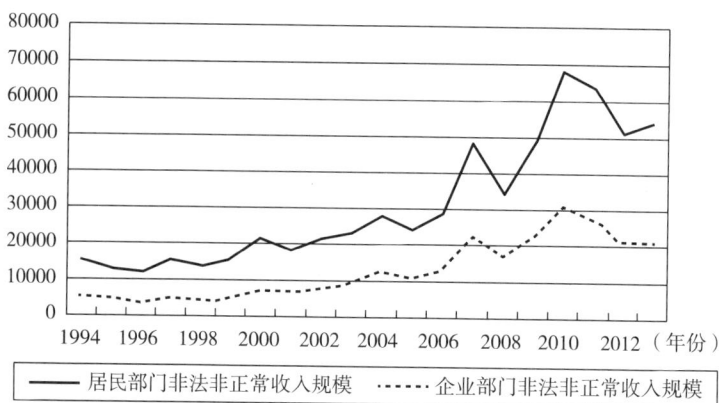

图 3 - 1　居民部门和企业部门非法非正常收入规模变化比较

从规模来看，居民部门非法非正常收入比企业部门非法非正常收入规模大，并且从近几年来看，差距在变化。从 2013 年的数据来看，似乎两部门非法非正常收入规模停止下降，甚至出现反弹。受反腐政策的影响，居民部门非法非正常收入规模下降的幅度大于企业部门，比较符合实际，说明居民个人的灰色收入、黑色收入等得到了有效遏制。

第五节　分地区的非法非正常收入规模测算

一、各地区非法非正常收入测算的基本方法

测算地区隐性经济收入所使用的模型是基于比例效用视角下的综合消费储蓄恒等式模型。

$$\frac{C/P_t}{C_0/P_{t-1} + C/P_t} - \frac{C}{M_0 + M - C} = \frac{M - C}{M_0 + M - C} \qquad (3-20)$$

式中，C 为消费者当期消费所需的货币数，M 为当期收入，C_0 为拥有消费品的初始数，M_0 为准备并愿意用于当期消费的货币初始金额，P_t 为当期消费品价格，C/P_t 为消费者当期购买的消费品数量，P_{t-1} 为前一期消费品的价格，C_0/P_{t-1} 为消费者前一期购买的消费品在当期期初的拥有数量。式（3-20）等号左侧表示消费者用数量 C 的货币购买价格 C 的消费品所产生的消费效用量，等号右侧表示消费者储蓄数量为 M-C 的货币产生的储蓄效用量。当两者相等时，达到均衡状态。考虑到统计数据的误差及现实市场交换中消费品价格不连续等原因，在上述恒等式右侧加入一个微小差异项 α，该项是期望值为零的随机项。考虑系数的时间属性与横截面属性，本书采用时期变系数的面板数据模型，整理后的计量模型如式（3-21）所示：

$$C_{it}^2 = M_{0,t} C_{it} - C_{0,t} M_{it} (P_t/P_{t-1})_i + u_{it}$$
$$u_{it} = -\alpha_{it} [C_{0,t} (P_t/P_{t-1})_i + C_{it}] (M_{0,t} + M_{i,t} - C_{it})$$
$$i = 1, 2, \cdots, 30; \ t = 2002, 2003, \cdots, 2015 \qquad (3-21)$$

式中，$M_{0,t}$ 与 $C_{0,t}$ 是面板时期变系数模型需要估计的两个参数；u_{it} 为模型的随机误差项，观察 u_{it} 的表达式可知，误差项与时间和横截面成员都相关；而时间越长，消费品分类越多，价格变化越连续，α_{it} 的值越接近于零。

消费者的行为习惯假设：

（1）消费者的合法收入直接影响当期消费，而消费者的隐性经济收入通过货币储蓄 $M_{0,t}$ 间接影响消费。因为消费者的当期合法收入能够完全覆盖当期消费额，而由于隐性经济收入的特殊性质使其更容易以潜在消费型货币储蓄与长期储蓄的形式存在，并且通过长期的缓慢释放逐渐影响消费。

（2）当 t-1 期消费后剩余货币与 t 期隐性经济收入按照 t-1 期的消费占合法收入比例的数额作为 t 期消费者的消费型货币储蓄。因为消费有一定的惯性，从而可以将上一期的消费占合法收入比例作为下一期的消费型货币储备比例。

（3）消费者长期储蓄型货币 S_t 逐渐增加，因而无须从其中提取消费型货币。通过观察消费者的合法收入消费趋势可以发现，储蓄率会随着收入增加而逐渐增加。

消费者每期的可用货币由四部分组成：当期合法收入 M_t、当期隐性经济收入 H_t、当期总储蓄货币额 S_t 与上一期的消费后剩余货币 $M_{0,t-1} + M_{t-1} - C_{t-1}$。这四部分货币的流向如图 3 - 2 所示。

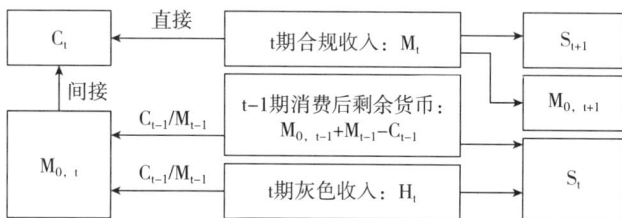

图 3 - 2　消费者 t 期货币流向

（1）t 期的合法收入 M_t 直接对当期消费产生影响，消费后的剩余部分一部分作为下一期的消费型储蓄货币 $M_{0,t-1}$，一部分直接转化为消费者的长期储蓄 S_{t+1}。

（2）t - 1 期的消费后剩余货币 $M_{0,t-1} + M_{t-1} - C_{t-1}$ 一部分以消费者的 t - 1 期消费收入比例作为 t 期的消费型储蓄货币 $M_{0,t}$，一部分直接转化为消费者的长期储蓄 S_t。

（3）t 期隐性经济收入 H_t 有两个去向，一部分以消费者的 t - 1 期消费收入比例流向 t 期的消费型储蓄货币 $M_{0,t}$，另一部分直接转化为消费者的长期储蓄 S_t。

（4）当期储蓄货币 S_t 有三个来源，第一部分是上期合法收入消费后剩余 $M_{t-1} - C_{t-1}$，第二部分是上期消费型储蓄货币 $M_{0,t-1}$，第三部分是隐性经济收入 H_t。

根据以上假设及消费者货币流向可以得到包含隐性经济收入 H_t 的恒等关系式：

$$M_{0,t} = (M_{0,t-1} + M_{t-1} - C_{t-1} + H_t) \frac{C_{t-1}}{M_{t-1}} \tag{3 - 22}$$

二、各地区非法非正常收入测算结果

模型数据来自 2003 ~ 2016 年中国统计年鉴。M 表示城镇居民人均年可支配收入，C 表示城镇居民人均年消费性支出，P_t/P_{t-1} 表示消费价格指数（上年 = 100），选取中国除西藏以外 30 个省级行政区面板数据，时间跨度为 2002 ~ 2015

年（西藏数据有缺失且异常值较多）。利用这 30 个行政区域 2002 ~ 2015 年收入、消费、价格指数的统计数据，使用时期变系数面板 SUR 模型对包含价格的消费者消费储蓄恒等式进行计量检验，结果显示包含价格的恒等式成立。

将模型估计参数 M_0、消费者可支配收入 M、消费者消费额 C 带入式（3 - 22），并通过价格指数调整后，得到 30 个省级行政区 2010 ~ 2015 年人均年隐性经济收入的均值及中国全国总体均值，如表 3 - 4 所示。

表 3 - 4　2010 ~ 2015 年中国除西藏以外 30 个行政区人均年隐性经济收入均值

单位：元

行政区	均值	行政区	均值	行政区	均值	行政区	均值
上海	2584.10	内蒙古	2186.50	湖北	3319.33	贵州	2770.11
北京	3498.40	辽宁	1740.03	河北	3356.30	宁夏	2205.85
浙江	4565.94	重庆	2570.64	陕西	2838.39	黑龙江	3187.98
广东	3019.04	广西	3651.22	河南	3263.75	青海	2770.81
天津	4153.77	湖南	3233.47	山西	4382.39	新疆	2180.94
江苏	5254.14	安徽	2676.37	四川	3684.66	甘肃	2600.50
福建	3407.86	海南	4685.52	吉林	3526.78	全国平均	3239.38
山东	2545.27	云南	3417.31	江西	3925.99		

王小鲁基于定向调查数据，在控制了城市和家庭规模、地区消费习惯、家庭教育水平和家庭就业等变量对恩格尔系数的影响的前提下，构建了恩格尔系数与收入水平之间的关系，最终测算出隐性经济收入的具体规模。经验证，如果将城镇人口数量的因素考虑进去，本书测算的总体灰色经济收入与王小鲁采用调查法得到的结论很接近。同时发现近 6 年（2010 ~ 2015 年）全国人均隐性经济收入规模只有 3239.38 元，相比之前有较大程度的下降。对于此现象，王小鲁认为，"近年来持续时间长、力度猛、范围广的反腐行动已经大规模减少了中国的隐性经济收入"。按前文分析，隐性经济收入与正式制度缺陷有关。近年来，反腐力度加大体现了国家对制度改革的坚定信念，不断简政放权，提倡阳光财政，大大缩减三公经费，公务员的流动晋升制度也逐步完善，同时法律也将部分隐性经济收入确认为合法收入或非法收入。总之，这些正式制度的完善客观上减少了隐性经济收入的规模，有利于收入分配的改善。此外本书认为，新常态时期经济下行的压力，国企混合所有制改革的启动，产业结构的不断优化升级均在一定程度上抑制了隐性经济收入的产生。同时大力宣扬社会主义核心价值观，有助于提升居民的整体素养，随着非正式制度环境的改善，熟人社会的利益直接对接也在不断减少。

比较本书与王首元和王庆石的测算结果，可以发现：一是从整体来看，经济发达的东部沿海地区的人均隐性经济收入较高，而中西部内陆省份隐性经济收入相对较低。可见隐性经济收入规模与合法收入规模成正相关，究其原因，本书认为，经济发达地区在教育、医疗、养老等一系列社会保障方面的优势，带来了人力资本积累优势。正因为劳动者素质的提升伴随着收入提升和收入来源渠道的增加，才导致Ⅰ类隐性经济收入的产生。二是对于同一地区，其核心产业处于的发展阶段不同也会影响隐性经济收入的规模，例如，在东北地区经济转型调整阶段中隐性经济收入规模的下降。从生产部门结构来看，资本有机构成较高的部门往往随着较大规模的隐性经济收入而增加。因为劳动对资本实际隶属的进一步加深，会激励Ⅱ类隐性经济收入的产生。三是政府在地方经济中扮演的角色对隐性经济收入的规模变化有较大影响。近年来在反腐力度较大的海南、山西、四川明显人均隐性经济收入的规模较大，而行政性垄断收入、受贿收入正是隐性经济收入的重要构成部分。未来逐渐随着反腐形成长效机制，其规模必将减少。

第六节　基于分配环节的非法非正常收入规模测算

在本章第二节至第四节中，对中国的非法非正常收入规模进行了从总体到分部门自上而下的测算，为提高测算精度，特别是更加精准地把握存在非法非正常收入的中国各部门收入分配结构，本节将用从分部门到总体的自下而上的测算方法对中国的非法非正常收入规模进行测度。对非法非正常收入总体规模的测度并不追求完整，而是对其最关键和最主要的部分进行测度，重点在于结构测算。对于地方政府而言，测度的主要是土地收入，对于企业和居民来说测度的主要是隐形经济和偷税、漏税。

一、基于初次分配环节的非法非正常收入规模测算

（一）政府部门的土地出让金规模测算

2008 年，国家审计署对全国 11 个城市 2004 年、2005 年、2006 年、2007 年土地出让金相关的征管和使用情况进行了审计。审计结果表明[1]，72% 的土地出让金收入没有被纳入预算管理规定中的基金预算收入。土地出让金所得对农民社会保障不力，三个城市没有指定相关保障政策，四个城市对农民社会保障所投入

---

[1]　根据审计署审计结果公告《国有土地使用权出让金审计调查结果》中相关数据进行整理，http：//www.sjxww.com/folder9/folder10/2008/06/2008 - 06 - 042225.html。

的金额未超过土地出让净收益的7%。

2014年国家进行了更大范围的审计，覆盖范围达29个省、直辖市和自治区。审计结果表明，2008~2013年少征土地出让收入的现象较为普遍，诸多地区为了提高本区域招商引资的吸引力，擅自违规将土地收入返还给企业，甚至是少征地出让收入。在土地出让收入使用方面，违规将资金挪用、占用为楼堂馆所、行政经费亏空甚至是借外款项。当估算地方政府的土地出让规模时，可能存在几个误算的因素。容易造成低估的因素是，纳入专户管理的土地出让收入也有可能是非法非正常收入，只要是被挤占和挪用的都应在测算范围之内。根据国家审计署的审计结果，2014年有55%的收入都属于这种现象。同事也存在着容易高估的现象，土地出让收入不是无中生有的收入，做的不是无本买卖，征地拆迁、居民安置土地平整等各个环节都会产生成本，在计算非法非正常收入时，应当将这一部分进行扣除。按照既不低估也不高估的原则，本书对2010年、2012年、2013年、2014年、2015年的土地出让收入相关数据进行了初步整理，如表3-5所示。

表3-5　全国地方政府国有土地使用权出让收入的年度支出

单位：亿元，%

土地出让金年度支出项目	2010年	2011年	2012年	2013年	2014年
年度支出总额	26622.12	31052.26	26663.87	38265.60	38700.72
①征地和拆迁补偿支出	10206.96	14358.75	13828.92	20917.69	20281.78
②土地开发支出	2479.57	5324.69	5116.04	8350.28	8952.01
③城市建设支出	7621.00	5564.88	3049.20	3775.14	4076.29
④农村基础设施建设支出	1076.53	760.45	486.19	516.50	458.50
⑤补助被征地农民支出	457.11	689.72	520.75	852.21	856.97
⑥土地出让业务支出	133.71	217.37	180.85	239.26	222.29
⑦廉租住房支出	422.01	519.96	355.73	391.81	367.94
⑧其他土地使用权出让金支出	4225.23	3616.44	3126.19	3222.71	3484.94
成本性支出比重	40.56	49.16	54.50	57.52	55.20
非成本性支出比重	59.44	50.84	45.50	42.48	44.80

注：根据财政部公布的2010~2014年全国财政收支决算数据整理。其中，成本性支出为年度支出项目中的①+⑤+⑥，其余均为非直接成本支出。

应该归于土地出让相关成本的项目是第一项、第五项和第六项，第二项、第三项、第四项、第七项是应该由一般公共预算列支的支出，在土地出让收入中列支应当视为用于弥补财政亏空的部分，属于非法非正常收入，见表 3 - 6。以 2010～2014 年非法非正常收入占全部土地出让收入 48.6% 的五年平均比例为参数，得出应当纳入政府初次分配收入的规模。

表 3 - 6　全国纳入政府部门初次分配收入的土地出让金规模测算

单位：亿元

年　份	土地出让收入规模	纳入政府初次分配收入
1992	347.45	168.91
1993	370.12	179.93
1994	394.27	191.67
1995	420.00	204.18
1996	447.41	217.50
1997	476.60	231.70
1998	507.70	246.81
1999	514.33	250.04
2000	595.58	289.54
2001	1295.89	629.99
2002	2416.79	1174.91
2003	5421.31	2635.53
2004	6412.18	3117.23
2005	5883.82	2860.37
2006	8077.64	3926.89
2007	12216.72	5939.07
2008	10259.80	4987.73
2009	17179.53	8351.70
2010	27464.48	13351.66
2011	32126.08	15617.86
2012	28042.28	13632.55
2013	39073.00	18995.05
2014	34377.37	16712.31
2015	25537.37	12414.81
1992～2013 年资金流量表政府收入	15.48%	
1992～2013 年纳入政府土地收入	25.22%	

资料来源：根据本书测算所得。

对比将政府部门非法非正常收入纳入初次分配前后的数据可以发现，政府的正常合法收入增速为16%，增长速度相对增长较慢，大幅慢于非法非正常收入，增幅近10个百分点。

（二）企业和居民部门的隐性经济收入规模

隐形经济规模测算。本书采用杨灿明、孙群力（2010）的测算方法（见表3-7）。其公式为：

$$\ln(M_t) = \beta_0 + \beta_1 \ln(Y_{Rt}) + \beta_2 \ln(P_t) + \beta_3 \ln(R_t) + \beta_4 TaxSize + \beta_5 GovSize + \varepsilon_t$$

$$(3-23)$$

各符号所代表的变量分别为表3-7中所示。

表3-7　测算隐形经济规模所需的经济变量表

M	货币流通规模
Y_R	地区生产总值
P	商品零售价格环比指数
R	金融机构一年期定期存款利率
TaxSize	税收占地区生产总值比重
GovSize	政府消费占GDP的比重来表示
$\beta_0 \sim \beta_5$	待估计的参数
ε	误差项

对式（3-23）进行指数变换，可得

$$M_t = \beta'_0 \times Y_{Rt}^{\beta_1} \times P_t^{\beta_2} \times R_t^{\beta_3} \times \exp(\beta_4 TaxSize_t + \beta_5 GovSize_t + \varepsilon_t) \quad (3-24)$$

考虑隐性收入，但不计算税收的货币需求方程，如式（3-25）所示，

$$M_t = \beta'_0 \times (Y_{Rt} + Y_{Ht})^{\beta_1} \times P_t^{\beta_2} \times R_t^{\beta_3} \times \exp(\beta_5 GovSize_t + \varepsilon_t) \quad (3-25)$$

将考虑隐性收入的方程与不考虑隐性收入的方程相除，可得

$$Y_{Rt}^{\beta_1} \times \exp(\beta_4 TaxSize_t) = (Y_{Rt} + Y_{Ht})^{\beta_1} \quad (3-26)$$

因此，隐形经济 Y_H 与地区生产总值 Y_R 的比例关系为：

$$\frac{Y_{Ht}}{Y_{Rt}} = \exp\left(\frac{\beta_4 TaxSize_t}{\beta_1}\right) - 1 \quad (3-27)$$

这一数据关系就是改进后的货币需求函数。

从《中国统计年鉴》《中国金融年鉴》可收集到表3-7中各变量的经济数据，从而得到表3-8。将表3-8中的各变量经济数据带入改进后的货币需求函数，即式（3-27），进行回归分析，可得：

$$\log(m1) = \underset{(60.85)}{1.171} \cdot \log(Y) + \underset{(8.96)}{0.165} \cdot \log(P) - \underset{(2.89)}{0.057} \cdot \log(R) + 1.226 \cdot$$

TaxSize + 6.764 · GovSize − 0.121 · D1 − 4.767　　Adj. R^2 = 0.998，D. W = 1.573
(12.57)　(4.87)　　　　　(1.49)　　　(2.96)

由此估算的企业和居民部门的隐性经济收入规模如表 3 − 9 所示。

表 3 − 8　估算全国隐形经济规模的基础数据

单位：亿元，%

年份	国内生产总值 GDP	商品零售价格指数	政府消费占GDP 比重	税收占 GDP比重	货币流通量			一年定期存款利率
					M2	M1	M0	
1978	3650. 2	100. 0	0. 1315	0. 1423	1159. 1	948. 5	212. 0	3. 24
1979	4067. 7	102. 0	0. 1407	0. 1322	1458. 1	1177. 1	267. 7	5. 04
1980	4551. 6	108. 1	0. 1400	0. 1256	1842. 9	1443. 4	346. 2	5. 76
1981	4898. 1	110. 7	0. 1337	0. 1286	2234. 5	1710. 8	396. 3	5. 76
1982	5333. 0	112. 8	0. 1338	0. 1313	2589. 8	1914. 4	439. 1	6. 84
1983	5975. 6	114. 5	0. 1418	0. 1298	3075. 0	2182. 5	529. 8	6. 84
1984	7226. 3	117. 7	0. 1533	0. 1311	4146. 3	2931. 6	792. 1	6. 84
1985	9039. 9	128. 1	0. 1442	0. 2258	5198. 9	3340. 9	987. 8	7. 02
1986	10308. 8	135. 8	0. 1403	0. 2028	6720. 9	4232. 2	1218. 4	7. 20
1987	12102. 2	145. 7	0. 1323	0. 1769	8330. 9	4948. 6	1454. 5	7. 20
1988	15101. 1	172. 7	0. 1259	0. 1583	10099. 8	5985. 9	2134. 0	8. 64
1989	17090. 3	203. 4	0. 1325	0. 1596	11949. 6	6382. 2	2344. 0	11. 30
1990	18774. 3	207. 7	0. 1372	0. 1503	15293. 4	7608. 9	2644. 4	10. 10
1991	21895. 5	213. 7	0. 1409	0. 1366	19349. 9	9358. 3	3177. 8	7. 56
1992	27068. 3	225. 2	0. 1453	0. 1218	25402. 2	11731. 5	4336. 0	7. 56
1993	35524. 3	254. 9	0. 1444	0. 1198	34879. 8	16280. 4	5864. 7	10. 08
1994	48459. 6	310. 2	0. 1416	0. 1058	46923. 5	20540. 7	7288. 6	10. 98
1995	61129. 8	356. 1	0. 1334	0. 0988	60750. 5	23987. 1	7885. 3	10. 98
1996	71572. 3	377. 8	0. 1321	0. 0965	76094. 9	28514. 8	8802. 0	8. 33
1997	79429. 5	380. 8	0. 1376	0. 1037	90995. 3	34826. 3	10177. 6	5. 67
1998	84883. 7	370. 9	0. 1495	0. 1091	104498. 5	38953. 7	11204. 2	4. 59
1999	90187. 7	359. 8	0. 1637	0. 1184	119897. 9	45837. 3	13455. 5	2. 25
2000	99776. 3	354. 4	0. 1678	0. 1261	134610. 3	53147. 2	14652. 7	2. 25
2001	110270. 4	351. 6	0. 1624	0. 1388	158301. 9	59871. 6	15688. 8	2. 25
2002	121002. 0	347. 0	0. 1578	0. 1458	185007. 0	70881. 8	17278. 0	1. 98
2003	136564. 6	346. 7	0. 1486	0. 1466	221222. 8	84118. 6	19745. 9	1. 98
2004	160714. 4	356. 4	0. 1409	0. 1504	254107. 0	95969. 7	21468. 3	2. 07
2005	185895. 8	359. 3	0. 1419	0. 1548	298755. 7	107278. 8	24031. 7	2. 07

年份	国内生产总值GDP	商品零售价格指数	政府消费占GDP比重	税收占GDP比重	货币流通量			一年定期存款利率
					M2	M1	M0	
2006	217656.6	362.9	0.1414	0.1599	345577.9	126028.1	27072.6	2.52
2007	268019.4	376.7	0.1367	0.1702	403442.2	152560.1	30375.2	3.47
2008	316751.7	398.9	0.1339	0.1712	475166.6	166217.1	34219.0	3.06
2009	345629.2	394.1	0.1343	0.1722	610224.5	221445.8	38247.0	2.25
2010	408903.0	406.3	0.1307	0.1790	725851.8	266621.5	44628.2	2.50
2011	484123.5	426.2	0.1344	0.1854	851590.9	289847.7	50748.5	3.25
2012	534123.0	434.7	0.1370	0.1884	974148.8	308664.2	54659.8	3.25
2013	588018.8	440.8	0.1382	0.1880	1106525.0	337291.1	58574.4	3.00
2014	636138.7	445.2	0.1360	0.1873	1228374.8	348056.4	60259.5	3.00

资料来源：根据《中国统计年鉴》和《中国金融年鉴》的相关年份的数据整理。

表3－9　企业和居民部门隐性经济规模

年份	可观察国民收入			隐形经济规模		
	收入总量（亿元）	企业比重（％）	居民比重（％）	隐形经济比重（％）	企业部门（亿元）	居民部门（亿元）
1992	27082.04	17.98	66.08	13.61	788.74	2898.38
1993	35450.38	21.98	62.45	13.38	1234.28	3507.23
1994	48370.32	21.84	64.91	11.73	1427.79	4243.71
1995	60146.57	23.24	64.38	10.91	1739.74	4819.80
1996	70538.26	19.99	67.23	10.65	1721.47	5788.70
1997	78517.27	21.84	65.66	11.48	2248.89	6761.60
1998	83505.78	20.51	66.58	12.12	2382.94	7734.07
1999	88989.83	20.75	66.19	13.22	2806.81	8954.36
2000	98562.23	21.16	65.71	14.13	3391.45	10532.92
2001	108683.43	23.06	64.25	15.65	4492.37	12519.15
2002	119765.00	23.36	62.66	16.50	5367.58	14396.96
2003	135718.82	24.23	62.10	16.60	6324.31	16209.69
2004	160289.69	26.86	59.19	17.07	8538.89	18817.86
2005	184575.77	26.63	59.29	17.61	10076.93	22433.85
2006	217246.57	26.89	58.83	18.24	12432.16	27201.06

续表

年份	可观察国民收入			隐形经济规模		
	收入总量 （亿元）	企业比重 （%）	居民比重 （%）	隐形经济比重 （%）	企业部门 （亿元）	居民部门 （亿元）
2007	268631.05	27.47	57.93	19.53	16877.06	35582.37
2008	318736.66	28.35	57.55	19.65	20668.12	41962.86
2009	345046.37	27.27	58.82	19.78	21616.25	46628.32
2010	407137.81	26.92	58.47	20.64	26487.91	57540.23
2011	479576.13	25.77	59.17	21.44	31199.35	71624.11
2012	532872.06	24.74	59.77	21.82	34050.69	82244.35
2013	583196.72	24.12	60.66	21.77	36130.78	90848.36

注：由于资金流量表中只有1992年以来的数据，为了前后一致，舍去了其他年份的数据。

二、再分配格局中的非法非正常收入规模测算

当考虑隐形经济后，企业、居民三部门的收入均得到了 20% 以上幅度的提升，从法律意义上来讲，这些收入应当纳入税基，并以应缴的税率向政府缴税。加入隐形经济的纳税因素后，与考虑在非法非正常收入的初次分配格局相比，考虑在非法非正常收入的再分配格局中，政府收入的比重会有所上升，企业和居民的收入比重会有所下降，需要做更为详细的测算分析。

（一）居民部门的税收流失测算

1. 逐步建立综合与分类相结合的个人所得税制，是我国个税改革的方向

自21世纪初以来，国家层面在个税分类累进制征收模式下已经连续三次提高个税免征额和简化税率结构。围绕我国个税改革前沿问题，近两年来涌现了较为丰富的研究成果，具体表现在三个方面。一是对当前个税改革成效的分析，例如：许志伟等（2013）定量分析了2011年个税改革的福利效应，并认为整个经济总福利在改革后有所提高；岳希明等（2014）认为，个税的累进性弱化了间接税整体上的累退性，对扭转间接税逆向调节收入分配具有一定的积极意义；蔡秀云等（2014）也认为，尽管收入规模和平均税率仍然偏低，但是当前个税也发挥了一定的收入再分配效应。二是分类征收局限性分析可知。例如：徐建炜等（2013）认为，20世纪三次免征额提高和2011年税率层级调整只是提升了个税累进性，但是降低了平均有效税率并恶化了个税的收入分配效应。金双华（2013）认为，高收入阶层财产性收入比重的持续上升和财产类税收微弱的累进性导致目前个税调节收入分配力度偏弱。刘扬等（2014）在对中美两国税制结构

和征收模式进行比较的基础上，认为我国分类征收模式下不同来源的相同收入税负不同，导致工薪收入者成为主要税负者；而且个税的非主体税地位严重制约其再分配功能发挥。陈敏等（2014）认为，在以工薪所得为主的个税分类征收模式下，个税免征额的上升所引发的居民行为效应加剧了工资收入不平等。三是综合征收个税改革的研究探索。例如：石子印（2013）基于分类累进征收个税局限性，假定如果实行综合单一税制，个税对工薪收入的再分配效应进行了模拟，并认为实施单一税同样可以实现累进税制下的再分配效应优化；古成（2014）在综合分析国内外个税体制和我国国情现实约束的基础上，认为在当前推动个税分类累进课征向综合累进课征转变是当前我国优化个税调节收入分配效果的理想选择；李炜光等（2014）基于国际实践的比较结果，提出了我国以家庭为单位征收个人所得税的制度设计。比较当前较新的国内研究文献，围绕我国在当前分类累进征收模式下的个税体制实践效果积累了丰富的研究成果，但是围绕分类征收逐步向综合征收转变趋势，特别是针对如果实施综合累进新模式对个税实践可能的影响开展实证分析的研究成果相对较少，例如，假设按照当前呼声较高的按家庭人均总收入采取综合累进征收新模式征收个税，相比当前个税规模，我国整体和各省份的个税潜力有多大？其影响因素有哪些？尽管短期内实行该模式的难度较大，这些问题的研究都可以对我国个税改革提供新的经验证据。本书运用拟合居民收入分布函数法，以2011年施行的工薪所得新税制和按家庭人均总收入征收为前提，对我国整体和各省份在综合累进新模式下的个税潜力进行了初步分析，并提出了推进综合征收个税体制改革的相关建议。

2. 估算方法和数据整理

目前测算个税潜力或流失率的常用方法主要有税基税率法、税收 CGE 模型法、回归法、税目分解法、分布函数估计法等，其中分布函数估计法在近年来的国内研究中较为常见。本部分对我们沿用分布函数所采用的估算公式和相关数据进行介绍。

（1）个税潜力估算方法。研究表明，居民收入可以用对数正态分布函数来描述，结合个税税率累进层级估算理论纳税额，并与实际纳税额进行比较，可以得出相应的税收流失率，流失率越大，个税潜力越大。例如，刘黎明等（2005）、张辉等（2013）就是以该方法对相应年份的个税潜力和税收流失率进行估算和分析，不过由于后者调整后城乡整体基尼系数数值偏高（0.6227），倒推的居民收入分布函数方差参数失真，使两者研究结论存在明显差异。

当居民收入 X 服从均值为 μ、标准差为 σ 的对数正态分布时，设 f(x) 为居民收入 x 的密度函数，则 $f(x) = \frac{1}{x\sigma\sqrt{2\pi}}e^{-\frac{(\ln x - \mu)^2}{2\sigma^2}}$。那么根据2011年颁布施行的居

民个税新税率累进层级，可以得到以拟合收入分布和累进税率下估算居民个体人均理论纳税额的积分公式：

$$R = R_1 + R_2 + \cdots + R_7 = \int_{T_1}^{T_2}(y - T_1) \cdot t_1 \cdot f(y)dy + \int_{T_2}^{T_3}(y - T_2) \cdot t_2 \cdot f(y)dy + \cdots + \int_{T_7}^{+\infty}(y - T_7) \cdot t_7 \cdot f(y)dy \tag{3-28}$$

其中 T_i 和 t_i 分别为应税收入档级上下限和适用的累进税率，y 为扣除"三险一金"社会保障缴纳之后的应税收入，$y = (1 - \varepsilon) x$，ε 为三险一金上缴比例。通过 Matlab 软件可以很容易计算出结果，需要注意的是，为与个税征收方式相对应要对年收入进行月收入的换算。如果公式中的 X 为工资性收入，则该式估算的是工薪所得理论纳税额，如果 X 为居民总收入，则相应地该式估算的是总收入的理论纳税额。从目前统计口径来看，我国居民年总收入可以分为工资性收入、经营净收入（农村居民为家庭经营收入）、财产性收入和转移性收入，而按照我国个人所得税税制规定，主要是针对前三种收入进行分类征税，例如，对绝大部分的工薪阶层主要征收工薪所得税，对个体工商户征收个人经营所得税，而对各种财产类收入征收方式更加多样，大体上仍处于实践探索阶段，对居民间赠予（如遗产）为主的转移性收入征收所得税相关政策尚未出台。我们将上述所有类型收入即居民总收入作为个税征收范围，为了降低估算难度，利用上述公式和统一的个人工薪所得累进税率层级对全国和各省份城镇居民的个税潜力进行分析。

本书所涉及的所有数据均来自 2013 年《中国统计年鉴》《中国住户调查年鉴》《中国税务年鉴》和各省份的统计年鉴，其中部分数据按以下方法做了调整。

一是居民分组收入数据。王小鲁（2013）基于课题组第三次城镇居民收入调查基础上，认为居民实际收入数据要比统计年鉴公布的住户调查数据根据分组不同存在 1.2 ~ 3.2 倍的差距，并将多出部分视为居民群体的隐性收入，借鉴其分析结论，下文我们将五等分组中的中高收入户和高收入户收入数据分别调整为原值的 1.5 倍和 2 倍，将七等分组中的中等偏上户、高收入户和最高收入户收入数据按 1.2 倍、1.5 倍和 2 倍调整，而其他收入组的数据未做调整，调整后的数据主要用于估算居民对数正态收入分布函数参数 μ 和 σ。

（2）税前收入扣除比例。随着我国社会保障体系逐步健全和覆盖面扩大，各地城镇就业人员共建共享包括养老、医疗、失业、工伤和生育保险，住房公积金等，即"五险一金"。其中前三项保险和住房公积金，即"三险一金"为居民部分缴纳，后两项保险由就业单位代付。我们将统计年鉴中的各地区当年的前三项保险基金收入之和占 GDP 收入法核算中劳动者报酬的比重作为三险缴纳比例，并与各省份住房公积金管理中心信息公开或公示的公积金个人缴纳比例加总，得到各地"三险一金"缴纳比例。

（3）缺失数据的补充。山东、湖南和云南三省统计年鉴缺乏城镇居民各分组的住户调查人口和收入数据，我们选择与全省平均家庭人口数、人均总收入最接近的该省地级市的年鉴数据作为代表，分别为济宁市代表山东省、衡阳市代表湖南省、大理州代表云南省。另外，江苏、西藏和甘肃的统计年鉴缺乏分组的人口数据，按照类似方式，选择临近周边省份数据的平均值进行代替。

（4）其他数据的计算。为了对各地区个税潜力影响因素进行比较分析，文中还运用或估算了其他部分数据。全国和各省份的基尼系数沿用了学界常用的不等分组公式来测算，$G = \sum_{i=1}^{N} P_i W_i + 2 \sum_{i=1}^{N-1} P_i (1 - Q_i) - 1$，G 表示基尼系数，$W_i$ 表示分组收入比重，$Q_i = \sum_{k=1}^{i} W_k$，为累计收入比重。高收入者比重沿用了李伟等（2014）的测算方法和研究结论。工薪收入比重 = 工资性收入/人均年收入。私营和个体从业人员比重 = 1 -（城镇单位从业人员数/城镇就业人员数）。家庭无收入人口比例 = 家庭无收入人口/家庭人口。除西藏个税全额自留以外，其他省份个税留成比例为40%，即各省份个税征收总额 = 各省份年鉴个税额/0.4。

按照前文介绍的估算方法，我们在综合累进模式下对我国及各省份的城镇居民个税潜力代表全国城乡整体个税潜力进行测算和分析。主要基于三点考虑：一是根据2013年《中国住户调查年鉴》中的数据，2012年我国农村居民人均缴纳各项税费仅10元，不及城镇居民人均缴纳个税的1/16；二是住户调查的农村居民总收入中包含了部分实物收入，在其现金收入中灰色收入比例或获得灰色收入的可能性远小于城镇居民；三是大部分外出务工农民工的工资性收入大都维持在最低工资水平，明显低于当前个税起征点。

3. 全国个税潜力的分析

按家庭人均总收入以累进税制征收个税，可以分为两种极端情形，一种是将收入平均后的家庭所有成员纳入征收对象，另一种是将家庭总收入按就业成员平均后只对就业人员征税，逻辑上推导，前一情形因收入摊薄会降低税负，后一情形因就业人员收入可能被增大或扩大税负。对于只有个别成员就业而其余成员无收入的家庭来说，在这两个极端情形下个税负担不会比现状大，对于退休父辈有较多转移性收入或遗产的家庭来说，在这两个极端情形下个税负担不会比现状小。对于大部分城镇家庭而言，真实情况应该介于这两者之间，因此，我们通过测算这两种情形下的理论纳税额平均值并与实际纳税额平均值进行比较，分析各地区居民收入个税潜力，下面以全国数据为例对这一测算过程进行说明。

对全国2012年城镇居民七等分组中的中等偏上、高收入和最高收入组平均收入数据按1.2倍、1.5倍和2.0倍调整后，将各组家庭总的年收入分别除以该组的总家庭人口和总就业人口并折算成月收入,得到征收对象范围不同的两种月平均收入数据,再以对数正态分布函数拟合扣除"三险一金"(本书估算的全国城镇居民平均扣除比例为 19.06%)后的居民分组收入数据,分别得到两个角度 μ 和 σ 的参数值,即对总家庭人口征收角度的 8.697 和 0.697 和对总就业人口角度的 8.124 和 0.794。将参数值和当前居民工薪所得税起征点和七级税率带入式(3 - 28),得到以下计算式:

$$R = \int_{3500}^{5000} (y - 3500) \cdot 0.03 \cdot f(y)dy + \int_{5000}^{8000} (y - 5000) \cdot 0.1 \cdot f(y)dy + \cdots +$$

$$\int_{83500}^{+\infty} (y - 83500) \cdot 0.45 \cdot f(y)dy$$

通过计算并整理,家庭总人口和家庭就业人口两个角度 2012 年理论人均年纳税额分别为 2758.9 元、3796.7 元,将全国个人所得税总额分别除以城镇总人口和城镇总就业人员得到两个角度实际人均年纳税额分别为 817.5 元和 1851.9 元,对应比较,两个角度的实际纳税额相当于各自理论纳税额的 29.6% 和 48.8%,即个税流失率分别为 70.4% 和 51.2%,两者的平均值为 60.8%。

4. 各省份个税潜力估算

按照前文介绍方法对 2012 年全国及各省份城镇居民个人所得税流失率进行估算,结果如表 3 - 10 所示。比较分析可得到以下结论。

表 3 - 10　2012 年全国及各省份个税潜力估算结果

地区	人均纳税(元)	流失率(%)	地区	人均纳税(元)	流失率(%)	地区	人均纳税(元)	流失率(%)	地区	人均纳税(元)	流失率(%)
全国	1334.70	60.80	黑龙江	549.86	60.96	河南	455.43	82.42	贵州	1143.46	65.68
北京	5085.84	30.40	上海	5996.05	56.48	湖北	624.32	62.72	云南	770.02	69.13
天津	1982.75	60.62	江苏	1698.26	72.70	湖南	686.99	81.13	西藏	2792.33	21.25
河北	729.80	65.41	浙江	1666.76	62.19	广东	1923.95	71.18	陕西	960.50	60.48
山西	1026.24	48.35	安徽	617.98	77.47	广西	565.43	81.05	甘肃	590.19	47.37
内蒙古	1387.06	63.15	福建	1073.66	81.97	海南	684.07	79.60	青海	553.23	66.26
辽宁	848.77	56.72	江西	541.96	58.59	重庆	747.77	37.32	宁夏	796.21	62.38
吉林	731.08	72.03	山东	784.25	77.12	四川	946.39	67.46	新疆	1361.61	43.89

注: 根据全国和各省份统计年鉴数据整理,人均纳税额为城镇总人口和就业人口两种人均个税年缴纳额的平均值,个税流失率也为平均值。

(1)与我国经济发展水平的区域分布相类似,各省份城镇居民个税流失率大体上呈现由西北向东南上升的特征，华东和华南地区是个税潜力较大区域。从衡量个税潜力的流失率估算数值来看，在我国内陆 31 个省份中，该值比较小的前 5 个省份分别是西藏、北京、重庆、新疆和甘肃，而流失率较大的前 5 个省份分别是河南、福建、湖南、广西和海南。如果从地域分布来看，大体上呈现由西北部地区向东南部上升趋势，综合比较，东北部的吉林、华东地区的山东、江苏和安徽，中原地区的河南，华南的湖南、广西和福建、广东、海南等地是我国个税流失率较大的区域。

（2）各省份城镇居民人均个税缴纳额边疆和沿海省份高，中部大部分省份低，呈现漏斗状分布特征，长三角、京津、珠三角和蒙新藏是人均缴纳个税额较高区域。将各省份人均个税缴纳额数值由高到低排序，前 5 位的省份分别是上海、北京、西藏、天津和广东，后 5 位的省份分别是河南、江西、黑龙江、青海和广西。如果从地域分布来看，大体上呈现由外围边疆和沿海省份逐步向中部地区下降的分布特征，例如，中部地区的河南、湖北、湖南、安徽和广西 5 省份，与周边省份较高的人均纳税额形成了鲜明的对比。

（3）以全国平均的年人均纳税额和流失率作基准参照，各省份大体上可以分为四种类型。一是人均纳税额较高而流失率较低类型，例如，北京、天津、上海、新疆和西藏 5 省份属于该类型；二是两者均较高类型，例如，浙江、广东、江苏和内蒙古 4 省份；三是两者均较低类型，例如，重庆、甘肃、山西、辽宁、江西和陕西 6 省份；四是人均纳税额较低而流失率较高类型，这是省份较多的类型，除以上类型以外的其他 16 个省份均属于该类型，比较典型的如河南、福建、海南、广西、山东等。

5. 各地区个税潜力影响因素分析

前文结合测算结果发现，我国各省份城镇居民个税潜力具有较为明显的地域分布特征，那么有哪些影响因素对这一特征发挥了多大的作用？我们对此进行更进一步的计量比较。

（1）影响因素及变量设定。如果不考虑税务部门主观工作效率和客观征收技术条件，对各地区的个税潜力可能具有影响的因素：一是"三险一金"等需居民个人承担部分支出比例的社会保障支出（sxyj），从逻辑上分析，该支出比例越高，超过起征点的应纳税额越小，相应地，个税额和个税流失率越小；二是工薪收入占居民总收入中的比重（gxbz），该比重越高，工作单位发挥个税缴纳监督职能作用越大，相应地，个税流失率越小；三是家庭无收入人口比例或家庭抚（赡）养比例（wsrbl），该比例越高，就业人口的家庭生活负担越大，从逻辑上推导，在现行分类累进征收模式下，偷漏个税的潜在动机可能越大；四是私营和个体从业比例（sybl），该比例越高，监管难度越大，在当前社会征信体系相对欠缺和个人申报主动性不强的环境下，个税流失率可能越高；五是人均家庭收入（pjsr），某省份该收入越高，因收入信息系统不完善可能导致的个税流失率会越高；六是收入分配差距（gini），某地区内部收入差距越大，高收入者瞒报实际收入的潜在意愿可能越高，从而个税流失率可能越高；七是高收入者比重（gsrbz），高收入者的收入来源相对多元，对于经营性、财产类和遗产或赠予类收入征收个税的机制尚不完善，该比重越高，个税流失率可能越大。针对以上方面的考虑，我们对所需数据整理后，汇总形成了如表 3 – 11 所示的截面数据，并建立多元一次回归计量模型对各因素影响方向和作用程度进行简单的计量分析：$Lslv = c_0 + c_i \cdot x_i$，其中 x_i 代表以上各种可能影响因素，c_0 和 c_i 为待估参数。

表 3 – 11　影响 2012 年个税潜力各种可能因素的数据汇总表

因素 区域	个税 流失率	三险一金 缴纳比例	工薪收入 比重	家庭无收入 人口比例	私营和个体 从业比例	人均家庭 总收入	城镇基尼 系数	调整后的 基尼系数	高收入者 比重
	lslv	sxyj	gxbz	wsrbl	sybl	pjsr	gini1	gini2	gsrbz
全国	0.608	0.191	0.643	0.269	0.485	2.696	0.305	0.418	1.261
北京	0.304	0.289	0.680	0.198	0.635	4.110	0.251	0.398	3.435
天津	0.606	0.227	0.653	0.200	0.674	3.294	0.266	0.379	1.429
河北	0.654	0.177	0.601	0.286	0.539	2.190	0.265	0.376	0.194
山西	0.483	0.227	0.678	0.317	0.595	2.210	0.294	0.401	0.408
内蒙古	0.632	0.197	0.681	0.311	0.443	2.479	0.286	0.398	1.094
辽宁	0.567	0.255	0.573	0.210	0.460	2.592	0.277	0.389	0.516
吉林	0.720	0.189	0.625	0.243	0.429	2.166	0.291	0.402	0.508
黑龙江	0.610	0.249	0.604	0.272	0.514	1.937	0.291	0.405	0.221
上海	0.565	0.309	0.695	0.183	0.577	4.475	0.284	0.433	5.527
江苏	0.727	0.180	0.618	0.237	0.337	3.252	0.300	0.413	1.953
浙江	0.622	0.241	0.589	0.257	0.488	3.799	0.293	0.406	4.250
安徽	0.775	0.130	0.630	0.255	0.444	2.352	0.242	0.355	0.284
福建	0.820	0.100	0.647	0.287	0.517	3.088	0.290	0.403	1.813
江西	0.586	0.205	0.631	0.262	0.450	2.115	0.260	0.373	0.125
山东	0.771	0.143	0.709	0.265	0.514	2.801	0.283	0.392	0.712
河南	0.824	0.113	0.624	0.277	0.555	2.190	0.265	0.376	0.183
湖北	0.627	0.169	0.620	0.246	0.422	2.290	0.273	0.383	0.227

续表

因素 区域	个税 流失率 lslv	三险一金 缴纳比例 sxyj	工薪收入 比重 gxbz	家庭无收入 人口比例 wsrbl	私营和个体 从业比例 sybl	人均家庭 总收入 pjsr	城镇基尼 系数 gini1	调整后的 基尼系数 gini2	高收入者 比重 gsrbz
湖南	0.811	0.120	0.580	0.293	0.484	2.280	0.340	0.462	0.772
广东	0.712	0.136	0.694	0.307	0.439	3.404	0.307	0.417	2.799
广西	0.810	0.112	0.633	0.261	0.494	2.321	0.273	0.387	0.414
海南	0.796	0.165	0.643	0.345	0.453	2.281	0.300	0.408	0.571
重庆	0.373	0.239	0.621	0.226	0.430	2.481	0.217	0.331	0.106
四川	0.675	0.201	0.638	0.284	0.479	2.233	0.260	0.405	0.223
贵州	0.657	0.132	0.614	0.312	0.551	2.004	0.290	0.401	0.170
云南	0.691	0.135	0.626	0.269	0.438	2.300	0.298	0.408	0.493
西藏	0.213	0.132	0.874	0.455	0.348	2.022	0.341	0.446	0.813
陕西	0.605	0.161	0.688	0.283	0.532	2.261	0.254	0.401	0.093
甘肃	0.474	0.208	0.677	0.318	0.525	1.850	0.270	0.377	0.085
青海	0.663	0.181	0.639	0.374	0.541	1.975	0.352	0.454	1.366
宁夏	0.624	0.155	0.638	0.365	0.437	2.190	0.302	0.406	0.625
新疆	0.439	0.192	0.715	0.344	0.582	2.019	0.263	0.366	0.247

注：根据 2013 年各省份统计年鉴数据汇总整理，jini1 和 gini2 分别为中高收入组调整前后各地城镇居民收入差距基尼系数。

（2）影响因素的计量分析。运用 Eviews 6.0 软件对表 3 – 12 中的所有解释变量进行初步计量回归，发现个别变量无法通过检验，除了由估算所得数据本身的可靠性以外，主要原因在于解释变量之间存在较高程度的相关性，导致变量整体解释能力差强人意，需进一步对计量模型进行简化。

检验各变量之间相关性可知，与个税流失率按相关性强度由大到小排序分别为"三险一金"缴纳比例、工薪收入比重、家庭无收入人口比例、未调整的基尼系数、高收入者比重、私营和个体从业比例、调整后的基尼系数、人均家庭总收入，而两个基尼系数之间、高收入者比重和人均家庭收入之间、基尼系数和高收入者比重之间存在高度相关，我们扣除了调整后基尼系数、人均家庭总收入、私营和个体从业比例三个变量，保留了其他五个解释变量，并分别建立如表 3 – 12 所示的六个计量模型分别进行回归分析，根据表 3 – 12 中的计量结果，综合比较后最优模型和回归结果如下所示：

$$Lslv = 1.673 - 1.999sxyj - 1.158gxbz - 1.112wsrbl + 0.237gini1$$
$$(0.000) \quad (0.000) \quad (0.002) \quad (0.013) \quad (0.047)$$
$$R^2 = 0.7221 \quad D.W = 2.22 \quad Prob（F 检验）= 0.000$$

表 3 – 12　各地区个税流失率影响因素的计量检验结果

变量	模型 1	模型 2	模型 3	模型 4	模型 5	模型 6
C	1.9583	1.9947	1.6733	2.0807	1.8562	1.7685
	(0.000)	(0.000)	(0.000)	(0.000)	(0.000)	(0.000)
sxyj	− 1.6664	− 1.9909	− 1.9989	− 2.2155	− 2.1442	− 2.1931
	(0.000)	(0.000)	(0.000)	(0.000)	(0.000)	(0.000)
gxbz	− 1.5811	− 1.2506	− 1.1575	− 1.4668	− 1.3369	− 1.3370
	(0.000)	(0.0012)	(0.0016)	(0.0002)	(0.001)	(0.0012)
wsrbl		− 0.6803	− 1.1124	− 0.4492	− 0.7902	− 0.7903
		(0.0872)	(0.0129)	(0.2431)	(0.1245)	(0.1285)
gini1			1.3530		0.8225	0.9008
			(0.0465)		(0.3058)	(0.2727)
gsrbz				0.0295	0.0195	0.0185
				(0.0396)	(0.2521)	(0.2848)
sybz						0.1531
						(0.4912)
R^2	0.6411	0.6773	0.7221	0.7249	0.7360	0.7411
F	25.8987	19.5873	17.5382	17.7896	14.4981	11.9253
D.W.	2.1782	2.3414	2.2183	2.2835	2.2158	2.1527
P（F）	0.0000	0.0000	0.0000	0.0000	0.0000	0.0000

注：每一行中数值为估计的变量系数值，括号内为 t 检验值。

由以上计量分析我们得知，在综合累进模式下影响我国各地区城镇居民个税流失率的主要因素是"三险一金"缴纳比例、工薪收入比重、家庭无收入人口比例和居民收入分配差距，其中前两项与个税流失率负相关，这与前文的一般性分析相吻合。家庭无收入人口比例与个税流失率负相关，这与前文的一般性分析相反，我们认为，其原因可能在于收入人口多的家庭，总收入特别是非工薪类收入比重往往较高，在分类征收模式下，瞒报漏报的可能性较大。居民收入分配差距与个税流失率正相关，符合前文一般性分析。对于高收入者比重，如表 3 - 12 中的模型 4 计量结果，与个税流失率呈正相关，也符合前文分析，但是由于其和基尼系数高度呈正相关，在最优模型中并没有反映。

综合以上分析，如果实施综合累进模式个税改革，除了需要进一步完善与之配套的个人收入信息征集系统之外，还要高度重视进一步完善和规范各地区的社会保障体系，避免再分配机制对居民收入差距的逆向调节，要重视对居民非工薪类其他收入的信息征集，对瞒报漏报加大监管和惩罚力度，特别是对个别地区存在的为吸引投资而采取超过国家相关规定的个税高额返还现象，进行统一的专项治理。对家庭抚（赡）养比例较高家庭，在综合累进征收模式中有必要实施较低税率，降低税收负担。

6. 总体结论

本书采用分布函数估计法对居民部门应缴税规模进行测算。中国的个税税率是层级累进的，因此，如果隐性经济收入与正常收入的差距越大，那么需要缴纳的税率就越高。如果我们假定居民收入 X 服从均值为 μ、标准差为 σ 的对数正态分布，那么居民收入的密度函数 $f(x) = \dfrac{1}{x\sigma\sqrt{2\pi}}e^{-\frac{(\ln x - \mu)^2}{2\sigma^2}}$。七级累进税率下的纳税积分函数为：

$$R = R_1 + R_2 + \cdots + R_7 = \int_{T_1}^{T_2}(y - T_1)\cdot t_1 \cdot f(y)dy + \int_{T_2}^{T_3}(y - T_2)\cdot t_2 \cdot f(y)dy + \cdots +$$

$$\int_{T_7}^{+\infty}(y - T_7)\cdot t_7 \cdot f(y)dy$$

式中，T_i 和 t_i 分别表示应缴本级税率的税基区间上限和下限，y 表示应税收入档级上下限和适用的累进税率，扣除"三险一金"社会保障缴纳之后的应税收入，$y = (1 - \varepsilon)x$，ε 表示"三险一金"上缴比例。

考虑到中国在 1980 年、2006 年、2007 年、2011 年进行了四次个人所得税税率调整因素的影响，应纳税额 E 应为

$$E = \int_{3500}^{5000}(x - 3500)\cdot 3\% \cdot f(x)dx + \cdots + \int_{83500}^{\infty}(x - 83500)\cdot 45\% \cdot f(x)dx$$

由于未来中国是按照从业人员征收还是按照家庭人均征税还未最终确定，本书将分别按照两种口径进行测算，之后再对其取算术平均值。利用 Matlab 软件，将中国的实际数据带入上式，见表 3 - 13，可以计算得到居民部门的应缴税额，见表 3 - 14。

表3-13 隐形经济对居民收入规模的影响

单位：亿元、%

年份	包含隐性收入的居民总收入①	居民调查的居民总收入②	遗漏收入占调查收入比重③	资金流量表居民收入 城镇④	资金流量表居民收入 农村⑤	纳入居民的隐性收入 城镇⑥	纳入居民的隐性收入 农村⑦	城镇居民总收入⑧	测算的城镇人均总收入⑨	居民调查城镇人均总收入⑩	测算/居民调查⑪
1992	20793.16	13575.25	53.17	9110.76	8784.02	2318.70	579.68	11429.47	3552.28	2148.12	1.65
1993	25646.10	16434.39	56.05	11543.47	10595.40	2805.78	701.45	14349.25	4325.58	2583.15	1.67
1994	35640.06	22200.82	60.53	16601.51	14794.84	3394.97	848.74	19996.47	5852.23	3435.62	1.70
1995	43539.36	28642.79	52.01	20389.23	18330.33	3855.84	963.96	24245.07	6892.90	4288.09	1.61
1996	53211.51	34461.19	54.41	24870.61	22552.20	4630.96	1157.74	29501.57	7908.42	4844.78	1.63
1997	58312.19	38062.11	53.20	27721.84	23828.75	5409.28	1352.32	33131.12	8398.47	5188.54	1.62
1998	63334.41	40688.74	55.66	31034.21	24566.14	6187.26	1546.81	37221.46	8945.75	5458.34	1.64
1999	67860.02	43895.05	54.60	34571.98	24333.68	7163.49	1790.87	41735.47	9539.97	5888.77	1.62
2000	75301.67	47213.76	59.49	39779.95	24988.80	8426.34	2106.58	48206.29	10501.09	6316.81	1.66
2001	82352.29	52025.98	58.29	44561.08	25272.06	10015.32	2503.83	54576.40	11354.94	6907.08	1.64
2002	89437.94	60429.70	48.00	50988.33	24052.65	11517.57	2879.39	62505.90	12448.40	8177.40	1.52
2003	100490.69	67610.92	48.63	59160.51	25120.50	12967.75	3241.94	72128.26	13771.24	9061.22	1.52
2004	113699.34	77210.61	47.26	67563.77	27317.71	15054.29	3763.57	82618.06	15219.88	10128.51	1.50
2005	131873.29	87899.64	50.03	79230.39	30209.05	17947.08	4486.77	97177.47	17287.67	11320.77	1.53
2006	155002.85	100380.11	54.42	94390.42	33411.38	21760.85	5440.21	116151.27	19927.13	12719.19	1.57
2007	191190.19	119997.58	59.33	117220.92	38386.89	28465.90	7116.47	145686.82	24027.65	14908.61	1.61
2008	225394.04	140022.36	60.97	139527.01	43904.17	33570.29	8392.57	173097.29	27738.62	17067.78	1.63
2009	249579.05	157182.23	58.78	157081.62	45869.11	37302.66	9325.66	194384.28	30131.49	18858.09	1.60
2010	295586.37	180601.89	63.67	185686.75	52359.39	46032.18	11508.05	231718.93	34596.28	21033.42	1.64
2011	355373.15	211456.01	68.06	222277.29	61471.75	57299.29	14324.82	279576.58	40472.01	23979.20	1.69
2012	400728.30	242741.34	65.08	251777.90	66706.05	65795.48	16448.87	317573.38	44614.28	26958.99	1.65
2013	444608.24	272289.09	63.29	280991.86	72768.02	72678.69	18169.67	353670.55	48374.46	29582.35	1.64

注：①=资金流量表居民初次分配收入+表8中居民隐性收入，③=（①-②）/②，④和⑤根据年鉴中公布的城乡居民收入各自比重对资金流量表居民初次分配收入进行折算，其中城镇选用了缴纳个税前的人均总收入，农村因个税少仍选用人均纯收入。⑥和⑦分别按系数0.8和0.2折算。⑧=④+⑥，⑨=⑧/城镇人口，⑪=⑨/⑩。

表 3 – 14 居民应缴税额

| 年份 | 估算的年个税缴纳额（元） | | 城镇人口（万人） | 从业人口（万人） | 个税征收额（元） | | | 应纳入政府再分配个税额（元） |
	按家庭人均	按从业人均			应征收额	实际征收额	流失率（%）	
1992	9.56	18.46	32175	17241	31.30		50.12	16.93
1993	35.71	64.48	33173	17589	115.93		51.23	62.72
1994	110.10	182.54	34169	18413	356.15		53.61	192.70
1995	178.64	287.01	35174	19040	587.42		54.10	317.82
1996	247.66	382.43	37304	19922	842.87		51.98	456.03
1997	259.44	403.35	39449	20781	930.83		55.17	503.62
1998	319.31	499.72	41608	21616	1204.39		54.10	651.63
1999	404.63	614.56	43748	22412	1573.78	659.64	58.09	914.14
2000	523.96	768.28	45906	23151	2091.97	995.26	52.42	1096.71
2001	655.69	906.23	48064	24123	2668.80	1211.78	54.59	1457.02
2002	814.26	1063.10	50212	25159	3381.61	1418.03	58.07	1963.58
2003	940.72	1195.83	52376	26230	4031.89	1737.06	56.92	2294.84
2004	1125.13	1498.99	54283	27293	5099.37	2094.91	58.92	3004.46
2005	1244.42	1632.60	56212	28389	5814.95	2453.71	57.80	3361.24
2006	1363.71	1766.20	58288	29630	6591.01	3185.58	51.67	3405.43
2007	1552.00	1882.14	60633	30953	7618.00	3722.31	51.14	3895.69
2008	1540.29	2098.07	62403	32103	8173.66	3949.35	51.68	4224.31
2009	1789.81	2374.04	64512	33322	9728.61	4837.27	50.28	4891.34
2010	2151.91	2752.24	66978	34687	11979.88	6054.11	49.46	5925.77
2011	2129.43	2745.68	69079	35914	12285.37	5820.28	52.62	6465.09
2012	2459.03	2929.03	71182	37102	14185.57	6531.53	53.96	7654.04
2013	2686.43	3241.23	73111	38240	16017.61	7376.61	53.95	8641.00

注：流失率 =（应征收额 – 实际征收额）/ 应征收额 ×100%，1992 ~ 1998 年流失率取 1999 ~ 2013 年平均值。

资料来源：按照本书的方法对历年《中国统计年鉴》数据整理，其中个税实际征收额 1992 ~ 1998 年数据缺失，应征个税额取家庭人均和从业人均两口径平均值，实际征收额数据来自《中国统计年鉴》。

测算结果表明，当不考虑隐形经济时，个税流失规模与实际缴存规模呈四六开格局，如果将隐形经济考虑在内，则个税流失规模与实际缴存规模基本保持着五五开的格局。其中，2002 ~ 2005 年流失率最高，2004 年一度达到。58.9% 的水平，即个税流失规模与实际缴存规模呈六四开格局。

（二）企业部门的税收流失规模测算

对于企业部门来说，其缴税最多的两个税种分别是增值税和营业税，按照统计局在统计年鉴上公布的数据口径，2010~2014年这两大税种占企业缴税总额的比重达到七成。分析企业部门税收流失，应当重点研究这两个税种。

《中国统计年鉴》中公布的近五年相关数据进行估算，增值税和企业所得税占企业税负总额的比重大体上为70%，是企业承担的主要税种。在此我们以企业所得税为主要研究对象，分析企业部门税收流失规模（见图3-3）。

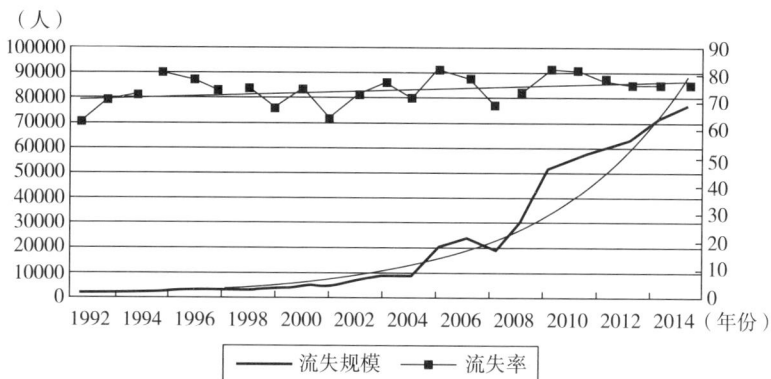

图3-3 考虑隐形经济后的中国企业所得税流失规模和流失率

我们用信息透明度最高、接受审计最严的上市公司作为研究的基准，即假定中国的上市公司都是能够依法合规缴税的企业，不存在大规模的偷税漏税现象。对于非上市公司，其资产利润率应当与上市公司不存在实质性差异，即盈利能力接近，之所以在财务报表上未能有所体现，就在于非上市公司中存在着隐形经济。基于上述两个假定，可以得到测算企业部门税收流失规模测算的基本公式：

（1）企业所得税流失额 = 估算的企业所得税 - 资金流量表中企业所得税

$$企业所得税流失率 = \frac{企业所得税流失额}{估算的企业所得税}$$

（2）估算的企业所得税 = 可观察经济企业所得税 ×

$$\left(1 + \frac{企业隐形经济规模}{资金流量表企业部门初次分配收入}\right)$$

（3）可观察经济企业所得税 = $\dfrac{估算的工业企业所得税}{工业企业增加值占GDP比重}$

（4）估算的工业企业所得税 = 上市企业所得税实际负担率 × 工业企业主营业务收入

（5）上市企业所得税实际负担率 ＝ $\dfrac{上市公司年缴所得税}{上市公司年主营业务收入}$

本书对公式中涉及的中国税收流失规模测算相关的各个经济变量进行了数据梳理，得到表 3 – 15 和表 3 – 16。其中，上市公司的相关数据来自于巨潮资讯网等公开媒体披露的上市公司数据和中国证券期货年鉴，企业所得税数据根据现金流量表整理得到，隐形经济规模数据沿用本书表 3 – 9 中的测算结果。

表 3 – 15　各行业营业收入、成本和税负比较

行业	营业收入		营业成本及税金、附加	
	2013 年（亿元）	比重（％）	2013 年（亿元）	比重（％）
（1）农、林、牧、渔业	487.94	0.05	420.14	0.05
（2）采矿业	59696.13	5.81	46706.80	5.47
（3）制造业	337208.19	32.84	296552.03	34.75
（4）电力、燃气及水的生产供应	69213.77	6.74	56636.06	6.64
（5）建筑业	48628.46	4.74	46015.97	5.39
（6）交通运输、仓储和邮政	21025.08	2.05	17831.43	2.09
（7）信息传输、计算机服务和软件	29794.56	2.90	16238.27	1.90
（8）批发和零售	265508.81	25.85	246259.89	28.86
（9）住宿和餐饮业	2114.98	0.21	925.77	0.11
（10）金融、保险业	143354.69	13.96	87597.95	10.26
（11）房地产业	25686.51	2.50	19542.18	2.29
（12）租赁和商务服务业	11221.60	1.09	8754.36	1.03
（13）科研、技术服务和地质勘查	4426.81	0.43	3414.79	0.40
（14）水利、环境和公共设施管理	329.18	0.03	255.66	0.03
（15）居民服务和其他服务	3318.99	0.32	2348.00	0.28
（16）教育、卫生、社会保障和福利	470.16	0.05	362.11	0.04
（17）文化体育和娱乐	1813.76	0.18	1294.55	0.15
（18）公共管理和社会组织	12.71	0.00	9.63	0.00
（19）其他行业	2621.07	0.26	2203.51	0.26
合计	1026933.49	100	853369.10	100

资料来源：根据历年税务年鉴整理得到。

表3-16 参照上市公司所得税负担率估算的全国企业所得税流失程度

年份	上市公司			工业企业		工业企业	可观察经济	包括隐形经济	资金流量表	企业所得税流失	
	企业所得税	主营业务收入	所得税负担率	主营业务收入	增加值/GDP	应缴所得税	应缴所得税	应缴所得税	所得税	流失规模	流失率
1992	13.57	378.96	3.58	25866	37.90	926.37	2444.37	2840.28	1016.70	1823.58	64.20
1993	29.05	1065.73	2.73	38084	39.84	1038.04	2605.70	3018.49	869.20	2149.29	71.20
1994	35.14	1453.79	2.42	42399	40.10	1024.77	2555.69	2901.13	767.01	2134.12	73.56
1995	58.11	2202.05	2.64	52936	40.71	1396.90	3431.18	3858.29	739.38	3118.91	80.84
1996	96.32	3253.04	2.96	57970	41.04	1716.41	4182.37	4692.89	1012.51	3680.38	78.42
1997	120.32	5117.70	2.35	63451	41.34	1491.77	3608.37	4081.66	1032.03	3049.63	74.72
1998	146.05	6246.24	2.34	64149	39.97	1499.98	3752.32	4274.27	1038.76	3235.51	75.70
1999	189.93	7961.96	2.39	69852	39.66	1666.29	4201.23	4839.87	1534.08	3305.79	68.30
2000	263.09	10715.19	2.46	84152	40.02	2066.16	5162.64	6002.21	1459.22	4542.99	75.69
2001	369.93	15398.83	2.40	93733	39.42	2251.80	5712.17	6736.20	2367.74	4368.46	64.85
2002	496.32	18908.60	2.62	109486	39.10	2873.81	7350.07	8760.21	2331.11	6429.10	73.39
2003	712.32	24874.35	2.86	143172	40.13	4099.97	10216.27	12181.16	2777.85	9403.31	77.20
2004	801.59	33885.96	2.37	187815	40.47	4442.85	10977.61	13154.80	3671.78	9483.01	72.09
2005	1478.32	40784.35	3.62	248544	41.44	9009.01	21740.10	26196.58	4854.36	21342.22	81.47
2006	1856.72	55555.63	3.34	313592	41.85	10480.54	25045.98	30376.71	6361.14	24015.57	79.06
2007	2235.13	91931.90	2.43	399717	41.14	9718.26	23624.40	29026.52	8779.25	20247.27	69.75
2008	3230.32	113233.89	2.85	500020	41.02	14264.48	34775.11	42730.48	11175.63	31554.85	73.85
2009	4623.67	121654.87	3.80	542522	39.30	20619.36	52460.10	64512.91	11536.84	52976.07	82.12
2010	5626.20	173389.61	3.24	697744	39.71	22640.61	57014.52	70796.00	12843.54	57952.46	81.86
2011	6550.43	221275.29	2.96	841830	39.57	24920.76	62977.89	78874.81	16769.64	62105.17	78.74
2012	6925.78	246104.25	2.81	929292	38.29	26151.83	68291.41	85926.77	19654.53	66272.24	77.13
2013	7494.71	270556.52	2.77	1029150	36.95	28508.57	77157.64	96972.34	22427.19	74545.15	76.87
2014	7790.22	289130.24	2.69	1107033	35.86	29827.49	83176.31	104161.37	24642.19	79519.18	76.34

数据来源：根据历年税务年鉴和统计年鉴整理得到。

测算结论：一是 1992～2014 年 20 余年的总体发展趋势来看，我国企业税收流失率总体呈现先上升后下降的倒 U 形，但短期内税收流失率随着经济形势的变化而变化。二是与 1992 年相比，由于经济形态更加多样，偷税漏税行为变得更加难以监督，隐形经济也有了更多藏身之所，因此，当前税收流失率要远远高于市场经济建立之前的水平。在不考虑隐形经济的情形下，2014 年企业实际缴纳税额与应缴税额之比为 1/2.38；若考虑隐形经济则这一比例被放大到 1/3.23。

第七节　非法非正常收入规模变动的博弈原因分析

从本章的测算结果来看，非法非正常收入与合法正常收入之间的比例呈现波动下行的运行态势。究其变动原因主要是：

1994 年是提出建立社会主义市场经济改革的第三个年头，也是分税制改革元年。一方面，在改革进程中合理但不合法的经济活动有所增多；另一方面，原有监管制度未能够充分地适应经济社会发展的新需要，监督力度有所减弱，经济主体开展了大量非法非正常收入活动，使非法非正常收入高达 41.6%，在 1994 年之前，中国总体处于本书博弈模型中的非法非正常收入治理第一阶段。

随着改革不断推进以及非法非正常收入监管体系的不断完善，非法非正常收入与合法正常收入的比例呈现快速下降的发展态势，到 1998 年，非法非正常收入与合法正常收入的比例下降至 20.9%，这一比例比 1994 年下降了一半左右，表明非法非正常收入治理取得积极成效。1995～1998 年这一时期中国总体处于非法非正常收入治理的第二阶段。

为更好地应对加入世贸组织的挑战，更好地应对亚洲金融危机，中国在众多领域放松了行政监管，进行了市场化改革，虽然非法非正常收入与合法正常收入的比例在 1997 年、1998 年 20% 的水平上略有抬头，但总体稳定，基本保持在 24±2% 的水平。1999～2005 年中国总体处于非法非正常收入治理的第三阶段。

随着经济社会的不断发展，中国的非法非正常收入再度抬头，2006～2010 年中国进入本书博弈模型中所描述的非法非正常收入治理新一轮的第一阶段。

2010 年之后，为更好地治理非法非正常收入，中国通过一系列改革加大了治理力度，非法非正常收入与合法正常收入的比例下降到 10%～20% 的水平，为近 20 年的最好水平。2010 年至今进入本书博弈模型中所描述的非法非正常收入治理新一轮的第二阶段。

第四章　中国非法非正常收入规模对国民收入分配格局的影响

　　国民收入分配格局是指一个国家或地区政府、企业和居民部门在国民收入初次分配和再分配中的比例形成的结构。国民收入宏观分配格局是收入分配领域中的一项核心内容，是经济生产发展的结果表现，是社会消费结构的基础和前提，国民收入宏观分配格局是否合理，对投资结构、消费层级、居民收入差距、区域发展等具有决定性影响。近年来，我国国民收入分配格局出现了一些新问题，主要体现在三个方面：一是收入分配格局出现加大变化，例如，劳动报酬在初次分配中的比重偏低、居民收入在国民收入分配中的比重下降；二是收入分配秩序混乱，非法非正常收入种类繁多、层出不穷、花样翻新，造成国民收入分配格局不合理变化；三是收入分配差距越来越大，居民个人收入差距、行业收入差距之间、地区收入差距越来越大。本部分的研究重点为非法非正常收入的规模测算及对国民收入分配格局的影响。将非法非正常收入这一要素考虑进来，国民收入分配格局会与现有格局有较大不同，新的国民收入分配格局更接近真实情况，更容易预测它的变动趋势，更有助于为国家收入分配政策提出政策建议，具有较强的现实意义。

第一节　不考虑非法非正常收入情形下的宏观国民收入分配格局测算

　　测算宏观国民收入分配格局的两种主流方法：一是以统计年鉴中的资金流量表为基础进行核算；二是以收入法或分配法计算国内生产总值中的相关数据为基础进行核算。前一种方法的优点是方法严谨，缺点是基础数据缺失，不连贯。后一种方法的优点是容易计算，数据较完整，国际上有同口径数据，缺点是这种方法只能计算，初次分配，计算再分配时还有条件约束。综合来看，这两种方法各有利弊，但相同的是能够测算国民收入初次分配格局。为了便于比较和相互佐证，再次对两种方法都进行计算，分别对我国政府、企业和居民部门初次分配格局进行计算，然后进行趋势分析。

一、资金流量法测算国民收入分配初次格局

（一）测算方法

初次分配主要是对经济增加值的分配，政府收入的主要形式是国有企业上缴利润和各种税收，居民收入的主要形式是劳动报酬，企业利润的主要形式是固定资产折旧和营业盈余。各部门还有相应的财产性收入，例如，租金、利息和红利等收入，以上这些构成了初次分配格局。政府、企业和居民分别得到各自的初次分配收入。据此初次分配格局测算公式为：

政府初次分配收入 = 政府部门增加值 − 政府部门劳动者报酬支付 + 政府财产性净收入；企业（含金融机构）初次分配收入 = 企业部门增加值 − 企业部门劳动者报酬支付 − 企业部门生产税净额 + 企业部门财产性净收入；居民初次分配收入 = 劳动者报酬 + 居民部门增加值 − 居民部门劳动者报酬支付 − 居民部门生产税净额 + 居民财产性净收入。

根据以上公式，对 1992 年至 2013 年的资金流量表中的数据进行调整，可以得到三大部门初次分配格局（见表 4 – 1）。由于第三次全国经济普查之后，国家统计局对历年数据进行了修正，并更新了时间序列数据形态的测算结果，但是没有公布修正后的前几年的资金流量表，在这里直接使用了已公布的资金流量表。

表 4 – 1　中国国民收入宏观分配初次分配格局

年份	资金流量表初次分配收入（亿元）				初次分配格局（%）		
	总收入	政府	企业	居民	政府	企业	居民
1992	27082.04	4317.51	4869.74	17894.78	15.94	17.98	66.08
1993	35450.38	5520.28	7791.23	22138.87	15.57	21.98	62.45
1994	48370.32	6410.68	10563.29	31396.35	13.25	21.84	64.91
1995	60146.57	7450.90	13976.11	38719.56	12.39	23.24	64.38
1996	70538.26	9012.64	14102.81	47422.81	12.78	19.99	67.23
1997	78517.27	9821.10	17145.58	51550.59	12.51	21.84	65.66
1998	83505.78	10774.45	17130.98	55600.34	12.90	20.51	66.58
1999	88989.83	11619.80	18464.37	58905.66	13.06	20.75	66.19
2000	98562.23	12938.86	20854.61	64768.75	13.13	21.16	65.71
2001	108683.43	13791.40	25058.89	69833.14	12.69	23.06	64.25

年份	资金流量表初次分配收入（亿元）				初次分配格局（%）		
	总收入	政府	企业	居民	政府	企业	居民
2002	119765.00	16746.66	27977.35	75040.98	13.98	23.36	62.66
2003	135718.82	18555.08	32882.73	84281.00	13.67	24.23	62.10
2004	160289.69	22354.29	43053.92	94881.48	13.95	26.86	59.19
2005	184575.77	25977.87	49158.46	109439.44	14.07	26.63	59.29
2006	217246.57	31033.32	58411.45	127801.79	14.28	26.89	58.83
2007	268631.05	39216.97	73806.26	155607.82	14.60	27.47	57.93
2008	318736.66	44959.47	90346.02	183431.18	14.11	28.35	57.55
2009	345046.37	48010.45	94085.19	202950.73	13.91	27.27	58.82
2010	407137.81	59510.16	109581.51	238046.14	14.62	26.92	58.47
2011	479576.13	72226.44	123600.65	283749.04	15.06	25.77	59.17
2012	532872.06	82529.82	131858.29	318483.95	15.49	24.74	59.77
2013	583196.72	88745.04	140691.81	353759.88	15.22	24.12	60.66
区间	各主体初次分配收入增长倍数				分配比重的变化		
1992~2000	3.64	2.99	4.28	3.62	-2.81	3.18	-0.36
2000~2008	3.23	3.47	4.33	2.83	0.98	7.19	-8.16
2008~2013	1.83	1.97	1.56	1.93	1.11	-4.22	3.11
1992~2013	21.53	20.55	28.89	19.77	-0.73	6.14	-5.42

资料来源：根据《2015 中国统计年鉴》数据整理，统计部门根据第三次经济普查结果对三大部门 1992~2012 年数据做了修订，前后数据可比。表中数据均为当年价格口径数据。各部门收入增长倍数为考察期比基期数据的倍数。

（二）对国民收入初次分配格局的趋势分析

表 4-1 中，政府、企业和居民三大部门初次分配格局结果对比显示：

1. 总体规模和增幅

1992~2013 年三大部门初次分配收入绝对值增长较快，增幅最大的是企业部门，收入增长 28.89 倍，增幅最小的是居民部门，收入增长 19.77 倍。在过程年份中，不同阶段也有不同的增幅变化，2000 年是一个明显的分界点。1992~2000 年，三大部门总体收入增长为 3.64 倍，而政府、企业和居民部门在 2000 年分别为 1992 年的 2.99 倍、4.28 倍和 3.62 倍，在此期间政府部门收入增长最慢，收入增长最快的依然是企业部门。2000~2013 年，三大部门总体收入是 2000 年的 5.92 倍，而政府、企业和居民部门在 2013 年分别为 2000 年的 6.86 倍、6.75 倍和 5.46 倍，在此期间政府部门收入增长最快，收入增长最慢的是居民部门。

2. 增长速度

政府和居民部门收入增速较快，企业部门收入增速相对较慢。自 2008 年以来，国内外经济发展形势更加严峻，特别是近年来国内经济发展保持中高速增长、迈向速度平稳发展质量更好的经济新常态特征更加明显，三大部门的收入增长特征也发生着变化。近几年来，政府和居民部门收入增速较快，企业部门收入增速相对较慢，这一现实告诉我们，尽管居民有更实际的获得，居民生活水平正在加速提高，但是企业的日子开始不好过了，竞争压力、经营困难，特别是来自国际竞争，来自更高创新水平的竞争。企业部门是创造价值的部门，企业部门收入增速下降会造成国家整体收入水平的下降，从长期来看，政府部门和居民部门的快速增长也将是不可持续的。因此，对企业部门收入增速下降这一事实，要予以高度重视。

3. 分配结构

我国国民收入初次分配格局的分配结构，不同时期有不同的趋势特点。20 世纪 90 年代至 2000 年，居民部门变化不明显，但是政府部门收入比重下降了 2.8 个百分点；在 2000～2008 年，政府部门收入的比重缓慢上升，企业部门收入比重大幅上升了 7.2 个百分点。从 2008 年至今，政府部门收入比重同样是缓慢上升，只有 1.1 个百分点，但企业部门收入比较明显地下降了 4.2 个百分点，同时居民部门收入比重上升了 3.1 个百分点。造成分配结构不同阶段不同特征的原因是，居民部门、政府部门、企业部门三部门的收入增速不同。从总体来看，1992～2013 年（见图 4-1 和图 4-2），政府部门收入下降了 0.7 个百分点，降幅不大，但是企业部门收入比重大幅上升和居民部门收入比重大幅下降。那么，我们可以这样理解，收入分配在进入社会主义市场经济后，分配的侧重点是在企业部门，而不是居民部门，国家更注重初级阶段的经济积累、总体经济规模的扩大和扩大再生产，而相对轻视消费。

二、要素收入法测算国民收入初次分配格局

（一）测算方法

要素收入法是根据生产要素在生产过程中应得的收入份额，以及因从事生产活动向政府支付的比例视角来反映收入分配结构。按照收入法，国内生产总值由全国的劳动者报酬、生产税净额（生产税－补贴）、固定资产折旧和营业盈余四部分组成。计算公式为：

国内生产总值 = 劳动者报酬 + 生产税净额 + 固定资产折旧 + 营业盈余

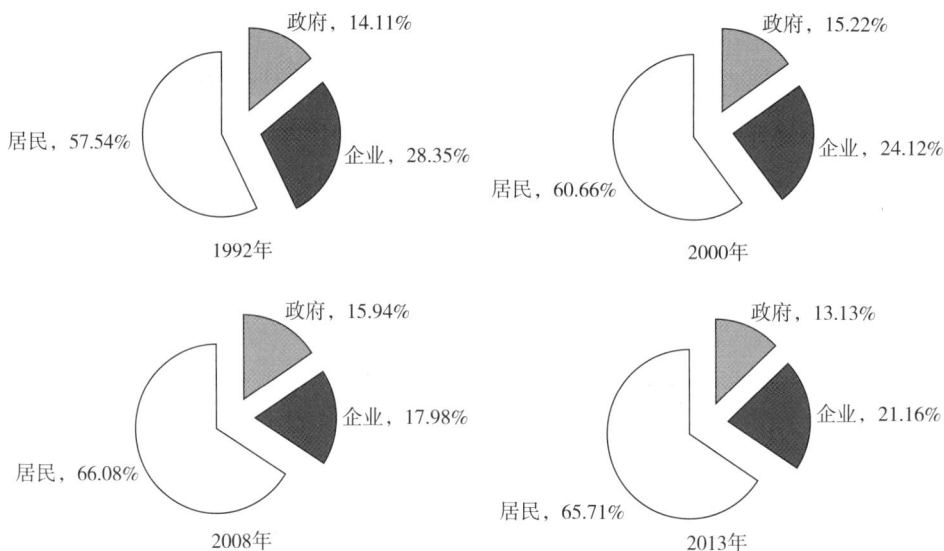

图 4 - 1   资金流量法测算的国民收入初次分配格局

其中，劳动者报酬是员工对企业提供劳动而获得的以薪酬和其他形式的收入，固定资产折旧是生产中使用的房屋和设备在核算期内损耗的转移价值，生产税净额是企业向政府支付的税金减去政府对企业的补贴。营业盈余是企业从事经营活动所获得的利润。

从要素收入角度分析收入分配结构需要计算三个主要指标：一是劳动所得的份额，即劳动者报酬（员工收入）占国内生产总值的比重；二是资本所得的份额，即营业盈余加总固定资产折旧占国内生产总值的比重；三是政府所得份额，即生产税净额占国内生产总值的比重。其中，劳动所得份额和资本所得份额分别代表劳动和资本在收入分配中的重要性，政府所得份额反映的是政府参与收入分配的程度。在这里，所谓的劳动所得份额就是居民部门收入，资本所得份额就是企业部门收入，政府所得份额就是政府部门收入。两种方法由于前文提到过的不同，测算结果也确实存在一些差别，但要素收入法更好地反映了国民收入分配格局的本质，可以更好地比较三部门结构。而资金流量法反映的是测算结果，可以更好地体现格局。应该说，这两个方法各有优势，各有用处，可以结合使用。

本部分所用数据均来自多年《中国统计年鉴》中的数据，其中全国数据是由各省数据汇总得出来的，所以与直接的全国数据有一点误差，这种误差较小，不影响测算结果。见表 4 - 2。

（二）国民收入初次分配格局的趋势分析

1. 总体比重分析

从 1990～2014 年三大部门收入比重数据来看，政府部门、企业部门比重上升了 2.07 个和 1.76 个百分点，居民部门比重下降了 3.83 个百分点。收入比重增减的背后是三大部门收入增长速度的差异，从表 4-2 中数据来看，政府部门和企业部门收入增幅分别为 42.26 倍和 38.45 倍，而居民部门增幅为 33.87 倍。

2. 阶段比较

不同阶段，三部门比重变化的确实特点也不相同，具有变化的阶段性。

在 1992～2000 年，政府部门比重小幅上升了 0.59 个百分点，企业部门比重下降了 1.64 个百分点，居民部门比重上升了 1.04 个百分点。政府部门收入变化平稳。企业部门下降最大，并且只有企业部门是下降的。

在 2000～2007 年，政府部门比重小幅上升了 0.66 个百分点，企业部门比重上升了 10.98 个百分点，居民部门比重下降了 11.64 百分点。政府部门依然是变化平稳，企业部门和居民部门变化较大，企业部门快速增长，居民部门快速下降。

在 2007～2014 年，政府部门比重依然小幅上升了 0.82 个百分点，企业部门比重下降了 7.59 个百分点，居民部门比重上升了 6.77 个百分点。企业部门快速下降，居民部门快速增长。

比较发现，企业部门和居民部门存在反向变化关系，即"一增一减，一减一增"的现象。其中，政府部门比重表现得极为稳定，一直是小幅上升（见表 4-2、图 4-2）。

表 4-2　要素收入法测算国内生产总值的初次分配格局

年份	收入法国内生产总值（亿元）				初次分配格局（%）		
	劳动者报酬	生产税净额	固定资产折旧	营业盈余	政府	企业	居民
1990	9396.82	2532.18	2338.18	4400.64	13.56	36.10	50.34
1991	10762.57	2927.61	2908.74	5182.57	13.44	37.15	49.41
1992	13263.10	3791.60	3651.15	6217.62	14.08	36.65	49.26
1993	16739.02	5118.29	4272.36	9204.24	14.49	38.14	47.37
1994	23073.26	6150.66	5378.10	10467.57	13.65	35.16	51.19
1995	29658.18	7349.69	7027.13	12446.28	13.01	34.48	52.51
1996	36243.09	8548.71	8676.15	14424.99	12.59	34.03	53.38
1997	40628.24	10124.99	10486.41	15716.97	13.16	34.05	52.79

年份	收入法国内生产总值（亿元）				初次分配格局（%）		
	劳动者报酬	生产税净额	固定资产折旧	营业盈余	政府	企业	居民
1998	43842.79	11084.99	11933.55	15569.66	13.45	33.37	53.19
1999	45926.43	11870.17	13209.04	16665.49	13.54	34.08	52.38
2000	49948.06	13760.27	14972.42	18528.62	14.16	34.46	51.38
2001	54934.65	15027.36	16779.28	20024.97	14.08	34.47	51.45
2002	60099.14	16573.09	18493.77	22854.64	14.04	35.03	50.92
2003	67260.69	19362.42	21551.47	27364.56	14.29	36.09	49.62
2004	74574.36	23640.82	25536.73	42912.19	14.18	41.07	44.75
2005	81888.02	27919.21	29521.99	58459.81	14.12	44.48	41.40
2006	93822.83	32726.66	33641.84	70862.02	14.16	45.23	40.61
2007	109532.27	40827.52	39018.85	86245.97	14.81	45.45	39.74
2008	139915.99	48179.32	44194.25	88174.61	15.03	41.31	43.66
2009	170299.71	55531.11	49369.64	90103.24	15.20	38.18	46.62
2010	196714.07	66608.73	56227.58	117456.61	15.24	39.74	45.01
2011	234310.26	81399.26	67344.51	138387.09	15.61	39.45	44.94
2012	262864.06	91635.05	74132.87	147919.85	15.89	38.51	45.59
2013	290561.08	99321.46	81178.39	159389.70	15.75	38.16	46.09
2014	318258.10	107007.87	88223.90	170859.55	15.64	37.86	46.51

区间	各部门收入增长倍数				收入格局变化		
	总体	政府	企业	居民	政府	企业	居民
1990~2000	5.21	5.43	4.97	5.32	0.59	-1.64	1.04
2000~2007	2.84	2.97	3.74	2.19	0.66	10.98	-11.64
2007~2014	2.48	2.62	2.07	2.91	0.82	-7.59	6.77
1990~2014	36.66	42.26	38.45	33.87	2.07	1.76	-3.83

注：表中收入法核算国内生产总值各项数值由历年的《中国统计年鉴》中分省数据汇总。三大部门初次分配格局按照本书介绍方法进行归类。各部门收入增长倍数为考察期期比基期数据的倍数。

（三）总体来看国民收入初次分配格局测算结果基本一致

总体比较，从20世纪90年代到现在，收入分配倾向于政府部门和企业部门，它们的比重不断上升，而居民部门收入比重是不断下降的，体现出了劳动要素在收入分配中的劣势地位。

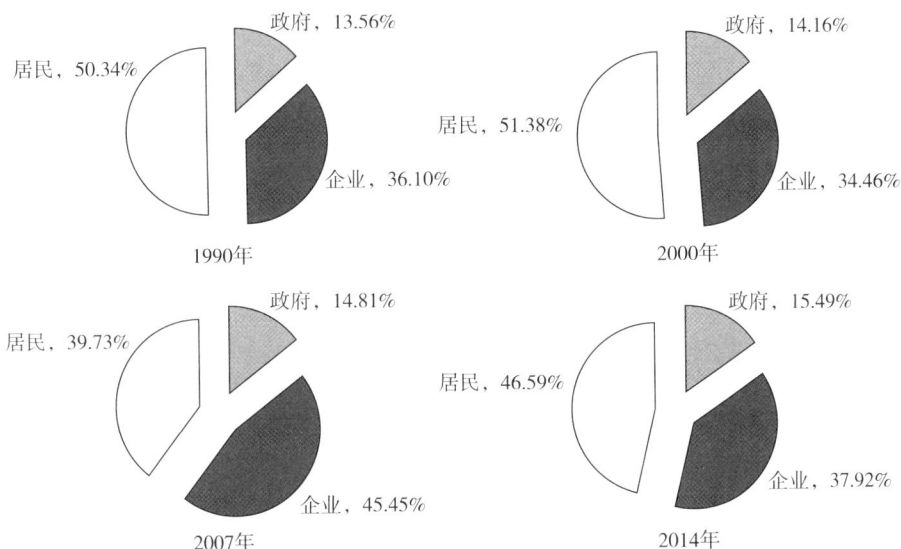

图 4-2　资金流量法测算的国民收入初次分配格局

三、国民收入再分配格局测算和分析

（一）测算方法

国民收入再分配格局是指由于发生经常转移支付，通过所得税、社会保险缴款、社会保险福利、社会补助等形式的转移支付后，三部门又一次获得的收入，对原有收入分配格局进行了调整，形成新的国民收入分配格局。从已有研究经验来看，使用资金流量表测算方法可以更好地分析国民收入再分配格局，因此，使用资金流量表对三部门的国民收入进行再分配格局测算和分析。共使用以下四个公式：

政府可支配收入 = 资金流量表中政府初次分配收入 + 经常转移性净收入

企业（含金融机构）可支配收入 = 资金流量表中企业初次分配收入 + 经常转移性净收入

居民可支配收入 = 资金流量表中居民初次分配收入 + 经常转移性净收入

国民可支配收入 = 居民可支配收入 + 企业可支配收入 + 政府可支配收入

从历年《中国统计年鉴》中获取资金流量表数据并整理，得到国民收入再分配格局测算结果，如表 4-3 所示。

表4-3 资金流量表核算的国民收入再分配格局

年份	资金流量可支配收入（亿元）				国民收入再分配格局（%）		
	总体	政府	企业	居民	政府	企业	居民
1992	27145.7	4850.5	3646.0	18649.2	17.87	13.43	68.70
1993	35517.9	6091.2	6439.1	22987.6	17.15	18.13	64.72
1994	48485.5	7037.4	9021.9	32426.3	14.51	18.61	66.88
1995	60266.3	8516.5	11867.5	39882.3	14.13	19.69	66.18
1996	70715.3	10302.7	11603.7	48808.8	14.57	16.41	69.02
1997	78943.6	11274.4	13987.2	53682.0	14.28	17.72	68.00
1998	83860.0	11920.2	14653.6	57286.2	14.21	17.47	68.31
1999	89399.1	12635.7	17149.5	59613.8	14.13	19.18	66.68
2000	99084.7	14399.9	19200.5	65484.2	14.53	19.38	66.09
2001	109386.3	16431.1	22518.3	70437.0	15.02	20.59	64.39
2002	120839.7	19645.8	25524.3	75669.6	16.26	21.12	62.62
2003	137163.0	22108.8	30011.7	85042.6	16.12	21.88	62.00
2004	162184.9	26954.7	39325.0	95905.2	16.62	24.25	59.13
2005	186530.7	32468.3	44220.6	109841.8	17.41	23.71	58.89
2006	219484.0	39375.3	51985.5	128123.2	17.94	23.69	58.37
2007	271452.3	51070.7	64948.9	155432.6	18.81	23.93	57.26
2008	321733.8	58914.5	78817.6	184002.0	18.31	24.50	57.19
2009	347208.9	60961.3	82492.4	203755.2	17.56	23.76	58.68
2010	409892.0	73618.8	96888.9	239384.3	17.96	23.64	58.40
2011	481170.7	90410.2	105568.3	285192.2	18.79	21.94	59.27
2012	533088.9	102553.7	109742.0	320793.2	19.24	20.59	60.18
2013	582656.9	110376.0	115167.6	357113.4	18.94	19.77	61.29
区间	各部门收入增长倍数				收入格局变化		
	总体	政府	企业	居民	政府	企业	居民
1992~2000	3.65	2.97	5.27	3.51	-3.34	5.95	-2.61
2000~2008	3.25	4.09	4.10	2.81	3.78	5.12	-8.90
2008~2013	1.81	1.87	1.46	1.94	0.63	-4.73	4.10
1992~2013	21.46	22.76	31.59	19.15	1.08	6.33	-7.41

注：表中数值由历年的《中国统计年鉴》资金流量表汇总。三大部门再分配格局按照本书介绍的方法进行归类。各部门收入增长倍数为考察期比基期数据的倍数。

（二）国民收入再分配格局的趋势分析

对表 4 - 3 进行分析，得出：

1. 总体规模变化

政府、企业和居民三部门的可支配收入的总体规模都大幅提高，其中企业所得增长最多，居民所得增长最少。具体数值不再列举。当国民收入再分配后，居民部门在再分配后的格局中的比重进一步下降。而企业部门在再分配后的格局中的比重进一步提高。从变化趋势来看，居民部门的目标定位基本可以做一个初步判断，居民部门是处于次要地位的。而企业部门居于重要地位，因为企业是创造利润和价值的地方，居民部门只是基本要素部门。

2. 阶段比较

三大主体在再分配格局中的收入比重变化趋势不同。利用前文表 4 - 2 中数据和 20 世纪 90 年代以来划分的三个阶段。在 1992 ~ 2000 年，政府部门和居民部门收入比重双下降，企业部门收入比重上升。在 2000 ~ 2008 年，政府部门和企业部门收入比重上升，居民部门收入比重下降。2008 年之后，三大部门的再分配格局是政府部门收入比重略有提高，企业部门收入比重下降，居民部门收入比重提高较大。这里，特别值得注意的是，居民部门的劣势地位一直存在，虽然有所缓解，但是没有得到根本扭转。

四、国民收入分配格局的国际比较

（一）国民收入初次分配格局国际比较

为了进一步判断中国当前国民收入宏观分配格局的特征，有必要与世界其他国家进行同口径对比。这里引用要素收入法测算结果，对世界上有代表性国家的国内生产总值数据进行整理，具体思路与前文相同，即生产税净额（税减产品补贴）归政府部门所有，固定资产折旧、营业盈余和混合收入归企业部门所有，劳动者报酬归居民部门所有。按照这一调整思路，对国家统计局出版的《国际统计年鉴》中相关数据（该数据主要来自世界银行数据库）进行整理。表 4 - 4 列出了中国和世界部分发达国家和发展中国家的政府、企业、居民部门分配收入占该国要素收入法测算国内生产总值的比重数据。以 2013 年数据为例，中国初次分配格局是：政府为 15.75%、企业为 38.16%、居民为 46.09%。例如，发展中国家南非 2013 年政府、企业和居民的收入比重分别为 11.98%、41.44% 和 46.58%。例如，发达国家德国 2013 年政府、企业和居民的收入比重分别为 9.87%、39.17% 和 50.96%。又如，"金砖"国家中的俄罗斯，其居民收入比重 2013 年为 51.87%，也高于中国同期水平。进一步比较分析，将估算表 4 - 4 中各国原始数据进行分类汇总，把俄罗斯、波兰、南非和墨西哥等发展中国家作为一类，把其余的欧美日发达国家作为一类，加权计算政府、企业、居民三部门比重的平均数，得到国际的发达国家和发展中国家的政府、企业和居民部门分配格局。计算结果是，发展中国家数据为 13.10（政府）：44.57（企业）：42.33（居民），发达国家数据为 8.82（政府）：40.77（企业）：50.40（居民），对比我国 2013 年数据为 15.75（政府）：38.16（企业）：46.09（居民）。对比发现，在国民收入初次分配格局中，我国政府部门收入比重偏高，既高于发展中国家，也高于发达国家。我国居民部门收入在发展中国家中处于高水平，但是低于发达国家。

表 4-4　中国和世界部分国家初次分配格局比较　　　　单位：%

年份\主体	中国															
	1992	1994	1996	1998	2000	2002	2003	2004	2006	2008	2009	2010	2011	2012	2013	2014
政府	15.53	14.9	14.29	13.7	13.13	13.94	13.62	13.74	14.53	14.73	14.58	14.99	15.38	15.63	15.75	15.64
企业	19.06	19.23	19.4	19.56	19.72	21.57	22.28	25.12	24.74	26.61	24.73	24.51	23.95	22.73	38.16	37.86
居民	65.41	65.87	66.32	66.74	67.15	64.49	64.09	61.14	60.73	58.66	60.69	60.5	60.67	61.65	46.09	46.51

年份\主体	俄罗斯		日本		韩国		南非		墨西哥		美国		加拿大		法国	
	2010	2013	2010	2013	2010	2013	2010	2013	2010	2013	2010	2013	2010	2013	2010	2013
政府	17.75	18.90	7.64	7.97	10.58	9.93	10.57	11.98	4.72	4.56	6.71	6.49	10.24	10.02	12.50	13.29
企业	32.59	29.23	41.74	40.42	47.04	46.04	44.06	41.44	67.69	68.00	39.85	41.37	39.31	39.64	35.45	33.92
居民	49.66	51.87	50.62	51.61	42.38	44.03	45.37	46.58	27.58	27.45	53.43	52.14	50.45	50.34	52.05	52.79

年份\主体	德国		意大利		荷兰		波兰		西班牙		英国		澳大利亚		新西兰	
	2010	2013	2010	2013	2010	2013	2010	2013	2010	2013	2010	2013	2010	2013	2010	2013
政府	9.59	9.87	12.32	13.27	9.83	10.33	12.17	11.20	8.65	9.78	11.53	12.36	9.67	10.09	12.39	12.85
企业	40.65	39.17	47.68	47.02	41.01	40.10	50.20	51.72	41.25	43.27	36.05	37.07	42.95	42.31	43.57	43.58
居民	49.76	50.96	40.00	39.72	49.16	49.57	37.63	37.08	50.10	46.94	52.42	50.54	47.37	47.60	44.05	43.58

注：按收入法国内生产总值构成计算，劳动报酬归居民所得，营业盈余和混合收入归企业所得，税减产品补贴归政府所得。

资料来源：《中国统计年鉴》《国际统计年鉴》相关各期。

（二）国际比较的研究结论

通过与部分国家的国际数据比较，得出以下几点研究结论：

一是政府部门在收入分配中居于主导地位，占比高，规模大，说明我国经济领域政府影响力较强。政府在我国经济领域是裁判员、教练员、在一些领域也是运动员，是密集的参与者和政策制定者。从分配角度来看，政府部门较大比重的分配，在总体收入规模相对固定的条件下，企业部门和居民部门的收入就会受到挤压。从另一个角度来看，政府部门有更大的资源调动能力和支配能力，可以有效调整区域发展不平衡和产业结构不平衡，也可以向弱势群体增强扶持、转移支付保障力度。

二是企业部门在收入分配中处于劣势地位，占比低，说明企业处于被动发展，受客观环境影响较大。企业在两个方面受影响较大，一是企业税负。一般来说，我国企业要承担增值税、企业所得税、城市维护建设税、教育费附加、地方教育费附加、印花税、个人所得税，有些税种已经不符合时代潮流。据 2013 年工信部研究报告分析，被调查企业毛利率达到 19%，说明企业的控制成本能力较强，具备一定的获利能力，但企业实际平均利润率只有 5.1%，扣除所得税之后净利润更少，说明企业税费的负担还比较重①。二是发展环境。发展环境包括内部环境和外部环境，当内外部环境发生复杂变化、恶性变化时，企业发展就会受到影响，例如，2008 年美国经济危机爆发之后，对世界经济环境造成剧烈影响，企业部门收入受影响下降，是必然结果。我国要坚定市场化改革方向，继续推进供给侧结构性改革和税制改革，规范对企业的管理，放权给市场，市场能解决的问题尽量发挥市场的基础性作用。

三是居民部门在收入分配中比较适度，占比适度。在我国经济发展前期，如在 2000~2008 年，经济增长迅速，壮大经济规模的压力和动力较大，处于国家经济实力积累期，居民部门收入比重持续下降。由于收入更多地倾向于政府部门和企业部门，拉动经济增长的动力来自于投资，而不是靠消费拉动经济增长。近年来，投资拉动经济增长的力度逐渐降低，消费作为一驾马车，其经济拉动作用被高度重视，因此，为了让消费能够发挥拉动作用，居民部门收入的比重逐渐增大。随着全面建成小康社会临近，特别是"共享发展"理念成为全国人民的思想共识，地方政府纷纷加大了民生改善投入力度，居民的社会保障适度普惠城乡覆盖面大幅提升，稳定了居民收入和消费预期，收入来源更加多元，收入增速基本上快于 GDP 增速，同时国内人口红利的下降，从业人员工资水平的上升，也有力地促进了居民部门在分配格局中的份额提升。

第二节　非法非正常收入对国民收入初次分配格局的影响

前文已经分析了非法非正常收入在三部门中的形式，例如，政府部门收入中的土地出让金、企业和居民部门收入中的隐性经济收入，将这些非法非正常收入汇总归类到资金流量表核算的三大部门初次分配收入中，得到新的国民收入初次

---

① 《超七成企业缴税额超利润降低企业税负需推实招》，http://news.xinhuanet.com/energy/2013-09/25/c_125442165.htm。

分配格局。这个新的国民收入初次分配格局，就是非法非正常收入对国民收入初次分配的影响。

一、测算方法调整的说明

在资金流量表核算初次分配收入公式的基础上，我们引入土地出让金和隐性经济收入，按以下公式做出调整：

调整后的政府部门初次分配收入 = 资金流量表政府部门初次分配收入 + 纳入政府部门的土地出让金 = 政府部门增加值 − 政府部门劳动者报酬支付 + 政府部门财产性净收入 + 纳入政府部门的土地出让金

调整后的企业部门初次分配收入 = 资金流量表企业部门初次分配收入 + 纳入企业部门的隐性经济收入 = 企业部门增加值 − 企业部门劳动者报酬支付 − 企业部门生产税净额 + 企业部门财产性净收入 + 纳入企业部门的隐性经济收入

调整后的居民部门初次分配收入 = 资金流量表居民部门初次分配收入 + 纳入居民部门的隐性经济收入 = 劳动者报酬 + 居民部门增加值 − 居民部门劳动者报酬支付 − 居民部门生产税净额 + 居民部门财产性净收入 + 纳入居民部门的隐性经济收入

二、测算结果及分析

计算结果，见表4-5，我们从非法非正常收入变化特征、非法非正常收入对国民收入初次分配格局的影响程度及原因两个角度分析非法非正常收入对国民收入初次分配格局的影响。

（一）初次分配中的非法非正常收入增速较快

从表4-5中的测算结果来看，2013年可观察经济中包括三大部门初次分配收入总量是1992年的21.53倍，而非法非正常收入总量是1992年的37.86倍，明显快于可观察经济中的正常收入。从非法非正常收入与正常收入的比例来看，如图4-3所示，1996年以前，非法非正常收入逐年递减，1996年之后，开始逐年上升，2013年非法非正常收入与正常收入的比例达到25.03%。接下来比较一下不同部门的非法非正常收入增长幅度。1992~2013年，政府部门非法非正常收入增长了112.46倍，企业部门非法非正常收入增长了45.81倍，居民部门非法非正常收入增长了31.34倍（见表4-5）。很显然，政府部门非法非正常收入增速最快，企业部门和居民部门增长相对较慢。比较不同部门的非法非正常收入规模，2013年居民部门为90948.36亿元，规模最大、体量最大。政府部门为18995.05亿元，企业部门为36130.78亿元，政府、企业和居民部门的非法非正常收入分别占2013年总量的14.78%、24.25%和60.97%（见图4-4），可见居民部门的非法非正常收入是全部非法非正常收入的主体。

表 4 - 5　非法非正常收入对国民收入初次分配格局的影响

年份	资金流量表初次分配收入（亿元）				初次分配中的非法非正常收入（亿元）				资金流量表初次分配格局（%）			调整后的初次分配格局（%）		
	总收入	政府	企业	居民	估算总量	政府	企业	居民	政府	企业	居民	政府	企业	居民
1992	27082.04	4317.51	4869.74	17894.78	3856.03	168.91	788.74	2898.38	15.94	17.98	66.08	14.50	18.29	67.21
1993	35450.38	5520.28	7791.23	22138.87	4921.44	179.93	1234.28	3507.23	15.57	21.98	62.45	14.12	22.36	63.52
1994	48370.32	6410.68	10563.29	31396.35	5863.17	191.67	1427.79	4243.71	13.25	21.84	64.91	12.17	22.11	65.72
1995	60146.57	7450.90	13976.11	38719.56	6763.72	204.18	1739.74	4819.80	12.39	23.24	64.38	11.44	23.49	65.07
1996	70538.26	9012.64	14102.81	47422.81	7727.67	217.50	1721.47	5788.70	12.78	19.99	67.23	11.79	20.22	67.99
1997	78517.27	9821.10	17145.58	51550.59	9242.19	231.70	2248.89	6761.60	12.51	21.84	65.66	11.45	22.10	66.45
1998	83505.78	10774.45	17130.98	55600.34	10363.82	246.81	2382.94	7734.07	12.90	20.51	66.58	11.74	20.79	67.47
1999	88989.83	11619.80	18464.37	58905.66	12011.21	250.04	2806.81	8954.36	13.06	20.75	66.19	11.75	21.06	67.19
2000	98562.23	12938.86	20854.61	64768.75	14213.91	289.54	3391.45	10532.92	13.13	21.16	65.71	11.73	21.50	66.77
2001	108683.43	13791.40	25058.89	69833.14	17641.51	629.99	4492.37	12519.15	12.69	23.06	64.25	11.42	23.39	65.19
2002	119765.00	16746.66	27977.35	75040.98	20939.45	1174.91	5367.58	14396.96	13.98	23.36	62.66	12.74	23.70	63.56
2003	135718.82	18555.08	32882.73	84281.00	25169.53	2635.53	6324.31	16209.69	13.67	24.23	62.10	13.17	24.37	62.46
2004	160289.69	22354.29	43053.92	94881.48	30473.98	3117.23	8538.89	18817.86	13.95	26.86	59.19	13.35	27.05	59.60
2005	184575.77	25977.87	49158.46	109439.44	35371.15	2860.37	10076.93	22433.85	14.07	26.63	59.29	13.11	26.93	59.96

续表

年份	资金流量表初次分配收入（亿元）				初次分配中的非法非正常收入（亿元）				资金流量表初次分配格局（%）			调整后的初次分配格局（%）		
	总收入	政府	企业	居民	估算总量	政府	企业	居民	政府	企业	居民	政府	企业	居民
2006	217246.57	31033.32	58411.45	127801.79	43560.11	3926.89	12432.16	27201.06	14.28	26.89	58.83	13.40	27.16	59.43
2007	268631.05	39216.97	73806.26	155607.82	58398.50	5939.07	16877.06	35582.37	14.60	27.47	57.93	13.81	27.73	58.46
2008	318736.66	44959.47	90346.02	183431.18	67618.71	4987.73	20668.12	41962.86	14.11	28.35	57.55	12.93	28.73	58.34
2009	345046.37	48010.45	94085.19	202950.73	76596.27	8351.70	21616.25	46628.32	13.91	27.27	58.82	13.37	27.44	59.19
2010	407137.81	59510.16	109581.51	238046.14	97379.80	13351.66	26487.91	57540.23	14.62	26.92	58.47	14.44	26.97	58.59
2011	479576.13	72226.44	123600.65	283749.04	118441.32	15617.86	31199.35	71624.11	15.06	25.77	59.17	14.69	25.89	59.43
2012	532872.06	82529.82	131858.29	318483.95	129927.59	13632.55	34050.69	82244.35	15.49	24.74	59.77	14.51	25.03	60.46
2013	583196.72	88745.04	140691.81	353759.88	145974.19	18995.05	36130.78	90848.36	15.22	24.12	60.66	14.78	24.25	60.97

区间	各主体初次分配收入增长倍数				非法非正常收入增长倍数				分配格局的变化			调整后的分配格局的变化		
	总收入	政府	企业	居民	估算总量	政府	企业	居民	政府	企业	居民	政府	企业	居民
1992~2000	3.64	3	4.28	3.62	3.69	1.71	4.30	3.63	-2.81	3.18	-0.36	-2.77	3.21	-0.44
2000~2008	3.23	3.47	4.33	2.83	4.76	17.23	6.09	3.98	0.98	7.19	-8.16	1.20	7.23	-8.43
2008~2013	1.83	1.97	1.56	1.93	2.16	3.81	1.75	2.16	1.11	-4.22	3.11	1.85	-4.48	2.64
1992~2013	21.53	20.55	28.89	19.77	37.86	112.46	45.81	31.34	-0.73	6.14	-5.42	0.27	5.96	-6.23

注：根据前文中数据进行整理。增长倍数的计算方法为考察期数值/基期数值的倍数。

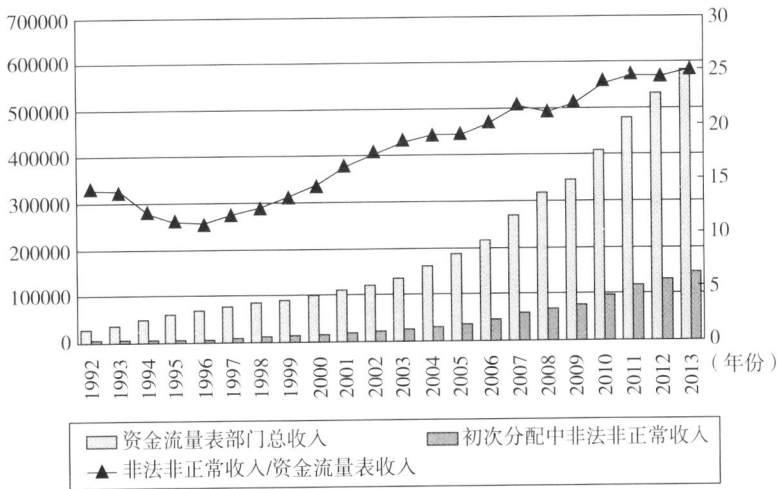

图 4 - 3　国民收入初次分配中非法非正常收入规模变化

（二）非法非正常收入对初次分配格局总体变化的影响不大

从 2013 年三部门的国民收入初次分配格局来看，在不考虑非法非正常收入影响的情况下，政府部门占 15.22%、企业部门占 24.12%、居民部门占 60.66%；考虑非法非正常收入影响之后，政府部门占 14.78%、企业部门占 24.25%、居民部门占 60.97%，如图 4 - 4 所示。调整前后两种情形相比较，初次分配格局变化并不明显，具体表现在政府部门收入比重下降了 0.44 个百分点，企业部门上升了 0.13 个百分点，居民部门收入比重上升了 0.31 个百分点。具体

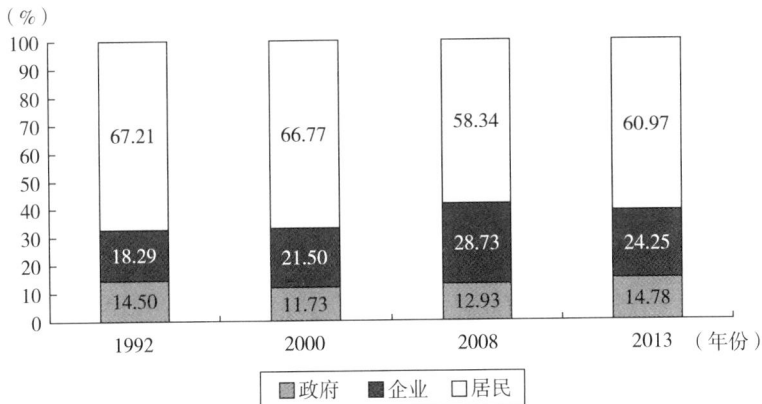

图 4 - 4　非法非正常收入对国民收入初次分配格局的影响

到三大部门，考虑非法非正常收入后，政府部门收入比重 2013 年与 1992 年相比变化不大，相对明显的是企业部门比重上升和居民部门比重下降，这一趋势仍然与前文分析的资金流量表显示的分配格局变化结论相同，对原有初次分配格局并未造成明显影响。

第三节　非法非正常收入对国民收入再分配格局的影响

　　国民收入再分配是政府部门使用税收工具和转移支付工具，对企业部门和居民部门的收入进行再调节、再分配的过程。在保持资金流量表其他方面调节措施及其总额不变的前提下，我们将前文测算的居民部门税收流失额（个人所得税）和企业部门税收流失额（企业所得税）纳入政府部门，从而得到充分考虑非法非正常收入后的较全面的国民收入再分配格局。然后再比较调整前后分配格局的变化，从而得出非法非正常收入对国民收入再分配格局的影响。

　　首先，要说明两个计算中必需的概念，分别是符合实际的再分配收入和规范后的再分配收入。符合实际的再分配收入是把三大部门调整后的初次分配收入，分别加上资金流量表中的原始转移性收入。其次，规范后的再分配收入是把三大部门调整后的初次分配收入加上调整后的转移性收入（即所得税流失额由企业和居民部门流向政府部门）。在当前中国收入分配秩序不够规范的背景下，企业部门和居民部门的收入中有相当一部分是流失的税收，有必要对更符合实际的再分配格局进行分析，同时也要看到在现有的分配制度条件下，通过进一步规范和治理，规范后的再分配收入又是能够实现的，因此，有必要对规范后收入再分配进行研究。

一、测算方法调整

　　资金流量表核算再分配收入的计算思路是，在各部门初次分配收入基础上加上经常转移净收入，因此，我们根据表 4 - 5 中的数据进行整理，得到全面非法非正常收入后调整的国民收入初次分配收入，然后测算调整出经常转移净收入，两者加总后就可以得到调整后的国民收入再分配格局。所谓经常转移净收入，是指个人所得税流失额和企业所得税流失额分别加总到政府部门。三部门符合实际的再分配收入和规范后的再分配收入的计算公式是：

　　（一）各部门符合实际的再分配收入测算公式

　　（1）符合实际的政府再分配收入 = 调整后的政府初次分配收入 + 资金流量

表政府经常转移性收入

（2）符合实际的企业再分配收入 = 调整后的企业初次分配收入 + 资金流量表企业经常转移性收入

（3）符合实际的居民再分配收入 = 调整后的居民初次分配收入 + 资金流量表居民经常转移性收入

（二）各部门规范后的再分配收入测算公式

（1）规范后的政府再分配收入 = 调整后的政府初次分配收入 + 调整后的政府经常转移性净收入 = 调整后的政府初次分配收入 + （资金流量表政府部门经常转移性收入 + 企业部门流失的企业所得税 + 居民部门流失的个人所得税）

（2）规范后的企业再分配收入 = 调整后的企业初次分配收入 + 调整后的企业经常转移性净收入 = 调整后的企业初次分配收入 + （资金流量表企业经常转移性净收入 − 企业部门流失的企业所得税）

（3）调整后的居民再分配收入 = 调整后的居民初次分配收入 + 调整后的居民经常转移性净收入 = 调整后的居民初次分配收入 + （资金流量表居民经常转移性净收入 − 居民部门流失的个人所得税）

（三）国民收入再分配格局测算公式

（1）符合实际的国民再分配收入 = 符合实际的政府再分配收入 + 符合实际的企业再分配收入 + 符合实际的居民再分配收入

（2）规范后的国民再分配收入 = 规范后的政府再分配收入 + 规范后的企业再分配收入 + 规范后的居民再分配收入

需要指出的是，在上述测算企业和居民部门再分配收入的公式中，资金流量表企业或居民经常转移性净收入一般为负值，也就是说，收入是从企业和居民两个部门流向政府部门，进一步解释就是企业部门和居民部门缴税额度超过政府部门对这两个部门的转移支付。

在表 4 - 6 中，资金流量表中的五个经常转移项目分别是：所得税、财产税等经常税；社会保险缴款；社会保险福利；社会补助；其他。具体到三部门内部的转移收入或支出项目，企业部门主要涉及三个方面：一是所得税、财产税等经常税的支出，这部分占的比例很大；二是社会补助支出，这部分规模不大；三是其他项目，这部分包括了各种类似税收的费用流出和来自政府的各种补贴流入。居民部门主要涉及五个方面：一是个人所得税等支出；二是社会保险缴款；三是社会保险福利；四是来自政府和企业的社会补助；五是其他项目，包括居民内部的收入转移，大体上保持收支平衡。政府部门主要涉及五个方面：一是来自企业和居民部门的所得税和财产税等税收；二是来自居民部门的社会保险缴款净额。三是社会保险福利；四是社会帮助；五是其他项目。以上测算方法中只是结合非法非正常收入中的税收流失对第一类的经常税做了部门间的调整，其他内容都保留了资金流量表中的原始数据。

表4-6　资金流量表国民收入再分配中的经常转移项目　　单位：亿元

机构部门交易项目	政府部门		企业部门		居民部门		国内合计	
	运用	来源	运用	来源	运用	来源	运用	来源
经常转移	46454.4	68085.3	31086.3	5562.1	40826.8	44180.3	118367.5	117827.7
（1）所得税、财产税等经常税		29030.4	22427.2		6603.2		29030.4	29030.4
（2）社会保险缴款	7425.8	35993.6			28567.8		35993.6	35993.6
（3）社会保险福利	28743.9					28743.9	28743.9	28743.9
（4）社会补助	9899.6		191.3			10091.0	10091.0	10091.0
（5）其他	385.0	3061.4	8467.8	5562.1	5655.8	5345.4	14508.7	13968.8

资料来源：根据《2015中国统计年鉴》资金流量表整理，国外合计数据未保留。

二、测算结果分析

考虑了非法非正常收入，得到调整后的政府、企业、居民三部门初次分配收入，对各部门数据加总，得到了调整后的再分配收入，表4-7为整理后的相关基础数据。然后再分别估算符合实际的再分配格局和规范后的再分配格局，相关数据见表4-8。下面分析我国非法非正常收入对国民收入再分配格局的影响。

（一）非法非正常收入对三大部门的转移性收入具有差异性

假设没有非法非正常收入的正常转移性收入中，表4-7中列出的资金流量表转移性收入数据，政府部门为收入的净流入，居民部门也是收入的净流入，而企业部门各年份均为转移收入的净流出。在全面规范非法非正常收入并将流失税收纳入相关部门后，转移收入发生了重要变化，从表4-7中调整后的转移性收入数据分析，最明显的是政府部门转移性收入净流入大幅增加，企业部门和居民部门的净流出增多，特别是居民部门，由调整前的净流入，转变为2000年以来数据调整后的净流出。全面规范非法非正常收入，将会使再分配转移性收入发生明显变化，进而引起国民收入再分配格局的巨大变化。

表 4-7 非法非正常收入对国民收入初次分配格局的影响

年份	调整后的初次分配收入（亿元）				资金流量表转移性收入（亿元）			调整后的转移性收入（亿元）			资金流量表再分配格局（%）		
	总收入	政府	企业	居民	政府	企业	居民	政府	企业	居民	政府	企业	居民
1992	30938.1	4486.4	5658.5	20793.2	926.7	-1520.3	657.3	2767.2	-3343.9	640.4	17.9	13.4	68.7
1993	40371.8	5700.2	9025.5	25646.1	845.3	-1529.6	751.8	3057.4	-3678.9	689.1	17.1	18.1	64.7
1994	54233.5	6602.4	11991.1	35640.1	839.5	-1673.0	948.8	3166.3	-3807.1	756.1	14.5	18.6	66.9
1995	66910.3	7655.1	15715.9	43539.4	799.3	-1946.3	1266.8	4236.0	-5065.2	949.0	14.1	19.7	66.2
1996	78265.9	9230.1	15824.3	53211.5	1111.4	-2429.9	1496.3	5247.8	-6110.2	1040.3	14.6	16.4	69.0
1997	87759.5	10052.8	19394.5	58312.2	1048.4	-2682.3	2060.0	4601.6	-5732.0	1556.3	14.3	17.7	68.0
1998	93869.6	11021.3	19513.9	63334.4	573.0	-2412.0	2193.4	4460.2	-5647.5	1541.8	14.2	17.5	68.3
1999	101001.0	11869.8	21271.2	67860.0	1391.7	-2976.0	1993.6	5611.6	-6281.8	1079.4	14.1	19.2	66.7
2000	112776.1	13228.4	24246.1	75301.7	1448.9	-1654.1	727.7	7088.6	-6197.0	-369.0	14.5	19.4	66.1
2001	126324.9	14421.4	29551.3	82352.3	2626.9	-2540.6	616.6	8452.4	-6909.1	-840.4	15.0	20.6	64.4
2002	140704.4	17921.6	33344.9	89437.9	2906.0	-2453.0	621.8	11298.7	-8882.1	-1341.8	16.3	21.1	62.6
2003	160888.3	21190.6	39207.0	100490.7	3559.3	-2871.0	756.0	15257.4	-12274.4	-1538.9	16.1	21.9	62.0
2004	190763.7	25471.5	51592.8	113699.3	4604.9	-3728.9	1019.2	17092.4	-13212.0	-1985.2	16.6	24.2	59.1
2005	219946.9	28838.2	59235.4	131873.3	6499.8	-4937.9	393.1	31203.2	-26280.1	-2968.1	17.4	23.7	58.9

续表

年份	调整后的初次分配收入（亿元）				资金流量表转移性收入（亿元）			调整后的转移性收入（亿元）			资金流量表再分配格局（%）		
	总收入	政府	企业	居民	政府	企业	居民	政府	企业	居民	政府	企业	居民
2006	260806.7	34960.2	70843.6	155002.9	8351.9	-6425.9	311.5	35772.9	-30441.5	-3093.9	17.9	23.7	58.4
2007	327029.6	45156.0	90683.3	191190.2	11925.2	-8857.4	-246.6	36068.2	-29104.6	-4142.3	18.8	23.9	57.3
2008	386355.4	49947.2	111014.1	225394.0	13994.9	-11528.6	530.9	49774.1	-43083.5	-3693.4	18.3	24.5	57.2
2009	421642.6	56362.2	115701.4	249579.1	12997.0	-11592.8	758.3	70864.4	-64568.9	-4133.0	17.6	23.8	58.7
2010	504517.6	72861.8	136069.4	295586.4	14189.5	-12692.6	1257.2	78067.7	-70645.0	-4668.5	18.0	23.6	58.4
2011	598017.5	87844.3	154800.0	355373.2	18136.3	-18042.9	1489.6	86706.5	-80148.0	-4975.4	18.8	21.9	59.3
2012	662799.7	96162.4	165909.0	400728.3	20325.2	-22045.2	1936.8	94251.5	-88317.5	-5717.3	19.2	20.6	60.2
2013	729170.9	107740.1	176822.6	444608.2	21631.0	-25524.3	3353.5	104817.1	-100069.4	-5287.5	18.9	19.8	61.3

区间	估算的各主体初次分配收入增长倍数				分配格局的变化		
	总收入	政府	企业	居民	政府	企业	居民
1993~2000	3.65	2.32	2.69	2.94	-2.62	1.25	1.37
2000~2008	3.43	3.78	4.58	2.99	3.78	5.12	-8.90
2008~2013	1.89	2.16	1.59	1.97	0.63	-4.73	4.10
1993~2013	23.57	18.90	19.59	17.34	1.79	1.64	-3.43

注：调整后的初次分配收入根据表4-13中数据整理，资金流量表转移性收入来自历年的《中国统计年鉴》资金流量表（现金交易），调整后的转移性收入根据本研究核算方法对表前文表4-6、表4-10和表4-12中数据进行调整，因为存在国外交易，所以三部门转移性收入总和不为零。三大部门初次分配收入和转移性收入加总后分别得到各自的再分配收入。

表 4-8　非法非正常收入对国民收入再分配格局的影响

年份	符合实际的再分配收入（亿元）				规范后的再分配收入（亿元）				符合实际的可支配格局（%）			规范后的再分配格局（%）		
	总收入	政府	企业	居民	总收入	政府	企业	居民	政府	企业	居民	政府	企业	居民
1992	31001.8	5413.1	4138.2	21450.5	31001.8	7253.6	2314.6	21433.6	17.46	13.35	69.19	23.40	7.47	69.14
1993	40439.4	6545.6	7495.9	26397.9	40439.4	8757.6	5346.6	26335.2	16.19	18.54	65.28	21.66	13.22	65.12
1994	54348.7	7441.8	10318.1	36588.9	54348.7	9768.6	8184.0	36396.2	13.69	18.98	67.32	17.97	15.06	66.97
1995	67030.1	8454.4	13769.6	44806.1	67030.1	11891.1	10650.7	44488.3	12.61	20.54	66.84	17.74	15.89	66.37
1996	78443.7	10341.5	13394.4	54707.8	78443.7	14477.9	9714.1	54251.8	13.18	17.08	69.74	18.46	12.38	69.16
1997	88185.5	11101.2	16712.1	60372.2	88185.5	14654.4	13662.5	59868.5	12.59	18.95	68.46	16.62	15.49	67.89
1998	94224.1	11594.3	17102.0	65527.8	94224.1	15481.4	13866.5	64876.2	12.31	18.15	69.54	16.43	14.72	68.85
1999	101410.3	13261.6	18295.2	69853.6	101410.3	17481.5	14989.4	68939.4	13.08	18.04	68.88	17.24	14.78	67.98
2000	113298.6	14677.3	22592.0	76029.3	113298.6	20317.0	18049.0	74932.6	12.95	19.94	67.11	17.93	15.93	66.14
2001	127027.8	17048.3	27010.6	82968.9	127027.8	22873.8	22642.2	81511.9	13.42	21.26	65.32	18.01	17.82	64.17
2002	141779.2	20827.6	30891.9	90059.7	141779.2	29220.2	24462.8	88096.1	14.69	21.79	63.52	20.61	17.25	62.14
2003	162332.6	24749.9	36336.0	101246.7	162332.6	36448.1	26932.7	98951.8	15.25	22.38	62.37	22.45	16.59	60.96
2004	192658.9	30076.4	47863.9	114718.6	192658.9	42563.9	38380.9	111714.1	15.61	24.84	59.54	22.09	19.92	57.99
2005	221901.9	35338.0	54297.5	132266.4	221901.9	60041.5	32955.3	128905.1	15.93	24.47	59.61	27.06	14.85	58.09

续表

年份	符合实际的再分配收入（亿元）				规范后的再分配收入（亿元）				符合实际的可支配格局（%）			规范后的再分配格局（%）		
	总收入	政府	企业	居民	总收入	政府	企业	居民	政府	企业	居民	政府	企业	居民
2006	263044.1	43312.1	64417.7	155314.3	263044.1	70733.1	40402.1	151908.9	16.47	24.49	59.04	26.89	15.36	57.75
2007	329850.8	57081.3	81825.9	190943.5	329850.8	81224.2	61578.7	187047.8	17.31	24.81	57.89	24.62	18.67	56.71
2008	389352.5	63942.1	99485.5	225924.9	389352.5	99721.3	67930.7	221700.6	16.42	25.55	58.03	25.61	17.45	56.94
2009	423805.2	69359.1	104108.6	250337.4	423805.2	127226.6	51132.6	245446.0	16.37	24.57	59.07	30.02	12.07	57.91
2010	507271.8	87051.3	123376.8	296843.6	507271.8	150929.6	65424.4	290917.8	17.16	24.32	58.52	29.75	12.90	57.35
2011	599600.5	105980.6	136757.1	356862.8	599600.5	174550.8	74652.0	350397.7	17.68	22.81	59.52	29.11	12.45	58.44
2012	663016.5	116487.6	143863.8	402665.1	663016.5	190413.9	77591.5	395011.0	17.57	21.70	60.73	28.72	11.70	59.58
2013	728631.1	129371.0	151298.3	447961.7	728631.1	212557.2	76753.2	439320.7	17.76	20.76	61.48	29.17	10.53	60.29
区间	各主体再分配收入增长倍数				各主体再分配收入增长倍数				符合实际的分配格局变化			规范后的分配格局变化		
1993~2000	2.80	2.24	3.01	2.88	2.80	2.32	3.38	2.85	-3.23	1.40	1.83	-3.72	2.71	1.01
2000~2008	3.44	4.36	4.40	2.97	3.44	4.91	3.76	2.96	3.47	5.61	-9.08	7.68	1.52	-9.20
2008~2013	1.87	2.02	1.52	1.98	1.87	2.13	1.13	1.98	1.33	-4.79	3.45	3.56	-6.91	3.35
1993~2013	18.02	19.76	20.18	16.97	18.02	24.27	14.36	16.68	1.57	2.23	-3.80	7.52	-2.69	-4.83

注：根据表4-6中数据整理。各主体再分配收入增长倍数为考察期与基期数据的比值。

（二）规范后的部门再分配收入和符合实际的再分配收入变化都较大

规范后的再分配收入和调整后的初次分配收入相比，都发生了明显变化。从2013年三部门数据来看，如表4-8所示，规范后的政府部门再分配收入为212557.2亿元，为调整后初次分配收入的1.97倍；规范后的企业部门再分配收入为76753.2亿元，仅相当于初次分配收入的0.43倍，说明规范后企业初次分配收入流向政府部门；规范后的居民部门再分配收入为439320.7亿元，相当于调整后初次分配收入规模的0.99倍，说明规范后居民初次分配收入极少部分流向政府部门。通过以上比较，我们认为：我国国民收入再分配机制向政府部门倾斜，企业部门和居民部门都有利益损失，其中企业损失较多。

（三）规范后再分配格局比资金流量表分配格局更加向政府部门倾斜

规范后的再分配格局较好地把各部门内部的非法非正常收入揭示出来，有助于让我们更准确地掌握当前真实的分配格局。在2013年资金流量核算的国民收入初次分配中，政府部门比重为15.22%，在2013年度资金流量表中核算的国民收入再分配中，政府部门比重为18.94%，在考虑非法非正常收入后，则再分配格局向政府部门倾斜更严重。表4-8中2013年规范后的再分配格局中，政府部门收入比重进一步上升为29.17%，比初次分配上升了13.95个百分点。可知，规范后再分配格局比资金流量表分配格局更加向政府部门倾斜。

（四）在不同时期各部门的受益程度反复变化

由于1992年相关税收数据不完整，在表4-7中我们剔除了2012年的数据，只选择1993～2013年的数据进行分析。在1993～2000年，规范后的再分配格局中政府部门收入比重下降了3.72个百分点，企业和居民部门收入比重分别上升了2.71和1.01个百分点。在2000～2008年，政府部门收入比重大幅上升了7.68个百分点，企业比重上升了1.52个百分点，但是居民部门收入比重大幅下降了9.2个百分点。在2008～2013年，政府和居民部门收入比重分别上升了3.56个和3.35个百分点，但是企业部门收入比重大幅下降了6.91个百分点。从总体上来看，考虑到非法非正常收入后，政府部门在三大部门总体再分配收入中的比重在20世纪90年代是下降的，进入21世纪以来则连续上升，20年间总体上升7.52个百分点，说明政府部门在2000年之后非法非正常收入开始增加；企业部门在20世纪90年代到2008年收入比重是上升的，但是2008年以后开始下降，在1993～2013年总体上企业收入比重下降了2.69个百分点，说明企业部门生存环境严峻，被严格管理了；居民部门收入在20世纪90年代比重略有上升，但是从进入21世纪到2008年大幅下降，近几年来才开始恢复性提升，在1993～2013年总体上居民部门收入比重下降了4.83个百分点，说明居民部门产生非法非正常收入的机会是波动的，近年来又多了起来。

第四节 非法非正常收入对部门内部分配格局的影响

非法非正常收入对全国宏观国民收入分配格局产生影响，对政府、企业和居民部门内部的分配格局也会带来影响，对政府部门来说不同层级之间分配格局存在差距，对企业部门来说不同行业之间分配格局存在差距，对居民部门来说从事不同的行业和在不同地域工作之间分配格局存在差距，进一步细分的话，不同所有制的单位和不同类型企业、不同规模的企业，分配也有差距，但是这些数据很难获得。本部分主要围绕土地出让金和居民隐性收入这两个当前社会普遍关注的问题进行研究。

一、土地出让金对政府部门内部分配格局的影响

（一）研究方法

前面提到的中央政府和地方政府之间分配格局存在差距，外在表现是相应的财政收入和支出不协调，内在根本是两级政府之间财权和事权不一致。在政府收支预算管理规范透明假定下，如果我们用本级财政收入代表本级财权，本级财政支出代表本级事权，那么我们运用以下公式可以测算协调程度：

财政自给系数＝财政收入/财政支出

显然，当财政自给系数大于 1 时，财权大于事权；当财政自给系数小于 1 时，财权小于事权；当财政自给系数等于 1 时，财权与事权比较匹配。这里先做两个假定：一是假定中央政府基金性收入全部专款专用，不存在资金挪用；二是假定地方政府主要是部分土地出让金存在弥补财政收入不足现象，其他政府性基金收入专款专用，我们按照窄、中、宽三种口径对中央政府和地方政府的收支来源进行汇总。

1. 窄口径

中央政府财政收入 a＝预算收入＋预算外收入

中央政府财政支出 a＝预算支出＋预算外支出

地方政府财政收入 a＝预算收入＋预算外收入

地方政府财政支出 a＝预算支出＋预算外支出

政府部门整体财政收入 a＝中央政府财政收入 a＋地方政府财政收入 a

政府部门整体财政支出 a＝中央政府财政支出 a＋地方政府财政支出 a

2. 中口径

中央政府财政收入 b＝预算收入＋预算外收入＋地方上解收入

中央政府财政支出 b = 预算支出 + 预算外支出 + 补助地方支出

地方政府财政收入 b = 预算收入 + 预算外收入 + 中央补助地方支出

地方政府财政支出 b = 预算支出 + 预算外支出 + 地方上解收入

3. 宽口径

假定中央政府财政宽口径收支与中口径相同。

地方政府财政收入 c = 预算收入 + 预算外收入 + 土地出让金 + 中央补助地方支出

地方政府财政支出 c = 预算支出 + 预算外支出 + 地方上解收入

政府部门整体财政收入 c = 中央政府财政收入 b + 地方政府财政收入 c

政府部门整体财政支出 c = 中央政府财政支出 b + 地方政府财政支出 b

在表 4 - 7 中，列出了 20 世纪 90 年代以来中央和地方财政收支基础数据，并根据这些数据，列出了窄、中、宽三种口径的中央政府和地方政府财政收支汇总数据和测算得到的三种财政自给系数。

（二）比较分析

结合测算结果，我们运用财政自给系数对政府部门整体及其内部（中央政府和地方政府）的财政收支协调程度进行分析。

首先，从政府部门整体角度来看，土地出让金发挥了积极作用。我们不考虑政府内部的财政转移情况，将表 4 - 9 中的中央政府和地方政府的收入和支出分别加总整理，可以得到政府部门整体上窄口径的财政自给系数数据，同时考虑地方政府弥补财政收入的土地出让金，可以得到宽口径的财政自给系数数据。如图 4 - 5 所示，在 20 世纪 90 年代初期，政府部门整体上窄口径和宽口径的财政自

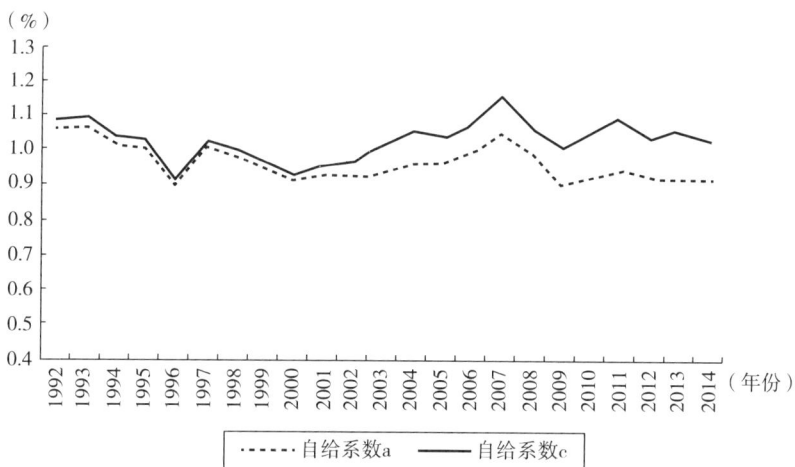

图 4 - 5　政府部门整体财政自给系数变化比较

表4-9 1992～2014年中央和地方财政收支基础数据

单位：亿元

年份	中央政府						地方政府				
	预算收入	预算外收入	地方上解收入	预算支出	预算外支出	补助地方支出	预算收入	预算外收入	土地出让收入	预算支出	预算外支出
1992	979.51	1707.73	558.64	1170.44	1592.81	596.50	2503.86	2147.19	168.91	2571.76	2057.09
1993	957.51	245.90	600.31	1312.06	198.87	544.63	3391.44	1186.64	179.93	3330.24	1115.43
1994	2906.50	283.32	570.05	1754.43	225.02	2389.09	2311.60	1579.21	191.67	4038.19	1485.37
1995	3256.62	317.57	610.01	1995.39	351.38	2534.06	2985.58	2088.93	204.18	4828.33	1979.88
1996	3661.07	231.33	603.88	2151.27	1034.92	2722.52	3746.92	2384.93	217.50	5786.28	2803.40
1997	4226.92	145.08	603.80	2532.50	143.91	2856.67	4424.22	2680.92	231.70	6701.06	2541.63
1998	4892.00	164.15	597.13	3125.60	139.74	3321.54	4983.95	2918.14	246.81	7672.58	2778.57
1999	5849.21	230.45	598.13	4152.33	164.82	4086.61	5594.87	3154.72	250.04	9035.34	2974.32
2000	6989.17	247.63	599.12	5519.85	210.74	4665.31	6406.06	3578.79	289.54	10366.65	3318.28
2001	8582.74	347.00	590.96	5768.02	258.13	6001.95	7803.30	3953.00	629.99	13134.56	3591.87
2002	10388.64	440.00	637.96	6771.70	259.00	7351.77	8515.00	4039.00	1174.91	15281.45	3572.00
2003	11865.27	379.37	618.56	7420.10	329.32	8261.41	9849.98	4187.43	2635.53	17229.85	3827.04
2004	14503.10	350.69	607.17	7894.08	389.50	10407.96	11893.37	4348.49	3117.23	20592.81	3962.23
2005	16548.53	402.58	711.96	8775.97	458.34	11484.02	15100.76	5141.58	2860.37	25154.31	4784.14
2006	20456.62	467.11	787.27	9991.40	377.72	13501.45	18303.58	5940.77	3926.89	30431.33	5489.23
2007	27749.16	530.37	862.79	11442.06	453.34	18137.89	23572.62	6289.95	5939.07	38339.29	5659.08
2008	32680.56	492.09	946.37	13344.17	402.13	22990.76	28649.79	6125.16	4987.73	49248.49	5944.23
2009	35915.71	352.01		15255.79	459.20	28563.79	32602.59	6062.24	8351.70	61044.14	5769.09
2010	42488.47	399.31		15989.73	386.37	32341.09	40613.04	5395.11	13351.66	73884.43	5368.32
2011	51327.32			16514.11		39921.21	52547.11		15617.86	92733.68	
2012	56175.23			18764.63		45361.68	61078.29		13632.55	107188.34	
2013	60198.48			20471.76		48019.92	69011.16		18995.05	119740.34	
2014	64493.45			22570.07		51591.04	75876.58		16712.31	129215.49	

资料来源：根据《中国财政年鉴》（2015）相关数据整理。土地出让收入数据来自前文测算结果。预算外收入数据自2011年后一并纳入预算管理，地方政府上解中央政府收入自2009年后数据缺失。

给系数都接近 1.1，也就是说，财政收入总体上多于财政支出，政府部门的财政是相对宽裕的。从窄口径的自给系数 a 分析，自 20 世纪 90 年代中后期以来，不考虑 2007 年前后的短暂上升，大体上是下降的，到 2014 年窄口径的财政自给系数为 0.9248，也就是说，政府部门存在财政缺口、财政赤字。这些逐年累计的财政缺口，往往是以政府部门负债形式存在的。从宽口径的自给系数 c 分析，也就是政府部门特别是地方政府部门的财政收入加入土地出让金之后，政府部门整体上自给系数下降程度并不明显，如 20 世纪 90 年代初期大体上为 1.07，到 2014 年宽口径的财政自给系数为 1.04，也就是说在考虑弥补地方财政收入的土地出让金之后，政府部门整体上财政收支是相对平衡的，地方政府的土地出让金在一定程度上发挥了调节政府部门总体收支平衡的稳定器作用。

其次，从中央政府收支角度来看，窄口径财政自给能力持续增强，中口径自给能力逐步减弱。如表 4 - 10 所示，在 1992 年中央财政窄口径的总收入规模为 2687.24 亿元，总支出为 2763.25 亿元，财政自给系数为 0.972，考虑地方政府上解收入和对地方的转移性支出后，中央政府的财政收入规模为 3245.88 亿元，总支出为 3359.75 亿元，自给系数为 0.966，也就是说，无论是窄口径还是中口径，中央政府在 20 世纪 90 年代初处于财政相对弱势方，这也就是为什么中央政府要在 1994 年启动分税制改革，来增强财政影响力。分税制改革之后窄口径的财政自给能力大幅上升，2011 年该系数达到历史最高值 3.108，近年来略有下降，到 2014 年为 2.857。如果具体到收支增长倍数则更加明显，这里不再列示数据，显然，结论是窄口径的财政收入明显向中央政府倾斜，财政支出明显向地方政府倾斜。从中口径的财政自给能力来看（见表 4 - 9）中央政府部门也相应地从本级收入中更多地向地方政府转移支付。以 1992 年为例，对地方的转移支付为 596.50 亿元，同期中央政府本级预算支出 1170.44 亿元，前者约为后者的一半，但 2014 年对地方转移支付 51591.04 亿元，中央政府本级预算支出 22570.07 亿元，前者为后者的 2 倍多。中央对地方转移支付的加大促使中口径的财政自给能力在窄口径基础上大幅下降，经过多次调整，在 2007 年中央政府的中口径财政自给系数大体上仍能维持在 0.97。

第三是地方政府收支，窄口径财政自给能力较弱，中宽口径对财政转移支付和地方土地出让金较多。1994 年分税制改革后，地方政府财政收入能力下降，导致其财政自给能力弱化，中央政府财政自给能力相应增强。表 4 - 10 中数据显示，在改革前的地方政府窄口径的自给系数 a 均高于 1，分税制改革后的 1994 年只有 0.704，到 2014 年已下降为 0.587，相当于地方政府的财政收入比财政支缺口超过 40%。财政收入缺口越来越大，最直接的结果是地方政府对中央政府的依赖程度大大加深，有利于维护中央的权威性。

表4-10 1992~2014年非正常收入对政府部门内部收支格局的影响

单位：亿元

年份	中央财政						地方财政							
	总收入a	总收入b	总支出a	总支出b	自给系数a	自给系数b	总收入a	总收入b	总收入c	总支出a	总支出b	自给系数a	自给系数b	自给系数c
1992	2687.24	3245.88	2763.25	3359.75	0.972	0.966	4651.05	5247.55	5416.46	4628.85	5187.49	1.005	1.012	1.044
1993	1203.41	1803.72	1510.93	2055.56	0.796	0.877	4578.08	5122.71	5302.64	4445.67	5045.98	1.030	1.015	1.051
1994	3189.82	3759.87	1979.45	4368.54	1.611	0.861	3890.81	6279.90	6471.57	5523.56	6093.61	0.704	1.031	1.062
1995	3574.19	4184.20	2346.77	4880.83	1.523	0.857	5074.51	7608.57	7812.75	6808.21	7418.22	0.745	1.026	1.053
1996	3892.40	4496.28	3186.19	5908.71	1.222	0.761	6131.85	8854.37	9071.87	8589.68	9193.56	0.714	0.963	0.987
1997	4372.00	4975.80	2676.41	5533.08	1.634	0.899	7105.14	9961.81	10193.51	9242.69	9846.49	0.769	1.012	1.035
1998	5056.15	5653.28	3265.34	6586.88	1.548	0.858	7902.09	11223.63	11470.44	10451.15	11048.28	0.756	1.016	1.038
1999	6079.66	6677.79	4317.15	8403.76	1.408	0.795	8749.59	12836.20	13086.24	12009.66	12607.79	0.729	1.018	1.038
2000	7236.80	7835.92	5730.59	10395.90	1.263	0.754	9984.85	14650.16	14939.70	13684.93	14284.05	0.730	1.026	1.046
2001	8929.74	9520.70	6026.15	12028.10	1.482	0.792	11756.30	17758.25	18388.24	16726.43	17317.39	0.703	1.025	1.062
2002	10828.64	11466.60	7030.70	14382.47	1.540	0.797	12554.00	19905.77	21080.68	18853.45	19491.41	0.666	1.021	1.082
2003	12244.64	12863.20	7749.42	16010.83	1.580	0.803	14037.41	22298.82	24934.35	21056.89	21675.45	0.667	1.029	1.150
2004	14853.79	15460.96	8283.58	18691.54	1.793	0.827	16241.86	26649.82	29767.05	24555.04	25162.21	0.661	1.059	1.183
2005	16951.11	17663.07	9234.31	20718.33	1.836	0.853	20242.34	31726.36	34586.73	29938.45	30650.41	0.676	1.035	1.128
2006	20923.73	21711.00	10369.12	23870.57	2.018	0.910	24244.35	37745.80	41672.69	35920.56	36707.83	0.675	1.028	1.135
2007	28279.53	29142.32	11895.40	30033.29	2.377	0.970	29862.57	48000.46	53939.53	43998.37	44861.16	0.679	1.070	1.202
2008	33172.65	34119.02	13746.30	36737.06	2.413	0.929	34774.95	57765.71	62753.44	55192.72	56139.09	0.630	1.029	1.118
2009	36267.72	36267.72	15714.99	44278.78	2.308	0.819	38664.83	67228.62	75580.32	66813.23	66813.23	0.579	1.006	1.131
2010	42887.78	42887.78	16376.10	48717.19	2.619	0.880	46008.15	78349.24	91700.90	79252.75	79252.75	0.581	0.989	1.157
2011	51327.32	51327.32	16514.11	56435.32	3.108	0.909	52547.11	92468.32	108086.18	92733.68	92733.68	0.567	0.997	1.166
2012	56175.23	56175.23	18764.63	64126.31	2.994	0.876	61078.29	106439.97	120072.52	107188.34	107188.34	0.570	0.993	1.120
2013	60198.48	60198.48	20471.76	68491.68	2.941	0.879	69011.16	117031.08	136026.13	119740.34	119740.34	0.576	0.977	1.136
2014	64493.45	64493.45	22570.07	74161.11	2.857	0.870	75876.58	127467.62	144179.93	129215.49	129215.49	0.587	0.986	1.116

资料来源：根据前文数据进行整理。其中总收入a为预算内收入，总收入b为总收入a加预算外收入加总，总收入c为总收入b基础上考虑了上解或补助收入，地方政府总收入c为总收入b基础上考虑了土地出让收入。总支出a，b，c相类似。自给系数=相应的总收入/总支出%。

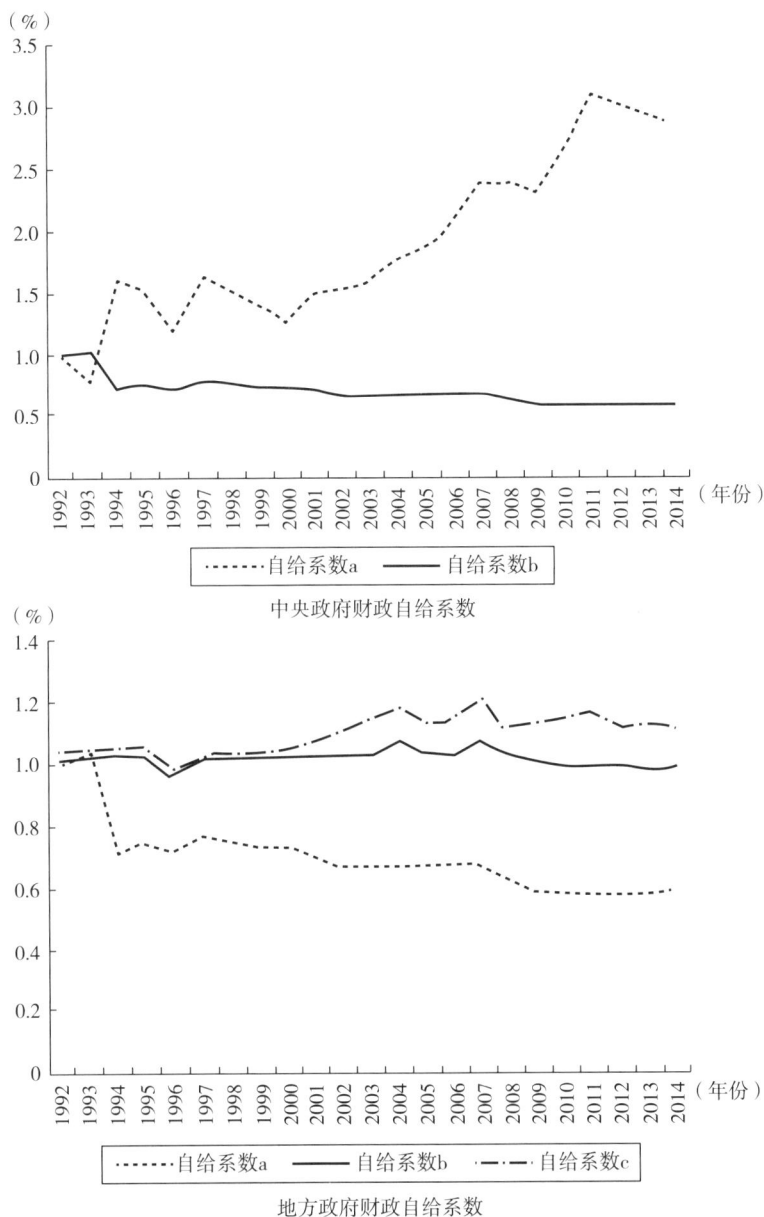

自给系数a ┈┈┈　自给系数b ━━━
中央政府财政自给系数

自给系数a ┈┈┈　自给系数b ━━━　自给系数c ━·━·
地方政府财政自给系数

图 4 - 6　中央和地方财政自给系数变化比较

经过上述分析，可以得出三点结论：一是中央政府牢牢把握了财权，也就牢牢把握了全国行政管理的指挥权，承担更多地方政府事权，落实中央政策，紧紧依靠中央的转移支付。二是现有的财政转移支付机制需要进一步优化，提升地方政府落实事权的能力和效率，降低地方政府对土地出让金的依赖。三是加快推进财政体制改革，让地方政府摆脱"土地财政"的模式，提高地方政府对单一房地产行业的依赖路径，进一步完善转移支付机制。

二、隐性收入对居民收入分配差距的影响

统计部门的调查显示，实际城乡居民收入被低估，被低估的部分主要是规模不断扩大的居民隐性收入，居民隐性收入的存在使居民部门内部收入分配差距越来越大，导致居民贫富差距增大。使用前文介绍的居民调查数据调整方法，估算居民收入分配差距，分析隐性收入对居民收入分配差距带来的影响。

（一）背景介绍

隐性收入主要分布在各收入阶层中的富裕家庭，在目前中国遗产税和财产类税收机制尚未健全完善、监管机制存在技术性漏洞背景下，因为钱权交易及以权谋私、公共投资与腐败、土地收益的分配、其他垄断利益的分配（王小鲁，2010）而产生的隐性收入，在代际之间传承，造成下一代甚至后几代人的财富和创造财富的能力差距。根据北京大学《中国民生发展报告 2015》① 显示，2008 ～ 2015 年中国所有居民财富（中位数）增长率为 64%，而前 10% 富裕人群的财富增长率达到了 96%，前 1% 富裕人群的财富增长率更是高达 131%，目前前 1% 富裕人群占有全国约 1/3 的财产，而后 25% 贫穷家庭拥有的财产总量仅为 1%。长期形成的财富巨大差距和固化，就会出现法国学者皮凯蒂在《21 世纪资本论》中所讲的"财富集聚现象的出现使子女通过继承财产就可以轻易致富，使一个人财富的多寡不仅由劳动所得决定，更由继承的财富决定，因而出身要比后天的努力和才能更重要"。低财富和无财富群体将会丧失努力和奋斗的信心，将会给社会稳定带来严重危机。对此，中国"十三五"规划纲要中明确提出："保护合法收入，规范隐性收入，遏制以权力、行政垄断等非市场因素获取收入，取缔非法收入。严格规范工资外收入和非货币性福利。全面推行非现金结算，建立健全自然人收入和财产信息系统，完善收入统计调查和监测体系。"

（二）数据调整方法

对隐性收入估算，主要难题是没有准确的隐性收入数据，从根本上说是没有收入申报机制和收入监测系统。

在数据健全条件下直接对居民分组收入数据进行调整并测算是相对严谨的方法。参考这一方法，首先，对居民调查分组收入数据进行调整；其次，按照当前学界常用的离散型基尼系数测算公式分别测算城乡内部收入差距基尼系数；最

---

① http：//www.china.com.cn/cppcc/2016－01/20/content_37621220.htm。

后，再由修正后的城乡加权法加总就可以得到全国整体的收入差距基尼系数，测算公式如下：

测算城镇或农村收入差距的离散公式：$G = \sum_{i=1}^{N} P_i W_i + 2 \sum_{i=1}^{N-1} P_i (1 - Q_i) - 1$

测算整体收入差距的修正城乡加权公式：$G = P_1^2 \dfrac{\mu_1}{\mu} G_1 + P_2^2 \dfrac{\mu_2}{\mu} G_2 +$

$\lambda P_1 P_2 \left| \dfrac{\mu_2 - \mu_1}{\mu} \right|$

式中，$Q_i = \sum_{k=1}^{i} W_k$，为累积的各组收入比重；$M_i = \sum_{k=1}^{i} P_k$，为累积的各组人口比重；G 表示全体基尼系数；G_1 和 G_2 分别表示城镇和农村居民内部的基尼系数；P_1 和 P_2 分别表示城镇居民和农村居民的人口规模比重；μ、μ_1 和 μ_2 分别表示总体、城镇、农村居民的人均收入；λ 表示根据分布密度函数估算城乡分组收入数据中间重叠部分的概率，表达式为 $\lambda = 1 + \dfrac{1}{2} P[(x - y) < 0]$。但是，因为以上的调整系数是根据假定推导而出的，我们无法确定中低收入组居民是否存在瞒报收入的情况。如果存在，那么仅仅对中高收入组数据进行调整，显然会高估整体收入差距。也就是说，这种系数调整存在很大程度上的片面性。

本书采用间接估算法尝试破解这一难题。其中所用到的城乡差值基尼系数计算公式为：

城乡差值基尼系数公式：$G_c = \dfrac{P_1 \mu_1}{P_1 \mu_1 + P_2 \mu_2} - P_1$ 或 $G_c = P_2 - \dfrac{P_2 \mu_2}{P_1 \mu_1 + P_2 \mu_2}$

式中，P_1 和 P_2 分别表示城镇居民和农村居民的人口规模比重；μ_1 和 μ_2 分别表示城镇和农村居民的人均收入。这一测算公式从本质上是城镇居民的收入比重与人口比重的差值或农村居民的人口比重与收入比重的差值。具体测算结果和相关基础数据如表 4–11 所示。

表 4–11　隐性收入对居民收入分配差距的影响

年份	城镇人口（万人）	农村人口（万人）	统计年鉴年人均收入（元）		包括隐性收入人均收入（元）		不包括隐性收入的差值基尼系数	包括隐性收入的差值基尼系数	统计部门公布基尼系数	包括隐性收入后的基尼系数
			城镇居民	农村居民	城镇居民	农村居民				
1992	32175	84996	2026.6	784.0	3552.28	1101.66	0.21997	0.27508		0.57945
1993	33173	85344	2577.4	921.6	4325.58	1323.68	0.24095	0.27961		0.54740

年份	城镇人口（万人）	农村人口（万人）	统计年鉴年人均收入（元）		包括隐性收入人均收入（元）		不包括隐性收入的差值基尼系数	包括隐性收入的差值基尼系数	统计部门公布基尼系数	包括隐性收入后的基尼系数
			城镇居民	农村居民	城镇居民	农村居民				
1994	34169	85681	3496.2	1221.0	5852.23	1825.79	0.24803	0.27597		0.52800
1995	35174	85947	4283.0	1577.7	6892.90	2244.91	0.23589	0.26645		0.53057
1996	37304	85085	4838.9	1926.1	7908.42	2786.62	0.21934	0.24962		0.52706
1997	39449	84177	5160.3	2090.1	8398.47	2991.44	0.21730	0.24907		0.52990
1998	41608	83153	5425.1	2162.0	8945.75	3140.35	0.22316	0.25420		0.52927
1999	43748	82038	5854.0	2210.3	9539.97	3184.45	0.23767	0.26723		0.52892
2000	45906	80837	6280.0	2253.4	10501.09	3351.85	0.25060	0.27798		0.52752
2001	48064	79563	6859.6	2366.4	11354.94	3491.06	0.25992	0.28612		0.52759
2002	50212	78241	7702.8	2475.6	12448.40	3442.19	0.27542	0.30798		0.54282
2003	52376	76851	8472.2	2622.2	13771.24	3690.58	0.28239	0.31246	0.479	0.53000
2004	54283	75705	9421.6	2936.4	15219.88	4105.58	0.27943	0.30904	0.473	0.52312
2005	56212	74544	10493.0	3254.9	17287.67	4654.41	0.27864	0.30700	0.485	0.53437
2006	58288	73160	11759.5	3587.0	19927.13	5310.50	0.27971	0.30592	0.487	0.53263
2007	60633	71496	13785.8	4140.4	24027.65	6364.46	0.27958	0.30311	0.484	0.52473
2008	62403	70399	15780.8	4760.6	27738.62	7428.62	0.27619	0.29808	0.491	0.52991
2009	64512	68938	17174.7	5153.2	30131.49	8006.44	0.27380	0.29543	0.49	0.52872
2010	66978	67113	19109.4	5919.0	34596.27	9516.40	0.26365	0.28443	0.481	0.51892
2011	69079	65656	21809.8	6977.3	40472.01	11544.50	0.25413	0.27401	0.477	0.51431
2012	71182	64222	24564.7	7916.6	44614.28	12948.04	0.24903	0.26679	0.474	0.50779
2013	73111	62961	26955.1	8895.9	48374.46	14443.50	0.24139	0.25817	0.473	0.50587
2014	74916	61866	29381.0	9892.0	51084.63	16111.67	0.23475	0.24566	0.469	0.49080

资料来源：根据历年《中国统计年鉴》中数据整理。其中统计部门公布的基尼系数为国家统计局测算并公布数据。

因为二元收入结构所产生的城乡间收入差距对总体收入差距的贡献度一直在50%以上，因此，城乡间收入差距会对总体收入差距基尼系数的变动趋势产生影响。通过以下计量方法测算中国总体基尼系数和城乡间差值基尼系数的年度变化对应关系我们发现，两者的趋势基本相同。

$$Gini = 0.37587 + 0.39781 * Gc + [ar(1) = 0.46992]$$

$$(13.61) \qquad (1.74) \qquad (2.74)$$

$$R^2 = 0.8064 \qquad D.W. = 2.10$$

式中，Gini 表示中国总体基尼系数，Gc 表示城乡间差值基尼系数。从计量结果来看，两者之间存在明显的线性关系，变化趋势基本相同。

（三）结果分析

根据图 4-7 中汇总的国家统计局公布的中国居民总体收入分配差距基尼系数，尽管从 2008 年以来连续呈现下降趋势，但从数值上来看，仍然处于 0.4 警戒线以上，属于分配差距较大阶段。我们根据本书测算的城乡差值基尼系数和国家统计局公布的基尼系数之间的计量关系，根据这种变化计量关系，我们采用包括隐性收入之后的新的城乡差值基尼系数，重新估算了包括隐性收入后的中国总体收入差距基尼系数。综合比较这两种基尼系数及其变动趋势，得出三点结论：

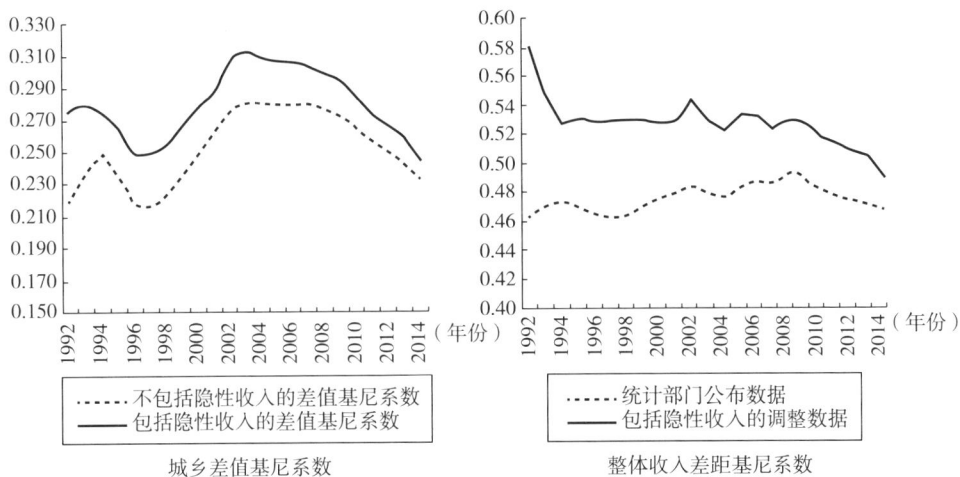

图 4-7　隐性收入对居民收入分配差距的影响

一是隐性收入对中国收入分配差距的形成显性作用较大，是造成收入分配差距的主要力量。以 2014 年数据为例，不考虑隐性收入的基尼系数，按照国家统计局公布数据为 0.469，但是考虑隐性收入后为 0.4908，上升了 4.6%。

二是隐性收入对中国收入分配差距的形成显性作用在逐渐弱化。比较图 4-8 右图中的两种基尼系数图线之间的距离，自 1992 年以来开始缩小。以表 3-20 中的数据测算，2003 年国家统计局公布数据为 0.479，考虑隐性收入后为 0.530，上升了 10.6%，这与 2014 年上升 4.6% 相比，促增作用下降。

三是虽然隐性收入提高了居民收入总规模，但依然没有扭转居民差距降低的趋势。

第五节　非法非正常收入影响国民收入分配格局变化的原因分析

现政府、企业、居民三部门非法非正常收入大体也都符合本书所描述的博弈模型的分阶段特征。1994 年中国开始推动分税制改革，对于地方政府部门，大幅改善了地方政府事多钱少的问题，但也为地方政府获得非法非正常收入创造了便利条件，监督非法非正常收入的力度大幅减弱，地方政府对企业和居民征收了更多的税费，地方政府部门的非法非正常收入规模大幅增加。这一因素对中国收入分配格局的影响是政府部门份额提升，企业、居民部门份额下降。自党的十八大以来，这一收入呈明显下降趋势。对于企业部门和居民部门而言，一方面，随着市场经济多样化和多层次化的发展，市场经济主体的活力不断释放，带动经济持续快速增长；另一方面，也使隐形经济规模不断扩大，偷税漏税规模增加，这一因素对中国收入分配格局的影响是政府部门份额下降，企业、居民部门份额上升。

通过本章测算结果可以发现：一是尽管在一些年份有所波动，但政府、企业、居民三部门非法非正常收入与合法正常收入呈比例变动的趋势，即非法非正常收入规模与其合法正常收入的占比大体相当；二是政府部门非法非正常收入扩张的速度与企业部门、居民部门扩张的速度大体相当；三是在地方政府、企业部门和居民部门合理正常收入和非法非正常收入年度波动的进程中，收入分配格局大体保持稳定，即从时间的纵向维度以及从考虑非法非正常收入与否的横向维度来看，三部门的收入比例波动不大，见表 4 - 12。

表 4 - 12　国民收入分配格局变化的分析

区间	资金流量表初次分配格局变化			资金流量表再分配格局变化		
	政府	企业	居民	政府	企业	居民
1993 ~ 2000 年	- 2.44	- 0.82	3.26	- 2.62	1.25	1.37
2000 ~ 2008 年	- 1.46	6.37	- 4.90	3.78	5.12	- 8.90
2008 ~ 2013 年	1.11	- 4.23	3.11	0.63	- 4.73	4.10
1992 ~ 2013 年	- 0.35	2.14	- 1.79	1.79	1.64	- 3.43

区间	调整后的初次分配格局变化			符合实际的再分配格局变化		
	政府	企业	居民	政府	企业	居民
1993～2000 年	-2.77	3.21	-0.44	-3.23	1.40	1.83
2000～2008 年	1.20	7.23	-8.43	3.47	5.61	-9.08
2008～2013 年	1.85	-4.48	2.64	1.33	-4.79	3.45
1992～2013 年	0.27	5.96	-6.23	1.57	2.23	-3.80

第五章　非法非正常收入治理的国际绩效比较与启示

为实现国家经济社会的平稳健康发展，减轻获取非法非正常收入经济活动的危害，各国政府均采用多种措施治理非法非正常收入行为。由于非法非正常收入种类多样，本书主要选取贪污腐败、地下经济、灰色收入以及偷税漏税等主要的非法非正常收入来源形态，对代表性国家的治理绩效进行比较分析，在此基础上，为我国治理非法非正常收入提供有益启示。

第一节　治理贪污腐败的措施和绩效比较

为了研究比较治理腐败的绩效，本书从反腐败法制体系建设、反腐机构设置以及反腐社会参与程度等方面入手，对美国、日本、韩国、俄罗斯、新加坡等国治理腐败行为的绩效水平进行比较分析。之所以选取这五个国家，一是这些国家中包括了国际公认的政府清廉度很高的美国、日本和新加坡，从世界银行公布的腐败控制指数来看，这些国家的反腐机构运行是高效的，它们的治理腐败经验值得借鉴；二是从地缘和文化角度来看，韩国、日本、新加坡等国与我国存在较强的人文相似度，具有较强的借鉴可行性；三是俄罗斯作为前社会主义国家，在向市场经济转型过程中面临着和我国较为相似的社会政治经济环境，两国在转型过程中均存在着类似的体制机制问题和障碍，也面临着较为严重的腐败问题，因此，其经验教训值得我国参考。

这里我们主要从法律体系建设、机构运行效率、民众参与三个层面对所选取国家治理腐败体系建设的措施和绩效进行梳理比较，如图 5 - 1 所示。其中，完善的法律体系是构建富有效率的治理腐败体系的基础，是政府治理腐败的制度保障，也是治理能否走向阳光化、制度化、系统化的决定性因素，好的法律体系可以保障反腐机构的高效运转，加大贪腐违法成本，保障民众参与治理腐败的权利。反腐组织机构是治理腐败的执行部门，是制约、调查、惩处贪腐行为的最主要力量，高效运转的反腐机构能够提升反腐治贪的专业化水平，提高腐败治理效率。民众参与体系建设对于反腐具有非常重要的作用，因为反腐败本身就是一项关乎经济社会各阶层各领域利益的系统工程，虽然社会中的弱势阶层是腐败行为最直接的受害者，但他们又可以通过选举、举报、监督等形式对易产生腐败行为的各种政治力量产生一定的制约，从而在一定程度上对反腐机构开展治理行为施以援手，有效减少各类反腐政策执行过程中所面临的外部社会压力。因此，可以说，社会力量能否直接参与到预防和打击腐败活动中，直接决定了一国治理腐败行为的最终效果。

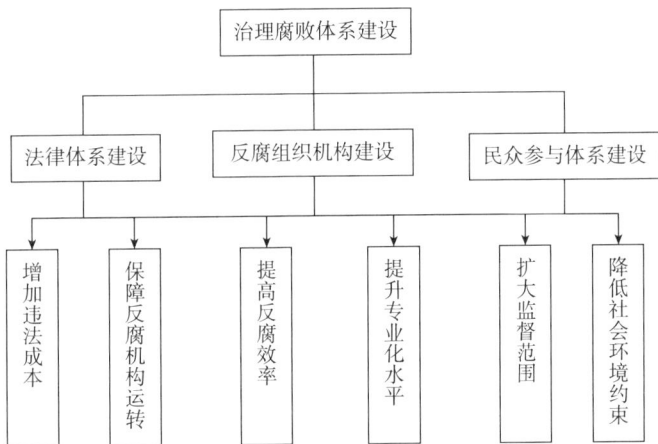

图 5 - 1 治理腐败体系建设的主要内容

一、法律体系建设的措施和绩效比较

法律体系建设的好坏直接关系到反腐机构能否独立运转和工作权威高低。一般来看，完善的法律体系能从两个方面保障反腐机构的运行效率，提升治理腐败的效果：一是从机构管理的角度来看，健全的法律体系能够保障反腐机构主要负责人的任命具有独立性，从而使外部公权力对机构官员在任免和制约等方面的影响力降到最小；二是从机构权限的角度来看，健全的法律体系能够保障反腐机构具有独立调查权限和权威处分权限。虽然反腐机构是直接治理腐败行为的一线部门，但如果缺乏法律对机构独立性和权威性的有效保障，那么反腐机构不仅会丧失治理腐败的能力，还存在蜕变为新的腐败机关的可能性。从世界银行公布的主要国家法制指数变化情况来看，如表 5 - 1 和图 5 - 2 所示，反腐效果好的国家普

遍具有良好的法治环境，特别是韩国的法治指数由 1996 年的 69 分一跃提升至 2014 年的 81 分，而俄罗斯等贪腐较为严重的国家则法制化水平相对较低，法治指数 2000 年以后的十余年间一直在 20 分左右的低水平徘徊。

表 5 - 1 1996~2014 年主要国家法治指数变化情况

年份	日本	韩国	俄罗斯	美国	中国
1996	90	69	23	92	36
1998	91	73	18	93	39
2000	89	74	13	93	36
2002	84	77	24	93	39
2003	85	73	20	92	40
2004	88	78	19	91	39
2005	88	81	21	91	38
2006	90	72	20	92	37
2007	89	83	18	91	41
2008	89	76	20	92	45
2009	88	82	25	91	45
2010	88	82	26	92	45
2011	87	81	27	91	44
2012	87	80	24	91	39
2013	90	79	25	91	40
2014	89	81	26	90	43

资料来源：World Bank，2015. Worldbank Governance Indicators. Washington D. C.

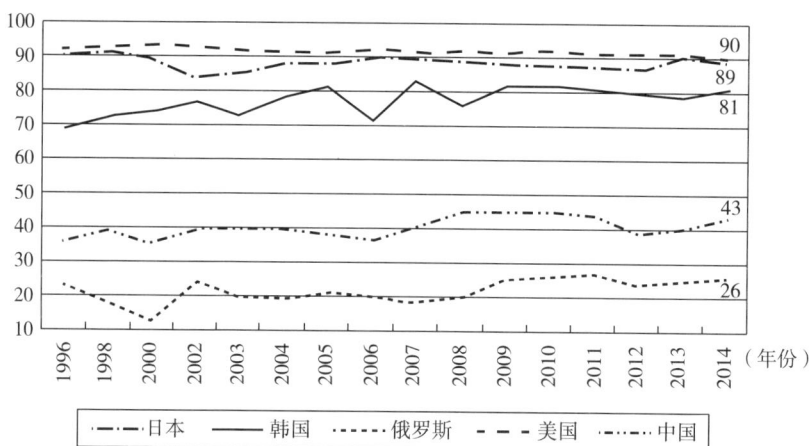

图 5 - 2 1996~2014 年主要国家法治指数变化情况

从美、日、韩等国治理腐败的历程来说，完善、独立、具有连续性和权威性的法律体系成为治理腐败活动能否顺利推进的必要条件。例如，美国自 19 世纪以来便开始着手反腐败法律体系建设，这期间经历了 1907 年的《彭德尔顿法》（建立一套文官选拔和奖惩机制）、1910 年的《竞选经费公开法》等立法过程，初步建立了反腐败法律体系。1925 年和 1939 年又先后颁布了《联邦反腐败行为法》和《哈奇法》（防止有害政治活动），最终建立起一套完整的法律体系。自明治维新以来，日本的反腐败法律体系建设也具有延续性特征，且法律条文制定总体上细致周详，如表 5 - 2 所示，特别是 20 世纪 90 年代以来，日本不断加大自身法律体系的完善力度，使本国的腐败控制指数实现了一轮明显跃升。这一时期，日本先后出台了《国家公务员伦理法》《关于公职人员等通过斡旋取得利益的处罚法律》《公益举报人保护法》等多项治理腐败行为的法律条文。同时，面对日益严重的国际化犯罪，日本积极参与国际间反腐合作，不仅先后加入了《关于条约法的维尔纳条约》《关于国际组织犯罪防止的国际联合条约》，还签署了《国际联合腐败防止条约》等，积极展开针对腐败在内的跨国犯罪的国际合作。近年来，俄罗斯开始大力推进"法治反腐"，先后颁布了一系列法律法规以推进国内的反腐立法，诸如通过了《反腐败法》草案，颁布了《监督国家官员开支法》《禁止官员拥有外国存款法》和新版《国家采购法》等四项法律文件。所构建起的腐败治理法律体系对中央和地方官员的行为，从法律和道德两方面进行了有效约束，起到了明显效果。此外，俄罗斯也积极加入相关国际条约，批准加入了《联合国反腐败公约》《欧洲委员会关于反腐败的刑法公约》，在反腐领域展开国际合作。由于俄罗斯实施这些措施的时间有限，效果尚有待观察。从总体来看，长期以来俄罗斯反腐法制体系建设滞后，反腐败法律框架尚不完备，国家领导人的命令和指示在国家反腐败斗争中扮演着过于重要的角色。

表 5 - 2 日本颁布的涉及治理污职行为的法律法规

年份	法律
1902	《县府职员服务纪律》
1911	《市町村职员服务纪律》
1907	《刑法》中制定"污职罪"（第 193 ~ 198 条）
1948	《政治资金规正法》
1949	《辩护士法》
1950	《司法书士法》
1950	《关于预算执行职员的责任的法律》
1974	《关于有限责任公司的监察等商法的特例的法律》

续表

年份	法律
1986	《关于旅客铁路有限责任公司及日本货物铁路有限责任公司的法律》
1993	《不正当竞争防止法》
1999	《国家公务员伦理法》
2000	《关于公职人员等通过斡旋取得利益的处罚法律》
2002	《中间法人法》
2004	《关于参与投标串通等行为的防止法》
2005	通过《公司法》确定了维护正当经营的体制
2006	《公益举报人保护法》
2008	《关于一般社团法人及一般财团法人的法律》
2013	《关于保护特定秘密的法律》

资料来源：本书根据收集资料整理。

从不同发展阶段来看，以美国、日本为代表的发达国家，均构建起了完善的反腐败法律体系，且具有持续性特征，特别是针对新出现的腐败行为，能够及时有效地以立法形式加以应对。同时，其反腐败法律体系还具有权威性特征，各领域间法律法规的统筹协调性较好，例如，国家最高立法机构制定相关法律法规均由国家领导人签署实施，使其具有至高无上的权威。同时，法律法规又能保障反腐败机构不受其他部门或个人的影响，可以独立、权威地运行。反腐法律体系能够涵盖公权力监督、政治献金、公务员财产申报、金融透明化、政府采购等多个领域，真正形成了多领域反腐法规相互配合的反腐败法律体系。以韩国、新加坡为代表的后起发达国家，随着法律体系框架的逐步完善，以法治腐、用法防腐的环境日益完善。这些国家在威权时代也多借助运动方式反腐，与法律权威相比，国家领导人的命令和指示对于反腐的作用显得更为明显。虽然国家也颁布了一些法律法规，但缺乏相应的实施细则和具体执行部门，法律最终也多被束之高阁，难以发挥应有效果。随着民主时代的到来，权力得到有效监督和制约，反腐法律体系建设开始被有力推动，反腐法律条文顺利实施的制度环境不断完善，反腐败效果日益显现。以中国和俄罗斯为代表的转型国家，从未停止过治理腐败行动，力度不可谓不强，范围不可谓不大，但多表现为运动式反腐，法律体系建设相对滞后，实施效果较为有限。近几年，随着这些国家反腐思路的转变和法治化的加快，反腐败法律体系建设也取得了良好进展，例如，自2008年以来，俄罗斯颁布了一系列反腐法律法规，涉及公务人员及其子女配偶的财产申报，官员金融活动监管、政府采购及招投标、捐赠等多个腐败易发领域，反腐败法律体系逐步得到完善，反腐效果日益显现。

二、反腐组织机构的运行措施和绩效比较

从各国治理腐败的历程来看，是否能够建立起多层次、不受不当公权力控制，且能够独立行使监督和处分权力的反腐组织机构，将决定能否将腐败空间压缩至最低，真正实现"不敢腐"和"不能腐"的治理目标。一般来讲，在法律层面，反腐机构能否高效运转的保障在于其是否具有形式上和实质上的独立性。其中，形式上的独立性表现在对机构人事的独立任免权和独立调查权上。

从治理腐败成效比较突出的美、日、韩等国的经验来看，反腐组织机构运转效率高、监管效果好是反腐成效好坏的重要原因之一。从表5－3、图5－3可以看出，国际上普遍认为较为清廉的美、日、韩三国2014年监管指数都超过了80分。其中，1996年韩国该指数只有66分，经过15年的努力2014年达到了84分，上升势头非常明显，这一时期该国法治环境相应得到大幅改善，法治指数由69分上升至81分，为反腐机构高效独立运转、成功遏制腐败提供了制度保障。

表5－3　1996～2014年主要国家监管指数变化情况

年份	日本	韩国	俄罗斯	美国	中国
1996	73	66	39	96	48
1998	69	62	30	96	37
2000	79	70	28	96	36
2002	66	75	43	94	33
2003	81	74	48	93	43
2004	82	75	50	93	45
2005	86	73	50	96	50
2006	87	73	39	96	49
2007	85	79	42	92	51
2008	84	74	39	93	51
2009	82	75	39	91	46
2010	82	79	40	91	44
2011	82	80	39	91	44
2012	84	77	39	88	44
2013	83	80	38	87	44
2014	84	84	37	88	45

资料来源：World Bank，2015. Worldbank Governance Indicators. Washington D. C.

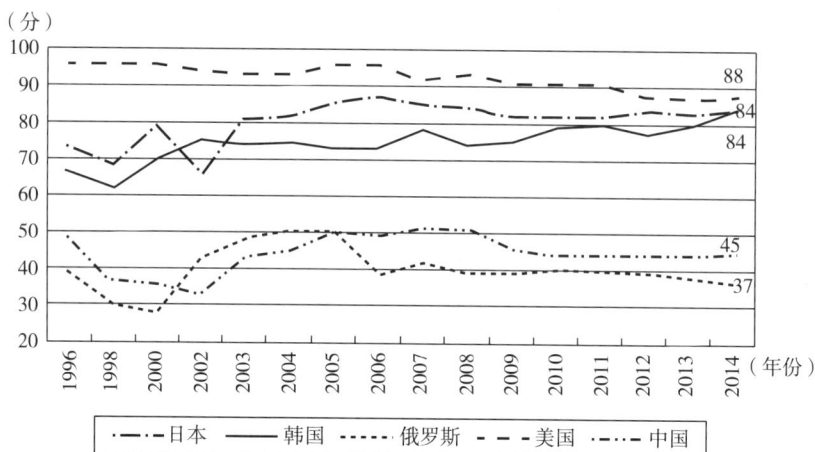

图 5 – 3　1996～2014 年主要国家监管指数变化情况

　　比较美、日、韩、新加坡等国的反腐败体系，都建立起了强有力、综合、独立且具有权威预防、监察、检查起诉的反腐机构。例如，日本的特别搜查部、美国的联邦调查局、韩国的反腐败委员会、新加坡的贪污调查局等都闻名全球，均是高效的反腐机构。这些反腐机构的共同特点是均直接隶属于最高领导人，实行垂直管理，拥有以法律形式保障的绝对权力和充足的资金、独立的人事任免权等，可以独立开展审计监督、侦查起诉和制度建设等工作，例如，自 20 世纪以来，美国近八成的腐败案件是由美国联邦监察机构依据《反腐败行为法》提出的诉讼，韩国的《反腐败法》赋予韩国反腐败委员会很大权力，委员会直接隶属于总统，组成成员的推荐、提名和任命均采用避免人为干扰的特殊形式，并规定有"连任限制和不得免职"等规定，保障了其开展工作的独立性和中立性。日本司法部门独立办案，不受国会和政府控制、干扰。作为打击贪腐案件的专门刑事机构，东京地裁、大阪地裁均设有"特别搜查部"，其工作专门负责查处政治家贪污、大规模偷税漏税以及经济贿赂案件，其中就包括轰动一时的田中角荣案。与之相对照，长期以来俄罗斯的反腐机构设置则存在明显缺陷，主要表现在机构间设置分散，部分权力又相互交叉，缺乏统一、独立和权威的反腐部门等。2013 年之前，负责全俄反腐工作的反腐委员会，虽然是全国最高反腐机构，由总统领导，但该机构主要负责向最高领导人提出相应的建议和咨询，缺乏实际权力。尽管联邦总检察院和联邦总侦查委员会主要负责腐败行为侦办，但又存在严重的职能重叠问题。为改变这一现状，2013 年以来，俄罗斯总统普京针对国家反腐机构职责不清等问题，新设了反腐败事务局，该部门主要负责各级官员的财产申报，以及监督和保障反腐败法律法规和政策的落实，统筹协调各反腐机构间的运作。同时，2014 年通过对《宪法》的修订，联邦总检察院的独立性得到强化，联邦总检察长的地位也在宪法中得到了保障，为联邦总检察院独立高效开展侦查检查行为提供了法律保障。

从不同发展阶段来看，以美国、日本为代表的发达国家，都建立了运行高效、独立、权威、层次多样、相互制约的反腐败预防、侦查、检查起诉机构。这些国家的共同特点是反腐败机构运行都有法律保障，法律明确了反腐败机构的权利义务，赋予了反腐败机构独立工作的权力，并在财权、人事等方面给予了充分保障。以韩国、新加坡为代表的后起发达国家，历史上都经历了腐败多发、越反越腐的教训，究其原因主要是，这些国家在威权时代的治理腐败法律体系不健全，反腐机构不独立、权力有限、易被掣肘，机构本身缺乏监督，导致反腐机构自身腐败严重等问题。在经历了民主制度改革后，政治制度更加完善，绝对权力逐渐受到约束，反腐败法律体系趋于完善；加之受法律保护的、具有绝对权威、不受干扰的、强大的多层次反腐败机构的相继成立，为这些国家的反腐败顺利开展夯实了基础，这也是近年来后起发达国家清廉水平大幅、快速提高的主要原因。以中国、俄罗斯为代表的转型国家，自 20 世纪 90 年代转型以来，均不断加大打击腐败力度，但由于法律体系尚未完全建立，机构间的权力架构还未理顺，虽然各类反腐败机构相继建立，但存在机构间反腐败职责划分不清、义务界定不明等问题，例如，俄罗斯具有反腐职能的机构就有监督局、国家法制局、内政局等，它们又各管一摊，相互掣肘，难以形成反腐合力。加之反腐机构自身不受监督，导致反腐败机构本身容易陷入腐败，腐败最终制约了国家经济的健康发展。但也应注意到，近年来随着这些国家反腐败机构的改革调整，反腐败法律体系保障功能不断完善，反腐败机构运行效率有所提升，独立性、权威性有所增强，反腐败效果得到改善，不敢腐的氛围正在形成。

三、社会力量参与监督的措施和绩效比较

社会力量参与反腐活动，一方面，可以对腐败集团形成强大的社会压力；另一方面，强大的社会舆论也是对反腐机构开展反腐活动的有力支持，为反腐机构获得非官方资源支持提供了保障，从而推动治理腐败工作的开展。从世界各国来看，治理腐败总体绩效较好的国家，都通过立法等形式，逐步建立便于包括新闻媒体、民间团体和个人在内的社会力量参与反腐活动的机制。政府通过立法等形式为社会公众监督反腐行为提供法律保障，不仅开辟了简便的举报渠道，还加大了对举报人的保护力度，加大了反腐信息和数据的公开力度。

总的来看，可以对腐败行为实施监督的社会力量主要来自新闻媒体、民间组织和个人力量三个方面。从新闻媒体对贪腐行为的监督来看，保障新闻媒体和记

者的独立报道权利，可以对官员和大企业形成强大的监督力量，一旦有官员出现不轨行为，媒体总能蜂拥而至对问题官员开展舆论轰炸，对问题官员的生活和仕途产生深远影响，最终使其身败名裂。在强大的新闻媒体监督压力下，官员不敢不奉公守法，自觉保持清正廉洁。例如，美国的新闻舆论已经被公认为是继行政、立法、司法之后的"第四权"，在一定程度上担负着改变美国政治环境、净化社会风气、遏制政治贪腐的作用。"水门事件"是新闻舆论对政府监督的著名案例之一，在整个事件中，新闻媒体发挥了很强的自主性，对整个事件的处理发挥了重要作用。从民间组织对贪腐行为的监督来看，在清廉程度较好的国家中，民间组织大都积极参与到对政府和官员行为的监督活动中，例如，韩国 38 个非政府组织联合成立的"公民宣传预防腐败法联合会"，自发进行反腐宣传和腐败监督工作。此外，韩国的民间组织"韩国透明国际"和政府相关部门合作建立了一套廉政评估指数体系，应用到对韩国各个公共部门腐败状况和腐败程度的评估之中。评估体系的设计、运作、评估过程都委托给民间组织负责承担，杜绝官方人为操作。日本民众自发建立起"全国公民权利代言人联络会议"，监督各级政府的日常工作。通过以上民间机构和组织的努力，这些国家很多腐败问题得以曝光和处理。从社会大众对贪腐的监督来看，清廉水平较高的国家都为民众参与对政府和官员的监督提供了便利条件和法律上的保护。其中，韩国的公民权益委员会（韩国特色的监察使制度）和日本的民间行政观察员制度，都是民众直接参与腐败监察的制度设计。同时，腐败检举人保护制度也是保障社会大众监督腐败权利的重要措施。韩国反腐败法规定没有举报人同意，不能泄露其个人信息。日本也制定了《公益举报人保护法》，用法律手段保护揭发腐败、舞弊等违法行为的举报人。美国在 1989 年颁布了《告发者保护法》，旨在防止被举报者对告发者进行打击报复。值得注意的是，随着互联网、大数据、云计算、移动互联网等新兴技术的快速应用，新的反腐民间阵地正在形成，特别是以分享和交流为主要目的的广播式社交网络平台，凭借其快速、高效、易参与、易传播的特点正在成为社会公众参与监督腐败的第四种力量。

从不同发展阶段来看，以美国、日本为代表的发达国家，社会公众参与反腐监督起到了非常积极的作用，社会力量已经成为并列于行政、司法、立法三权之外的第四权，对贪污腐败行为形成了强大的舆论监督力量。这种社会舆论对贪腐监督的环境也非一日形成的，回顾这些国家社会舆论参与监督腐败等违法行为的历史，最初阶段新闻媒体大都是党派斗争的工具，那一时期媒体普遍缺乏具有独立思维和客观立场的文章。随着国内法律日趋健全，对言论的保护日趋完善，以及民间进步思潮的兴起和民众受教育水平的提升，新闻媒体的客观性被社会广泛要求，为顺应这一进程和自身发展的需要，新闻媒体最终选择了回归舆论监督和客观公平的本源，对贪腐的监督力量逐渐形成并强大起来。以韩国、新加坡为代表的后起发达国家，在历史上都经历了由政府一家主导的反腐时代，政府自己反政府，再加上没有权利监督和法律保障，反腐最终多沦为打击政治异己和平民愤的工具。随着这些国家政体的完善，社会舆论自由的环境渐趋形成，新闻媒体对政府和官员行为的监督力度日益加强，很多大案要案都是新闻媒体首先介入，然后得到反腐机构响应并跟进调查。同时，国家也为民间团体和个人参与反腐提供必要保障。其中，韩国的NGO是韩国较有特点的一支民间参与反腐的力量，已经成为制度反腐的有益补充；政府也为NGO和个人参与反腐提供了相应保障，包括以法律条文形式保障了NGO的监督权利和对检举人的安全保护。以中国、俄罗斯为代表的转型国家，还未能充分发挥新闻媒体和社会民众在反腐败过程中的监督作用，社会舆论参与治理腐败的法律基础尚不完善，媒体和个人参与反腐可能会面临较大风险。政府反腐机构与媒体的良性互动机制不健全，社会媒体和个人所揭露出来的腐败线索可能难以得到有关部门的重视并核查，使社会力量在治理腐败过程中未能发挥出应有的作用。

四、总体绩效评价

从表5-4、图5-4可以看出，自1996年以来，美国和日本治理腐败的体制运行较为有效，持续保持着较高的清廉水平。其中，近年来日本腐败控制指数上升势头非常明显，已经超过美国成为世界上最为廉洁的国家之一。韩国的腐败控制得分也从1996年的65分上升至2014年的70分，进入到较为廉洁国家的行列。韩国腐败控制效果的改善始于20世纪90年代初，1992年以来韩国治理腐败活动进入到"制度反腐"的新阶段。这一阶段该国不断通过反腐法律体系建设、建立多层次反腐机构、鼓励社会力量参与监督，使韩国的廉政水平逐步由弱走强。值得注意的是，自建国伊始便开展声势浩大反腐运动的俄罗斯，虽然经过20多年的反腐历程，但时至今日腐败程度未有明显改观，腐败控制指数与20世纪90年代相比基本未变，仍处于世界排名垫底的行列。此外，自21世纪以来，我国的腐败控制指数总体呈现波动式缓慢上升趋势，近年治理腐败取得了良好效果，腐败控制指数上升较快，但总体仍然偏低，面临的腐败形势仍然较为严峻。

表5-4 1996~2014年主要研究国家的腐败控制指数情况

年份	日本	韩国	俄罗斯	美国	中国
1996	84	65	16	92	44
1998	83	65	18	92	46

续表

年份	日本	韩国	俄罗斯	美国	中国
2000	86	65	17	93	51
2002	82	70	22	93	34
2003	85	72	28	93	43
2004	86	66	25	93	35
2005	84	71	24	92	32
2006	90	65	21	90	37
2007	85	73	17	91	33
2008	86	68	12	92	35
2009	90	71	11	86	35
2010	92	69	14	86	32
2011	92	70	16	86	35
2012	92	70	17	89	39
2013	93	70	17	85	47
2014	93	70	20	89	47

资料来源：World Bank，2015. Worldbank Governance Indicators. Washington D. C.

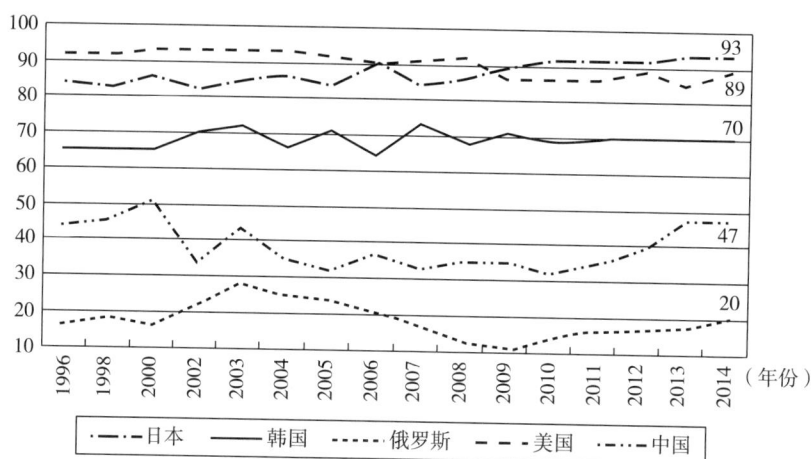

图 5-4　1996~2014 年主要研究国家的腐败控制指数情况

总体来看，美、日等国由于反腐体系建立较早，反腐机构运作成熟，民众参与度高，整体国家清廉水平处于世界前列。虽然韩国和俄罗斯治理腐败活动都始于 20 世纪 90 年代初，但效果迥异。其中，自叶利钦以来，俄罗斯历届领导人虽都奉行铁腕反腐政策，但由于尚未建立起完善的治理腐败法律体系，反腐机构运行效率普遍不高甚至沦为腐败工具，直接导致该国腐败严重程度改观缓慢，且存在陷入"越反越腐"的怪圈的可能。自 1992 年以来，韩国不断通过建章立制等手段，使国家治理腐败的制度环境、法律环境、组织环境不断完善，治理腐败活动取得了明显效果。

从不同发展阶段来看，以美国、日本为代表的发达国家，清廉程度明显好于后起发达国家和转型国家。清廉程度高最为主要的原因是建立了国家层面强有力的防腐反腐制度保障，这一制度表现为多层次、可监督、独立性以及权威性特征。建立了严密的治理腐败行为的法律体系。政府设立专门部门负责腐败行为的侦查和起诉工作，这些部门在形式上分属于不同的机构，但都具有独立性和权威性，可以不受干扰地开展工作。同时，新闻和舆论监督也为反腐提供了重要保障，政府通过立法形式保障了新闻媒体的独立性，客观上使其监督职能可以得到充分发挥，政府还采取有效措施充分保障民众对腐败行为的知情权，鼓励民间团体和个人对腐败行为的检举揭发。以韩国、新加坡为代表的后起发达国家，经历了早期阶段权力的高度集中，这有利于政令通达，凭借全国力量发展经济，但同时由于权力过于集中，反腐体系尚未建立，使国内政经两界的贪腐贿赂之风横行。当民怨沸腾之时，尽管政府也会采取一些高压手段对腐败加以打击，但多停留在运动式反腐层面，随着政权更替，腐败之风难免再次横行。以上情况随着政治体制完善得到了有效改观。从反腐治污角度来看，建立独立且有权威性的反腐法制体系为腐败治理提供了制度保障，加之随着对舆论和媒体的开放度逐步提升，社会力量参与治理腐败的积极性日趋高涨，最终形成了上下一体、协调有序、相互监督、法律保障的治理腐败体系，在此带动下，两国的清廉水平得到了大幅提升。以中国、俄罗斯为代表的转型国家，都经历了国家经济制度从计划经济向市场经济转轨，由于在体制转型时期，特别是向市场经济转轨时期，大量的国有资源被官僚或经济寡头低价占有，因此，社会贫富差距拉大。加之，又由于经济体制改革的不彻底，政治权力过多地占有资源和参与到国民经济活动中，使一些领域市场机制出现失灵，因此，寻租贪污贿赂现象时有发生。在制度尚不完善的背景下，对腐败的治理均多以运动式反腐开始，最终也多以抓一些腐败典型的方式结束，治理腐败的制度体系尚未完全建立，反腐机构较为分散，开展治理腐败的法律保障不够充分，媒体难以充分行使对反贪治腐的监督权。这使转型国家国内清廉程度虽然有所好转，但与发达国家和后起发达国家相比，仍存在一定的差距。

第二节 治理地下经济的措施和绩效比较

从全球范围来看，地下经济规模巨大，交易行为多样，如表5-5所示。发达国家由于市场经济制度完善、法制环境较好，地下经济规模普遍小于发展中国家。地下经济的存在不仅使外界难以准确把握当事国的经济规模，还造成大量财富游离于监管之外，导致税收流失和犯罪多发，威胁各国宏观经济体系稳定，严重损害社会公平正义环境，侵蚀国家财政收入，严重扰乱市场正常秩序，地下经济已经成为各国着力打击和治理的重大经济社会问题。

表5-5 地下经济所涉及的常见交易行为

非法买卖、补助行为		不正当交易行为	逃税、损失拖延	其他
品牌假冒	赌博机器买卖	非法融资	地下外汇交易	不明收入
盗版软件	ATM机改造	假币交易	低税率国家非法汇款	医生等收取的红包
贵金属等鉴定伪造	非法赌博行为	地下钱庄	为逃税设立的虚拟企业	偷窃
矿产盗采	照片盗摄	信用卡套现	跨国企业逃税行为	券、票等倒卖
偷盗品贩卖	蛇头交易	不正当侦查行为	套取退税等的伪装交易	违法香火和布施钱
不正当古董交易	非法诊所	无许可废品回收	报表粉饰等	虚拟货币
盗猎动物交易	非法体育博彩	封建迷信活动	走私等逃避关税行为	宗教团体未申报的捐赠等
病毒等恶意软件行为	违禁品运输行为	企业补助金套取	不主动申报收入行为	捐赠物品违法贩卖
珍稀动植物买卖	违法电话营销	雇用"托儿"	黑市	赌博行为
个人信息买卖	违法小广告	非法借用名义	隐匿财产	违法占道经营
银行账户	违法网站服务	儿童买卖	滥用税收优惠政策	乞讨行为
垃圾非法清运	违法国际婚姻			非正规劳动
保护费	违法广告行为			药物买卖
伪造证明文书	违法户籍买卖			卖春买春

续表

非法买卖、补助行为	不正当交易行为	逃税、损失拖延	其他
无资格证行为（黑导游）	违法信息买卖		武器交易
签证伪造	免税品倒卖		无许可出租车
汽车号牌伪造	工业废弃物违法买卖		非法器官买卖
标识伪造	空壳企业买卖		著作权侵害
证据伪造	违法信息消除		
票据伪造	电话诈骗		

资料来源：本书根据搜集相关资料并整理。

从美、日、韩等国治理地下经济的经验来看，普遍针对地下经济产生的经济社会根源，围绕规范法律法规环境以实现压缩地下经济发生空间、通过金融改革以实现抑制地下经济发生土壤、理顺经济社会矛盾以实现压制地下经济发生动机、限制现金交易以实现打击金融领域犯罪并动摇地下经济发生根基等方面开展对地下经济行为的治理活动，均取得了良好效果。

一、美国通过完善法律压缩地下经济发生空间

经过连续几十年的努力，美国的地下经济规模逐渐缩小，成为世界上地下经济占 GDP 比重最小的国家之一。美国政府主要从以下几个方面治理地下经济：一是通过完善法律法规打击犯罪行为、治理违法经济的发生，例如，2006 年开始实施的《禁止违法网络赌博法》就限制通过金融机构对违法赌博网址的汇款。针对金融领域地下经济易发多发的特点，通过立法压缩地下经济发生空间。例如，围绕洗钱等地下经济易发的违法犯罪活动，美国先后颁布了《银行保密法》《控制洗钱法》《阿农奥—怀利反洗钱法》《禁止洗钱法》等法律法规，通过以上法律体系的建设，对洗钱行为进行专项打击，目前美国的"洗钱罪"基本包括了金融交易环节的洗钱行为、运送货币工具跨越美国边境的洗钱行为以及以非法财产进行金融交易等犯罪形式，使以上犯罪活动均在法律法规的覆盖范围之内；二是采取措施抑制地下经济发生的动机，例如，食物券是美国政府救济穷人的社会福利措施之一，只能用其购买食品及非酒精饮料，法律禁止任何食物券买卖行为，从而杜绝了通过食物券倒买倒卖来套现的可能性。在此基础上，近年来为削减行政成本，食物救济券被借记卡形式的 EBT 卡所代替，食物券持有人可以在使用 EBT 卡系统结算的零售商处进行消费，同时政府也采取相应措施禁止 EBT

卡的转让和买卖，从而有力地打击了倒买倒卖政府福利的行为，抑制了地下经济的发生空间。

二、日本通过完善法律和动机抑制降低地下经济的潜在发生率

日本地下经济规模总体处于发达国家中的较低水平。2010 年日本地下经济规模占 GDP 比重约为 11%，为全球第五低的国家。[①] 依照该比重计算，当年日本的地下经济规模约为 55 兆日元。从日本地下经济的构成上来看，偷税漏税规模占比最大，达到地下经济总规模的 73.3%，黑社会的非法收入规模占比约为 10.7%。此外，医生不法红包收入规模达到 2700 亿日元，占比约为 1.4%，如图 5 - 5 所示。

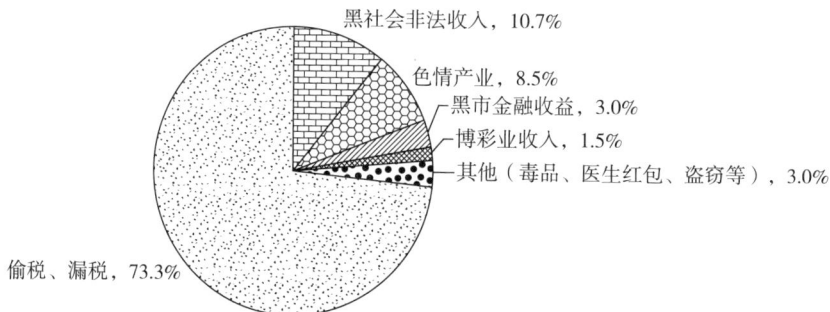

图 5 - 5　2010 年日本地下经济构成

日本治理地下经济的经验主要是完善治理地下经济的法律环境以及从动机抑制的角度对地下经济产生的根源加以治理。日本政府在法律方面做了大量努力，逐步完善相关法律法规，例如，1996 年通过对《宗教法人法》的修订，使宗教法人的财务披露成为义务。1999 年成立了《关于为犯罪搜查实施的通讯监听的法律》，授予了警察电话监听的权限。2003 年通过《民法》修正，使"占有屋"[②] 问题得到根治。2005 年通过对《不动产登记法》的全面修订，使登记簿实现完全在线化，从而大幅降低了"地面师"[③] 问题的发生率。此外，通过《移动电话不正利用防止法》的实施，使手机实名制得到强化。2008 年对《户籍法》和《居民基本台账法》进行了部分修改，户籍迁出和居民异常移动等必须提供

---

① Shadow Economies on the Rise around the World [J]. Businessweek, 2011 (7).

② 从事非法占据他人不动产的从业人员的俗称。

③ 利用土地进行欺诈的专业犯罪人员或集团。

身份证明，从而使相关欺诈行为得到有效治理。另外，2008 年着眼于斩断黑社会资金来源，《关于防止暴力团成员不当行为的法律》被批准实施，有效减少了黑社会的资金收入和涉黑犯罪行为的发生。2008 年实施的《关于防止犯罪收入转移的法律》规定，超过 10 万日元的现金转账、超过 200 万日元的大额现金提取都要提供身份证明，从而有效减少了不法资金流动。同时，从动机抑制角度出发，日本政府也做了大量工作治理地下经济的发生根源。例如，针对因生活困苦、借钱及赌博等原因发生的地下经济行为案例较多的现状，一方面，政府通过生活救助、公租住房等领域加大了社会安全网的扩充；另一方面，还对借钱总额进行了总量限制，同时还努力提供廉价而健全的公共娱乐设施，使地下经济发生的动机得到有效管控。

三、韩国通过金融市场改革铲除地下经济发生的土壤

近 30 年来，韩国的地下经济规模占 GDP 比重呈现持续下降走势。据 2011 年韩国租税研究院发表的研究报告《地下经济规模的测算和政策建议》显示，如表 5－6 所示，1990 年韩国地下经济规模达到 28.7%，之后占比呈现持续下降走势，至 2000 年减少到 GDP 的 23.7%。2000 年以来至今，下降速度进一步加快，2008 年地下经济规模占 GDP 比重已经下降至 17.1%。韩国地下经济规模之所以显著缩小，主要得益于 1990 年以来开展的以金融实名制和不动产实名制为代表的金融市场改革，以及 2000 年之后的信用卡和现金收据使用奖励等促进交易透明化的政策也发挥了积极作用。

表 5－6　韩国地下经济规模占 GDP 比重推定

推定机构	推定年份	推定规模
崔广准教授（音译）	1985	2%～57%（1963～1984 年）
韩国经济研究院	1986	20%～30%
第一经济研究所	1988	47%
租税研究院	1990	28.7%
新韩综合研究所	1993	20%
租税研究院	2000	23.7%
租税研究院	2008	17.1%

资料来源：根据韩国每日经济报整理。

金融实名制在韩国治理地下经济以及反贪腐活动中发挥着非常重要的作用。1993 年，韩国政府发布了《紧急财政经济命令》，促成了"金融实名交易"的立

法和实施金融实名制，从而使金融交易实名化通过立法的形式制度化。实施金融实名制最大的政策意图是从根本上改变长期以来为达到逃税和隐瞒财产的目的而横行的"假名交易""借名交易"等不法行为，从而促进公正且透明的金融交易制度的建立。其主要内容可以概括为四条：第一，实名使用的义务化。即在1993年8月12日以后，金融机构所有金融交易必须实名化。第二，对既存非实名资产的处置。处置内容包括对实名制以前开设的账户，在实名制以后初次交易时，必须进行实名化；从实名制实施之日开始计算两个月为实名转换的义务期间，既存非实名资产的交易人在这一期间内必须完成实名转换；未在该期间进行实名转换者将受到包括处以每年最低10%、最高60%的罚金等相应处罚。第三，强化对金融信息的保护。第四，对违反金融实名制的处罚。对违反实名金融交易的金融机构工作人员将处以500万韩元的罚款，对违反信息保护规定的职员将处以三年以下的刑罚或2000万韩元以下的罚款。从金融实名制实施以后对地下经济的影响来看，不法行为发生的动机在很大程度上得到了抑制，地下经济的规模和影响持续减弱，在一定程度上降低了韩国经济的不确定性，金融交易效率明显提升，经济增长活力提高。

四、多国通过限制现金交易减少地下经济

鉴于广泛的现金交易，容易为洗钱、贪污行贿和其他相关地下经济活动的发生创造条件，所以欧美等国家治理地下经济较为常见的方式就是限制现金交易。例如，法国禁止3000欧元以上的现金结算。意大利则于2012年2月实施了《意大利救济法》（又叫《高额现金决算禁止法》），1000欧元以上的现金决算被视为违法行为。作为《逃税对策法》的一环，西班牙同样禁止2500欧元以上的现金决算，由于西班牙建筑业者间的现金支付较为普遍，随着《逃税对策法》的实施，为了逃避附加增值税及所得税而普遍采取商品或服务以现金支付的惯例将被禁止。此外，俄罗斯也禁止10万卢布以上的现金决算。瑞典的电子货币普及率相对较高，绝大多数市民均通过线上支付和银行卡进行交易，目前，该国的现金交易只占国内年度全部交易的3%，而较少的现金交易量使该国贪腐行贿、偷税漏税以及偷窃抢劫等犯罪活动大幅减少。以色列也是禁止现金交易较为彻底的国家之一，目前，以色列国内相关法律规定，涉及1万谢克尔（约合2550美元）以上的商业交易，以及5万谢克尔以上的个人交易不得使用现金；超过限额的商业和个人交易需要通过银行转账或电子账户、电子借记卡等完成。从以上国家禁止现金交易的经验可以看出，禁止现金交易一是可以加强国家税政管理，强化财经纪律，使偷税、漏税难以发生；二是减少货币发行成本，从根本上杜绝假币的发生；三是通过禁止现金交易可以强化对腐败和洗钱行为的打击力度，使非法交

易难以逃避银行监管。这些作用均有助于抑制地下经济的发生发展。

第三节　治理灰色收入的措施和绩效比较

从灰色收入发生的原因来看，主要有三种：一是由于法律、制度不健全或缺陷产生的灰色收入，法律没有对全部交易行为实现全覆盖，导致部分交易行为介于合法和非法之间的模糊地带，例如，对垄断市场和寡占市场的监督不到位，导致我国垄断行业收入明显高于竞争比较充分的行业，特别是金融、烟草、电力、电信、水电气等公共事业行业利用垄断力量制定有利于本企业的交易条款，获取更多企业收益，这些行业从业人员的收入也普遍高于其他行业，有些垄断行业职工平均工资甚至高出全国平均水平数倍。二是对一些特殊职业行为缺乏有效监管所产生的灰色收入。例如，对公务员、执业医师及教师等群体缺乏有效监督，导致这些群体利用手中的权力或技能获得工资外收入，这些收入的获得往往具有隐秘性特点，常游离于监管之外。这部分灰色收入往往具有特权化、公款化或资源化特征，其"特权化"体现在手中掌握一定行政权力的国家公务人员，利用权力收受礼金礼品，或领取单位发放的所谓福利和补助等。"公款化"特征体现在一些机关企事业单位的公款成为灰色收入的主要来源，通过私设小金库、做账外账等手段，将部分公款变相为私人收入或者私人福利。"资源化"特征体现在医生或教师等从事公共事业的从业人员，利用手中资源的稀缺性，以红包、补课费等形式，从被服务对象手中取得的一部分收入。三是没有形成立法、执法和监督三位一体治理的灰色收入治理体系，导致要么无法可依，要么有法不依、监督不力所产生的灰色收入。例如，由于缺乏对行政部门的有效监督，一些部门利用手中权力如行政许可或审批，从事寻租行为。这里需要强调的是，公职人员的灰色收入严重的话则可能转化为贪污受贿收入。美、日、英等发达国家在发展过程中，针对灰色收入问题积累了丰富的治理经验。

一、通过收入规范化治理灰色收入

收入规范化是治理灰色收入最有效的手段之一。美、日等发达国家都建立了严格规范的收入和财产申报制度。例如，在美国任何一笔工资外收入都需要由本人和报酬支付方分别进行纳税申报；日本对于灰色收入采取的态度是无论来源和取得方式如何，只要该部分收入在得利者管理支配下，都要成为课税对象。英国税收征管一是采取纳税人自我评定制度，纳税人自行进行估税申报，税收部门在纳税人自估基础上进行税收评定和税款征收，如果发现有瞒报等情况则进行违法调查。同时，根据纳税人对税法的遵守程度实行分类管理，对信用程度较高的纳税人采用自我服务原则，对信用程度不高的纳税人则加强对潜在瞒报行为的检查和审计，从而实现对收入申报不实的纳税人的威慑。大多数欧盟国家则采取自行申报和源泉缴扣的纳税程序，自行申报的申报表由有工资外收入的雇员填写，而源泉缴扣则是由企业从支付的款项中预扣税款，并向当地税务机关缴纳。可以说，自行申报和源泉缴扣两种方式起到了有效监控个人收入来源的作用。新加坡先后颁布了《财产申报法》等法律，构成了新加坡财产申报的法律体系。新加坡的财产申报制度具有以下特点：一是申报主体范围大，不仅包括公职人员，还包括国企事业单位等职员；二是申报内容翔实，包括本人、配偶以及其他家庭成员所拥有的不动产、汽车、银行存款、有价证券以及其他财产性收入等；三是审查严格，申报财产以后还需要由反贪调查局审核，例如，发现与实际收入不符，将被认定为不当得利，必须进行相应的审查和追究。另外，发达国家的税收监管部门也有效履行了监管职责。不申报或隐瞒遗漏的纳税人，将面临入狱等严厉制裁，有些国家还将纳税人不良申报记录与用户个人信用等级以及社会福利制度等挂钩，进一步加大了不实申报收入者的违法成本。

二、通过职业监督降低职务侵占

对于一些掌握稀缺资源，容易发生红包、回扣等灰色收入的特殊职业，国外一般都采用严格的职业监督手段，对这些不当职业行为进行约束。例如，对执业医师的监督，在美国，由于大部分民众都通过医疗保险来支付医药费用，所以如果医生处方不合理，则保险公司会和医生进行交涉，这样的制度设计客观上对医生形成了一种无形制约。此外，如果查实医生收受红包、回扣，则立即吊销医生执照，而且终身不得再行医，可见收受红包等违法行为的成本非常之高。在以上监督机制的作用下，美国医生的灰色收入空间得到有效压缩。日本对医药行业不正行为则采取"行业驱逐制度"，对相关腐败行为进行严厉惩罚，如果医生收受红包等行为得到证实，不仅面临刑法处罚，而且还会被与医药相关的医院、医药、保健等行业驱逐，终身无法再从事以上行业的工作。德国则主要通过相关法律法规的建立和完善，以法制手段来净化医药卫生领域，医生等行业从业人员收入受到严格清查，一旦发现有违法收入，立即取消行医资格，这样的处罚力度对违规医生产生了强大的威慑力量。另外，日本对于公务人员的职务规范非常严格，先后颁布了《国家公务员伦理法》《斡旋利得处罚法》《公职选举法》等法律法规，对公务人员利用自身职权和影响力获取报酬的行为进行严格监管和制裁。新加坡对公务人员也进行了严格约束，其《公务员纪律条例》规定，公务员不得接受公众的礼物和款待，确因公务所接受的礼品则必须如实报告，价值高于 50 新元必须交公，否则以贪污受贿罪起诉，将会面临 5~7 年的牢狱，按入职以来薪金 40% 比例积累的全部养老金及公积金上缴国库。可以说，这些监管措施使医生、公务人员获取灰色收入得不偿失，有效抑制了获取灰色收入行为的发生。

三、通过制度建设强化对灰色收入征税

制度建设是规范灰色收入的重要保障。从灰色收入治理较好的国家来看，都建立了一整套监督收入来源、规范收入申报、强化税收征管的制度体系，如前所述的个人所得税申报制度，以及财产申报制度。特别是作为增加灰色收入行为成本的有效手段之一，无论其来源和获取手段如何，对灰色收入征税是发达国家的通行做法，客观上起到了抑制违法行为的作用。德国的《租税通则》第 40 条规定："实现税法构成要件之全部或一部的行为，不因其违法、法律之命令或禁止，或违反善良风俗而影响其租税的课征。"围绕灰色收入是否课税问题，由于对法律的理解不同，美国经历了数十年的努力，最终最高法院通过若干标志性判例，逐步统一了认识，规范了制度实践。1913 年美国国会颁布了联邦宪法第十六条修正案，该修正案赋予国会向人民的各种收入来源进行征税的权力，但同年 10 月颁布的《收入法》则规定，应对所有合法的经营行为课税。由此产生了对灰色收入是否应该征税的长期争论。最终，通过 1961 年的吉姆斯案，最高法院认为美国税法对收入是否课税的观念是该项收入无论合法与否都必须纳税，即使因为非法手段所得到的非法收入，即使对其并无请求权，未来也有归还受害者的义务，该部分非法收入仍然需要纳税。因此，吉姆斯案至今被广泛认为是灰色收入应当课税的指标性案例。对灰色收入课税，进一步加大了灰色收入获得者的违法成本，起到了抑制灰色收入发生的作用。

第四节　治理偷税、漏税的措施和绩效比较

在市场经济体制下，税收具有组织财政收入、配置经济资源、调节需求规模、调节经济结构、调节收入分配、保护国家权益、监督经济活动等作用。广泛的税基、合理的税率、适当的税负规模、平衡的税制结构、公平的征管制度等都是一国经济社会能否实现健康平稳发展的重要保障，因此，税收制度体系建设历来受到政府的高度重视，由于税制缺陷带来的偷税、漏税等诸多问题也成为政府努力治理的内容。

偷税、漏税行为在世界各国均普遍存在。据美国劳工部和国内收入署的统计显示，因偷税、漏税造成的税收损失占地下经济规模的一半以上。2010 年，在日本 21.9 兆亿日元的地下经济总规模中，偷税、漏税占比就达 73.3%。德国每年偷税、漏税规模约为 5 亿欧元。发展中国家偷税、漏税现象则更为普遍，金砖国家中巴西、印度等国的税收流失率约为 50%。可以说，严重的偷税、漏税行为会危害国民经济安全，破坏经济社会发展基础，损害公平正义环境，减弱政府的经济调控能力。因此，长期以来，各国政府普遍采取多种措施，积极治理偷税、漏税行为。

一、加大对偷税、漏税行为的惩治力度

发达国家治理偷税、漏税多采用制定和完善相关税收法律，加强国家在税收征管上的执法权，以及加强对偷税、漏税行为的打击力度等手段，保障国家税收不受侵犯。经过几十年的长期努力，美国已经建立包括财产申报制度、个人所得税申报制度在内的一整套监督收入来源、规范收入申报、强化税收征管的制度体系和惩罚措施，以实现规范纳税行为，打击偷逃税犯罪的目的。美国的税收申报检查程序非常严格，税务当局要求报税人提出的税款申请必须通过注册会计师签字背书。税务部门将申报人所交的报税单输入电脑，其中被录入的纳税单中有 2% 的比例面临抽中进行税务检查的风险，一般情况下要被检查三年内的账务申报材料，例如，错误率超过 25% 以上，则查账范围将延长至六年。同时，美国对于违反税法行为的处罚非常严厉，处罚规定非常细致，如"纳税人不按时报税者面临每月罚 5% 的税金"到"对于逃税欺诈行为罚 75% 的调整额税金""对故意不报税或不提交税务部门所需资料者，处以最高 2.5 万美元罚款和最高一年的刑罚"等，处罚轻重程度十分分明，起到了有效震慑偷逃税行为的作用。早在 1959 年就日本颁布了《国税征收法》和《国税征收法施行令》，通过法律形式赋予税务征管部门强大的执法权力，以及征收、处罚拖欠税款的权力。新加坡针对代购等新型交易行为易发生偷税、漏税等违法行为问题，通过加强信息共享和强化国际合作来打击跨境偷税、漏税犯罪活动。近年来，新加坡先后认可了多项在税收信息共享领域的国际标准，还通过"经济合作与发展组织"签署税收征管互助公约，实现与全球 83 个国家和地区在税务领域的信息共享，从而提升了该国打击跨境偷税、漏税等犯罪活动的效率。此外，韩国政府以调查前总统全斗焕长子海外开立秘密账户和逃税等案件为契机，加大了对富人海外逃税等违法行为的追查力度，取得了良好效果。

二、完善机构和税制设计减少偷税、漏税发生的漏洞

目前多数国家建立了中央和地方两套税收征管系统，它们拥有各自的职责范

围，能够做到相互协调配合。同时，税务部门内部还设置了诸如征纳、检查等部门，通过这些部门的设置，实现征管机构税收征管功能和征管效率的不断完善和提升。为了打击偷税、漏税等不法行为，美、日、新加坡等国还建立了一支税务警察队伍，专门肩负对税务违法行为的侦查和打击任务，确保国家税收征管的严肃性。

　　税收征管是一项复杂工程，不仅包括前期纳税申报，还包括后期发票管理和源泉扣缴以及预付暂缴等制度环节。这些制度环环相扣，需要分工明确才能有效制约税收流失的发生。因此，税制设计不清、分工模糊是造成一些国家偷税、漏税多发的重要原因。进一步细化税制设计，减少可能发生税收流失的环节，降低发生偷税、漏税的概率是治理偷税、漏税的有效举措。发达国家为此都规范了税收申报制度，企业纳税采用以自行申报为基础的分期预付暂缴制度和年终结算申报制度，例如，美国规定所有公司都有自行预估所得额及暂缴税额的义务，预估时一般以上一年度应纳税额为预估基础，如预估暂缴税额低于本年应缴税额的8%，那么需要对低估部分加征短估金。企业纳税申报的同时还需要随附同期的财会报表等资料，从而实现纳税信息的相互印证。严格实行纳税人登记编码制度，运用信息化手段管理纳税人信息，日本还通过设置不同的纳税申报表来区分纳税信用等级，诚实守信的纳税人可以申请到蓝色的纳税申报表，而财务制度不健全或存在其他问题的纳税人只能使用白色的纳税申报表，以增强依法纳税的意识。同样，韩国则推行个人所得税绿色报表申报制度，起到与日本蓝色申报表制度相同的作用。发达国家还基本都采用了严格的发票管理制度，对增值税等专用发票实行严格管理，几乎全部购销活动都要开具专用发票，提升了购销单位间专用发票的交叉核对范围和效率，客观上起到抑制偷税、漏税行为发生的作用。例如，英国、韩国通过对增值税专用发票的大范围双向交叉核对机制，很好地起到了对纳税人偷税、漏税行为的威慑作用。信息化技术的普及也为杜绝征收漏洞、共享征管信息、提高征收效率提供了有效的技术保障。目前，不少国家都设置了全国性的征收信息控制中心，实现全国联网，从而建立严密的税收监控网络，例如，20 世纪 60 年代，美国就大范围地运用计算机技术，使全国的税务系统可以高效、统一地完成纳税申报处理、各项所得税的清缴、各种资料存储、税收稽查、票据真伪鉴定等工作，有效防范和打击了偷税、漏税行为的发生。通过细化征收征管各环节的设计，明确了相应环节的责任，有效降低了因某一环节制度漏洞导致偷税、漏税发生的概率，大幅提升了征管效率。

三、降低宏观税负水平减少偷税、漏税的发生

　　税负环境对于微观主体的行为有一定影响，政府税负过高将提高偷税、漏税

行为的收益，从而在一定程度上刺激偷税、漏税行为的发生。因此，一些国家某一领域税率过高，会导致地上行为地下化，就是税负环境对微观主体行为影响的典型例证，部分行业或工作通过转移到地下进行，不向政府申报经济报酬，由此产生的偷税漏税行为相应增加。因此，降低企业和个人的税费负担水平，也是治理偷税漏税的重要手段。对此，国际上多采用合理设定税率，将现有税率适度降低等方式来控制税收流失。为降低由于税率爬坡引发的税负上升，国际上还普遍设计出税收自动指数化调整机制，或定期税收豁免等级上调机制，以实现抵消通胀所带来的实际收入下降的影响，从而弱化纳税人偷税漏税的动机。例如，美国自 20 世纪 80 年代以来实施的税制改革，通过降低税率、拓宽税基和税制简化等手段，减少税收的大面积流失。特别是 1986 年，美国一次性取消了 60 余项抵免税及扣除，仅投资抵免就使美国在五年内增加税收 1500 亿元；同时，通过保持合理的税负水平、降低税率、实施税收自动指数化调整或定期税收减免等级限额调整等手段，减弱纳税人潜在的偷税、漏税动机。近年来，俄罗斯针对国内企业及个人税负水平过高，税收流失严重等问题，也通过不断完善税制、消除税制漏洞、取消不合理收费、降低税率等手段切实降低企业税费负担，为治理偷税、漏税创造出宽松的税收征管环境，取得了一定的效果。

第五节　非法非正常收入治理的
国际经验对我国的启示

近年来，随着我国市场经济环境的不断完善和经济体制改革的深入推进，政府逐步加大了对贪污腐败、偷税漏税、地下经济、灰色收入等非法非正常收入的治理力度。其中，以打击腐败行为最具标杆性意义，"惩治和预防腐败体系基本框架初步形成，反腐倡廉建设科学化水平不断提高，一些领域消极腐败现象滋生蔓延势头得到遏制"[①]。反腐败成效日益明显。但总体来看，我国治理非法非正常收入的任务依然繁重，仍以腐败为例，从世界银行腐败控制指数、法治指数、监管指数等一系列反映一国政治清明程度的指标来看，我国的清廉水平仍然处于世界较低水平，反腐败的制度体系仍需完善。因此，从围绕治理非法非正常收入的制度建设、机构设置、国际合作等方面，有必要借鉴和吸取发达国家的经验教训，进一步完善和加强我国的非法非正常收入治理。综合前述发达国家对非法非

---

① 中共中央纪律检查委员会向党的第十八次全国代表大会的工作报告。

正常收入的治理经验，可以得到一些对我国非法非正常收入治理有益的启示。

一、建立健全科学协同的法治体系

非法非正常收入的治理机制只有得到法律的有效保障才能实现持续有序治理。从美、日、韩等发达国家的治理经验来看，都建立起了比较完善的相关法治体系。为保障监督检查机构工作顺利开展，每一机构职能行使的独立性和权威性都以立法形式得到保障。同时，机构内部设置上也采取若干措施，为其能够独立开展工作和杜绝自身违法违规行为的发生设置了高门槛。例如，《反腐败法》赋予了韩国反腐败独立委员会极大的监管权力，同时，机构内部也制定了"连任限制和不得免职""聘请专家委员"等规定，保持其独立性和权威性。履行监察职能的韩国监察使制度，其工作开展的独立性和中立性也由《行政法规与民事诉求组织法》赋予。另外，健全的财产申报制度也是有效制约乃至杜绝非法非正常收入的重要举措，发达国家一般都以立法形式规定了强制公职人员申报个人财产、财产来源及各种投资活动的义务。还应注意，建立自我纠错机制是法律体系能否堵死制度漏洞、实现自我完善的关键。例如，工程竞标过程中出现的贿赂曾是日本贪腐行为的一大特征，针对这一问题屡禁不止，日本专门量身定制了"公共工程公平竞标妨害罪"，专门惩治这一犯罪行为，取得了良好治理效果。

二、健全市场经济体制

从发达国家的治理经验来看，这些国家的市场经济体制比较完善成熟，竞争比较充分，契约化、法治化保障程度高，垄断、寻租、地下经济等非法非正常收入来源得到了较为有效的控制。从我国改革开放以来，灰色收入、贪污腐败、地下经济、偷税漏税等产生的非法非正常收入的扩大趋势来看，显然与我国在由计划经济体制向市场经济体制转型过程中，尚未完全建立起完善的市场经济体制，仍存在不少制度真空地带和权力"寻租"空间。以灰色收入为例，行政审批、国企垄断以及体制内人员收入分配不合理等是其产生的主要原因，而以上这些问题均与我国经济体制改革尚未完成有很大关系。因此，对于治理非法非正常收入，应继续深化经济体制改革，继续做好顶层设计，破除体制机制障碍，加快建立起一套完善的中国特色市场经济体制，发挥市场机制在资源配置中的决定性作用，减少行政权力和垄断行为对市场机制运行的干扰。具体有以下四点建议：一是加快垄断行业改革，建立以市场为导向，价格为杠杆，充分竞争的市场体系，打破一些长期民间资本进入被国企把持市场的行政壁垒；二是深入推进简政放权，压缩由于行政审批制度带来的灰色收入生存空间；三是推进事业单位改革，推动学校、医院和科研院所去行政化，加强职业监管；四是进一步深化税收征管改革，建立现代化税收征管体系，杜绝税收征管漏洞，有效降低微观主体的税负水平。

三、构建多层次治理的社会体制环境

从美、日、韩、新加坡等国的治理经验来看，层次分明、相互制约又独立合作的社会体制环境是治理非法非正常收入的关键。不仅包括直接参与治理非法非正常行为的微观制度环境，还包括宏观政治环境。从政治环境的建立来看，以韩国为例，纵观其50多年治理非法非正常收入的历程，虽然前期由历届政府主导的反腐败、反灰色收入和地下经济运动轰轰烈烈，但由于政治体制相对落后，在威权主义下由政府发动的运动式治理活动最终成为当政者铲除异己、消除政敌、巩固政权的政治手段，经常陷入越反越腐的循环，进而失去人民的信任。自20世纪90年代初以来，韩国的政治制度改革改善了治理非法收入的宏观环境，在权力被有效约束和监督的条件下，宪法和法律法规得到尊重和落实，韩国治理非法非正常收入的效果明显好转，社会清廉水平、法制水平和监管水平均进入世界前列。另外，作为社会治理体系的重要一环，微观治理机构自身的制度建设可以直接影响非法非正常收入的治理效果。例如，以治理腐败为例，韩国主要建立了三个层次的反腐败机构，即以监察院为代表的监察监督机构、以大监察厅为代表的侦查起诉机构、以公民权益委员会为代表的预防腐败机构。一方面，这三项机构涵盖了反腐败的三个重要环节；另一方面，由于法律赋予各机构独立性和中立性，这些机构都可以独立开展工作和选拔人才，因此，不受隶属上级机关的制约和掣肘。正是由于以上这些相互制约又相互独立、相互合作的宏微观制度设计，有效保障了韩国对非法非正常活动的高效治理，同时也降低了这些机构自身陷入腐化的可能性。

党的十八大以来，我国中国特色的社会主义政治制度环境日趋完善，运转效率明显提升，微观监察监督制度建设得到完善，不敢腐的社会氛围正在形成，非法非正常收入的治理得到较大幅度的改善，也充分说明了治理非法非正常收入的宏微观社会体制环境建设的重要性。

四、提高直接治理机构自身的运转效率

从发达国家的治理经验来看，非法非正常收入治理机构的运转效率也是决定治理效果好坏的关键因素。提高治理机构本身的运转效率一般需从两方面入手加以保障：一是法律层面的保障，这在前文已经阐述；二是通过合理的制度设计，保障这些机构能够享有足够的财权和事权，特别是人事权。治理机构的独立性并不仅体现在掌握足够且不受干涉的权力，还包括拥有能够行使权力的财力和人力

保障，即要有充足的财政拨款，同时在办案、人事、培训、教育等方面拥有足够的自主权。否则，这些机构将难以开展工作。例如，我国香港地区，根据《廉政公署条例》，我国香港廉政公署向行政首长直接负责，行政首长直接任命廉政专员，廉政专员不受其他任何机构和官员的约束，可以对包括行政长官在内的任何官员展开独立调查，因此，该机构具有包括调查权、扣押和审查权、查阅银行账目权等在内的广泛反贪腐权力。同时，廉政公署拥有绝对的财政独立性，中国香港政府的财政预算对廉政公署实行单列。

目前我国非法非正常收入治理机构仍存在职能交叉、独立调查侦查等权力尚未得到法律有效保障等问题，应通过对国外先进经验的借鉴加以改进。

五、强化公务人员自身的道德约束

就治理贪污腐败而言，凡是廉政水平较高的国家，无论文化异同和政治体制差异，作为严刑峻法的有益补充，这些国家均通过相关法规加强对公务人员自身的道德约束来减少腐败行为的发生。各国均设立相应的道德监督办公机构，制定道德约束的相关法律，将一些违规但尚未触及法律上线的不当行为纳入监管范围。例如，日本公务人员的职务行为除了受《刑法》和《公务员法》的监督之外，《国家公务员伦理法》和《伦理章程》还是规范公务人员行为的重要法律，而《伦理法》《刑法》《公务员法》的不同之处在于，该法主要限制与公务人员具有利害关系群体的行为，例如，妻子或子女等直系亲属。其中，《伦理法》又包含"行为准则"和"汇报制度"两部分内容，所约束的行为主要是《刑法》和《公务员法》难以管辖的灰色地带，包括吃请、利用职务便利谋取私利、收受小礼品和其他容易招致国民不信任的行为。自《公务员伦理法》和《伦理章程》颁布以来，已有大量的公务人员受到该法制裁，仅2012年日本全国因不当行为受到处罚的公务人员就有21人，不当行为多为收受小礼品和吃请等违规问题，所受处罚高至开除、低至减薪一个月和警告。其中最著名的案例是大藏省几位官员因为接受民间超标款待被举报而被迫辞职的事件。此外，即便是文化差异较大的美国也颁布了《政府道德法》，对涉及政府官员和雇员接受赠予，以及其通过利害关系人实施的不当行为做出了相应的处罚规定。还在国会建立了政府道德办公室，制定相应的道德约束政策，将相关线索提交监察部门和司法部，进行具体调查和执法。

从我国来看，党中央十分重视干部队伍的作风建设和党员的道德建设，先后推动了党员干部开展批评与自我批评，以及"三严三实"活动，制定了"八项规定"等，取得了明显效果。但还需加强在制度层面的立法，建立起针对公务人员的道德约束长效机制。

六、调动社会力量参与违法行为治理的积极性

从治理非法非正常收入较好的国家的经验来看，包括新闻媒体、互联网NGO社会舆论、民间团体及社会群众在内的社会各界力量对非法非正常收入行为的监督已经成为抑制非法非正常收入活动的有效手段。社会力量参与到违法监督和举报，需要有完善的法制环境和政府的正确引导，新闻媒体、互联网平台和民间团体以及公众个人拥有足够的知情权和完善的信息传播机制，以及独立客观发挥监督职能的法律保障。同时，国家还要制定专门法律法规加强对举报人和报道记者的人身安全保护，依法严厉打击报复举报人的犯罪行为。政府特别是处于转型阶段的政府应宣传、鼓励民众和媒体加入到治理非法行为的活动中去，形成上下齐心、监督协作的治理氛围。例如，日、韩、新加坡等国都非常重视社会力量在监督腐败、地下经济等违法行为中的作用，采取有效措施，保障公众和媒体对违法案件的充分知情权和对公共部门的充分监督，保持公众与政府之间的沟通渠道畅通，法律对举报人实施有效保护。实践证明，社会力量对腐败、地下经济、偷税漏税等行为的监督，是治理非法非正常收入取得成功的重要保证。例如，仅2013年，新加坡腐败行为调查局收到的民众举报腐败线索就高达466件，这些线索为政府顺藤摸瓜打击违法行为提供了必要条件。

当前，我国民众的法律意识不断提高，媒体和社会团体参与到违法行为监督的热情也日益高涨，特别是随着信息化技术的普及应用，为社会民众参与对非法非正常收入活动的监督提供了技术保障。借鉴发达国家的治理经验，国家还需要在立法层面完善对社会力量参与监督的法律保障，以及加强对知情权和监督权的保障，并切实保证举报人的人身安全和合法权益。

七、促进金融交易的透明化

金融交易透明化不仅使一国金融体制实现现代化，金融市场监管和交易效率得到明显提升，还能有效杜绝洗钱、行贿等非法行为的发生。实施金融实名制对于打击偷税漏税、反洗钱、反腐败起到了重要作用。禁止现金交易在一定程度上加强了政府对现金交易的监管，洞察现金流向。通过设定一定限额，限额以上交易必须通过银行划账方式进行。例如，以色列总理办公室设立专门机构，专门实施"减少现金交易、提倡电子支付"计划，通过该项计划的实施，以色列的现金交易逐渐被电子支付所取代，客观上有效遏制了地下经济和偷税漏税行为的发生。另外，规范信用卡交易，防范信用卡不当交易，一些银行规定不可使用他人信用卡消费，商家对消费者的身份进行不定期查验。这些措施不仅有利于金融业的发展，也对金融监管和税收征管起到了显著效果，客观上使一部分"地下经

济"地上化，为非法非正常收入治理提供了有效保障。因此，充分利用现代信息技术，深入推进我国金融交易的透明化，对于我国的非法非正常收入治理将会起到积极的促进作用。

八、抑制地下经济发生的动机

地下经济的发生有着一定的社会原因，底层民众的生活困难以及一些制度性漏洞都为地下经济的发生提供了土壤。例如，国外生活困苦的老年人及高校学生存在倒卖食物券和图书券的行为以及针对住房困难群体的违法行为，还有我国出现的假证市场及在一些购房购车限制城市发生的假结婚等问题都是地下经济产生的社会土壤。针对这些行为，必须通过社会保障体系的构建和不合理制度的矫正来实现源头治理。例如，日本和新加坡等国通过建设大规模的公租房来实现居者有其屋，美国政府针对食物券倒卖行为推行的 EBT 卡 POS 终端支付，以及我国深圳等城市针对假结婚假离婚产业链进行的打击活动，都是从源头治理地下经济的案例。此外，一些发达国家实行的税收自动指数化调整或定期税收减免等级限额调整等手段，也有效地降低了纳税人潜在的偷税漏税行为动机。因此，只有从源头上减少地下经济产生的土壤，抑制地下经济发生的动机，才有助于从根本上抑制由此产生的非法非正常收入。

第六章　治理非法非正常收入的政策建议

治理非法非正常收入要从经济主体与监管者两方面分别入手：一方面，通过重点领域、重点群体市场化改革降低经济主体的垄断地位和寻租空间，进一步完善收入初次分配与再分配的体制机制，积极鼓励创新，适时调整与经济社会发展趋势不相适应的法律法规，让经济活动合理合法化；另一方面，持续增强监管的有效性，建立信用体系，进一步增强财政资金与国有资本使用的透明度，进一步发挥公众参与和媒体监督的作用，强化非法非正常行为的预防机制；在执行层面，广泛使用现代信息技术作为治理手段，进一步完善收入相关的统计制度，增强监督部门的独立性，加强监督队伍建设，加强部门间无缝协作，重点查处社会危害严重、群众影响恶劣、涉及金额巨大的大案要案。促进非法非正常收入治理形成源头控制严密、中间控制有力、结果导向清晰的多层次快速反应机制。

第一节　治理非法非正常收入，促进国民收入分配格局的合理化

一、基于不同经济主体利益的政策目标导向

从我国国民收入初次分配和再分配格局来看，存在向政府部门倾斜的态势，不利于企业部门，如果不改变分配机制，进一步加大分配秩序规范力度，再分配格局向政府部门倾斜的态势会更加明显，企业地位会更加弱化，居民部门也由收益中性转变为利益受损部门。因此，我们认为，治理非法非正常收入，促进形成合理的国民收入分配格局，必须从优化分配机制和规范分配秩序两方面共同发力，基于这一考虑，我们设计了三种可能的推进路径。

（一）优先规范分配秩序，兼顾完善分配机制

改进这一思路对政府部门是较优路径，对企业和居民部门是较差路径。如果在改进分配格局的具体措施中优先规范分配秩序，并适度兼顾完善调整分配机制，那么现存向政府部门倾斜的不利于企业部门的分配机制就会获得相当程度的保留，因为政府部门的土地出让收入在近年来已经率先开展了规范管理，进一步规范分配秩序的重点显然是企业和居民部门的非法非正常收入。同时因为受到更加严格的监管，企业和居民部门的非法非正常收入将趋于透明规范，流失的各种税额将通过再分配机制流向政府部门。当政府部门财力得到充实后，将延续现有转移支付途径和方式，加大对重点扶持行业和企业的专项扶持，加大对居民的民生投入和福利补助。但是在总体上，向政府倾斜的分配机制并未充分调整，在再分配的最终格局中，企业和居民部门的损失要大于收益，这是对这两个部门较为不利的改进路径。

（二）优先完善分配机制，兼顾规范分配秩序

改进这种思路对政府部门是较差路径，对企业和居民部门是较优路径。因为当前分配机制设计向政府倾斜，而完善调整分配机制，主要是规范政府部门不合时宜地面向企业和居民部门征收的各种费用，通过"费改税"、合并取消、减免等方式减少当前各种缺乏法律依据的政府收入，这种分配机制的调整，显然对企业和居民部门有利。如果调整分配机制又优先于规范分配秩序，企业和居民部门不仅获得了来自政府部门减免税费的实惠，而且这两个部门的非法非正常收入中的税收流失在很大程度上获得保留。显然这种改进思路，较大概率会使政府部门正常收入比重有所下降，要么缩减财政支出项目和支出规模，要么进一步强化土地出让等非正常收入比重，前者会倒逼政府部门不得不加快管理体制改革，后者会持续强化地方政府对土地财政的依赖，从而不利于激发政府部门的积极性来促进分配秩序的规范调整。从企业和居民部门分析，显然这一思路是获得具体利益的积极性，但是政府部门的利益特别是政府部门维护国民收入分配总体利益的积极性会下降。

（三）完善分配机制，同步规范分配秩序

改进这种思路，对政府、企业和居民部门都是一种次优选择的可行路径。基于不同的部门利益，政府部门倾向于规范分配秩序，企业和居民部门倾向于优化分配机制，只有统筹协调、综合兼顾各部门意愿和利益关系，才能避免个别部门获益其他部门受损的异化分配格局。在此思路下，完善分配机制就是重点围绕近年来初次分配中企业部门收入比重下降、再分配中向政府部门倾斜等重点问题，结合结构性减税、归并税费、降低税率、加大对居民部门的社会保险缴款补助、鼓励居民参与社会化养老医疗等保险等具体举措，促进分配机制持续优化。同步

规范分配秩序，就是为弥补政府部门调整分配机制中出现的逐步扩大的财政支出缺口，围绕三大部门中存在的各种非法非正常收入，通过收入信息化监管、限制大额现金交易、税收流失监管等具体举措，持续推进制度外收入制度化、隐性收入显性化，实现三大部门的非正常收入公开公平、透明规范，使三大部门初次分配和再分配格局与发展贡献相匹配、与社会公平相衔接。

二、规范政府部门的各项收入

取缔非法非正常收入，是促进我国合理国民收入分配格局形成的重要一环。在政府公权力运用过程中严防腐败滋生，严禁非法收入，严控非正常收入。制定的公共政策应有利于缩小收入差距，促进社会公平。政府部门在促进形成合理的国民收入分配格局中应提供良好的制度环境，切实发挥政策引导作用，做好收入分配的监管者。

（一）构建监督和制约权力的有效制度体系

近年来我国开展的反腐风暴，暴露出国家公职人员违规用权问题突出，以权谋私、滥用权力现象大量存在，严重损害了社会公众利益，影响党和政府的形象和公信力。党的十八届六中全会指出，监督是权力正确运行的根本保证。因此，必须着力构建监督和约束权力的有效制度体系，使掌权者不能滥用权力、不敢滥用权力。

1. 科学设计相关制度，使制度间相互衔接配套

相关制度的设计应从我国社会实际出发，注重解决非法非正常收入治理中存在的实际问题，积极借鉴国际先进制度设计经验，使治理制度的设计既符合科学要求，又具有可操作性，进而取得良好成效。以治理成效为导向进行非法非正常收入治理的制度设计，可以用治理成效检验制度设计的好坏，不断修正，建立良好的制度，保证取得好的治理效果。科学的制度设计必须与用权者的自身利益结合起来，实现有效的激励约束组合。权力行使流程设计应杜绝寻租行为。形成权力行使的封闭循环，相关制度及单项制度的各环节之间要构成反馈环路，相互关联协调，保证制度链条的相互支撑和架构的稳固。

2. 制度制定明确具体，不留任何模糊空间或漏洞

对于需要大力提倡的制度规定应确定为硬性规定，对于需要运用自由裁量权的规定要制定具体标准，尽量规范各种情形中的权力运用要求，缩小自由裁量空间。制度要求对须落实的罚则尽量减少弹性空间，加强约束刚性。注重依靠法治思维和方式健全制度、限制约束权力、行使权力。

3. 运用信息技术加强对权力行使权限和权力监督的全面渗透式管理

信息技术的发展为管理者运用权力提供了较为明晰的权力制约框架，通过安

全访问、授权管理、权限设置、数码加密等手段固化权力行使流程，同时可以运用计算机程序科学设计制度体系，实现制度执行程序化、智能化与自动化。加强信息技术系统层面控制，确保系统环境的有力运行，每年不定期抽查并测试信息技术系统的一般控制与应用控制，检查是否存在控制缺陷或控制是否得到有效执行，对存在的控制缺陷应查明原因，并根据缺陷影响程度报告适当管理层级。

4. 建立问责体系，把权力关进制度的笼子

要保持执行制度评估反馈机制的畅通，不合时宜的及时废止，不完善的予以修改完善，对存在的漏洞抓紧补上，建立完善的评估反馈机制，对制度执行状况进行定期反馈，评估其适应性和有效性，发现运作缺陷，及时修正，使制度体系适应时代和环境发展需要，使每项工作、每个环节有章可循，依靠制度的执行、反馈、完善的实施机制，提高制度的刚性约束力。

（二）继续完善费改税来规范政府收入

费改税的实质在于规范政府收入，即规范政府预算外收入，清理或整顿制度外收入及各类名目收入，划清政府税收收入、规费收入以及具有商业性质的收入等的界限，从而建立规范的政府收入体系，建立合理的政府理财制度，维护政府预算的权威性。非法非正常性收入严重扰乱政府收入体系，破坏预算的完整性，而控制非法非正常性收入就需要从源头上遏制该类收入的发生，对各类资金依性质重新分类，并结合中央和贷方事权划分原则，采取取缔、改税、剥离、规范等措施，提高政府资金分配与运作的规范性，实现资金的高效率使用。

1. 集中清理整顿各类不合理收费，规范政府收费体系

行政事业性收费应配合政府机构精简，对于已脱钩的行政事业单位取得的收费收入应作为企业经营收入或其他收益等。享受国家提供社会公共服务而支付的使用者付费，既要按照法律规定的标准在监督下征收，又要保证费用使用的公开透明，同时该类机构的运作管理应切实做好公益性与经营性的结合。在部分落后、偏远地区仍有为公共工程、公益事业建设等进行集资的现象，一般该类集资无法归类为特定税目、政府规费或使用费等，因此，应加强资金的监控，在筹集、使用、分配等环节应通过法定程序予以明确，并在资金运营过程及时公开信息。对于其他零星、小额政府收费，往往与政府提供的特定服务密切相关，应将此类收费纳入预算内进行统一管理。

2. 完善税收体系

首先，要合理解释非法非正常收入的可税性，制定该类收入的征税办法。非法非正常收入完全逃避了纳税义务，削弱了政府税收的调控能力，进一步拉大了收入差距，造成社会不公。又因非法收入的非法性有碍于税收法定原则的运用，避而不谈非法非正常收入，因此，造成该类收入一直处于税收征管的真空地带。

目前，还没有税收措施能够完全遏制非法非正常收入，一般采用罚没方式代替课税，而对非法收入不予课税又违背税收公平原则与量能课税原则。因此，对于非法收入应区分收入特点，归门别类根据性质征税，对于贪污、受贿、走私、诈骗等法律严禁的民事或刑事行为征收惩罚性税收，即全额按照大于或等于100%的税率征税；对于占道经营或未办理合法手续的非法经营等征收大于经营成本的税收，旨在管制此类违法民事行为。

其次，更多采用税收形式覆盖和替代政府收费，保障资金运作管理的规范性。尽管我国费改税已经取得积极进展，但仍需要进一步探索。主要是探索采用税收形式筹集用于基础设施建设、公共服务提供等方面的资金，可以考虑开设新税种替代原有政府收费，如开征环境保护税代替排污费等政府收费，开征社会保障税代替社保基金费，开征教育税代替各种税收附加及多种教育收费。也可以考虑延展原有税种的内涵，增设新税目以将政府收费归并到相关税种之下，例如，可以将探矿权费、矿产资源开采费、石油收益金等归入资源税中。这种替代能够发挥税收征收的规范性及严密性，确保资金使用效益。值得一提的是，税收体系建设并非一蹴而就的，需要循序渐进，前后衔接，更应结合国民经济发展步伐进行相应改革。

最后，完善分税制设计，加强地方税收体系建设。"营改增"全面实施后，中央与地方税收体系的完整性受到影响，中央和地方事权与财权的不匹配问题凸显，因此，应抓住改革的有利时机，有破有立，探索给予省一级地方政府因地制宜的设税权，并有权决定税种的开征与税率的调整等。

3. 加强税收征管，防止税源流失

党的十八届三中全会要求完善国税、地税征管体制。税收征管能够真正保证国家税收收入的实现，对于深化税制改革、推进依法治税有实质性意义。

首先，要完善税收程序体系，包括《税收征管法》中明确保障纳税人的救济性权利，建立并不断完善涉税信息共享制度，废除纳税前置制度等。

其次，运用大数据技术构建现代税收征管体系，从税收数据的采集、使用、分析、更新、维护以及税务登记、纳税申报、税收征缴、税款退征与补缴等环节，形成动态链接，保证涉税信息共享系统的运转畅通。同时要特别突出税收风险预测，从风险识别、风险评估、风险应对环节不断完善风险业务系统。从现有软件来看，大数据技术使用应结合金税三期工程建设，实现技术与平台、网络、数据标准的统一，实现自动化控制技术应用全覆盖，进而提高税务稽查的效率和质量。

最后，税收征管信息化应逐渐纳入国际税收信息化，加强国际交流与合作，强化税源监控，管控税基侵蚀与利润转移项目，形成境内外税收信息互为补充、联通互动的全球税务稽查征管体系。

（三）充分发挥政府部门的审计治理功能

加强政府自身监督对于取缔非法收入、规范非正常收入意义重大，充分发挥政府审计治理功能是政府加强自身监督的重要体现。在国家管理向国家治理转变的背景下，政府审计拥有了全新含义，应以全新目标，更为不可预见的方法，加强全过程跟踪审计，促进国家治理能力现代化。同时，培养具有多领域知识技能的审计人才，建设基于大数据的政府审计信息数据库，注重审计治理功能的地区平衡，促进国家治理体系现代化。

1. 创新政府审计方法，增加审计不可预见性

运用连续审计方法加强政府全面审计，连续审计方法不同于传统周期审计方法，采用信息技术自动实施控制和风险评估，实时记录交易审计结果。该方法基于全民风险管理理念，全面了解鉴证对象的关键点，对可能存在错报的交易信息及时记录并报告，能够较好地降低审计抽样方法的推断错误可能性，有效防止交易舞弊发生。非法非正常收入往往具有较高的隐蔽性，舞弊手段基本可以很好地绕过常规审计程序，综合运用不同审计程序，探索运用非常规审计程序或程序组合，增强审计不可预见性，保证政府审计的效果。

2. 各审计环节强调保持并合理运用应有的职业判断和职业怀疑

审计行业是包含复杂判断的专业技术行业，审计工作应将所承担责任与应有的谨慎相匹配。审计工作人员在承接审计业务后，从了解被审计单位及其环境、风险评估、风险应对、完成审计工作到出具审计报告等环节都应保持应有的职业怀疑，旨在发现未更正错报，降低财务报表层次与认定层次的重大错报风险。在审计过程中实施审计程序，必须运用职业判断，对总体审计策略与具体审计计划运用判断做出合理设计，对可能存在的重大错报风险选用综合性方案或实质性方案做出精准判断。在审计非法非正常收入时，因收入存在的特别风险，预计仅通过实质性程序无法应对可能存在的重大错报风险，需要审计工作人员时刻保持职业怀疑，对所有交易和事项都运用职业怀疑和职业判断，以确定不存在重大错报风险。

3. 培养复合型审计人才

无论是政府审计还是公司审计，审计人员都是审计过程中非常重要的主体。保持应有的独立性和遵守职业道德守则是审计人员的基本职业素养。随着非法非正常收入舞弊发生的不可预料性增强，审计人员的行为、技术和知识能力为现代复合型审计人员所必备。具体来说，行为能力就是要求审计人员执行审计工作保持应有的独立性、客观性，能够就审计沟通得到充分适当的审计证据。技术能力就是要求审计人员掌握多领域技术分析方法，特别是对政府组织业务流程的分析

能力，同时应具备应有的专业胜任能力，掌握与公司治理、风险和内部控制相关的工具和方法。知识能力就是要求审计人员具有多领域专业技术知识，既包括学精审计专业领域知识，又涵盖行业知识、治理知识等；既包括国内各领域的专业知识，又要具有国际视野；既要巩固原有知识体系，又要不断结合最新变化，调整自身知识体系。

4. 建立基于大数据的政府审计信息数据库，保证审计的一贯性和可追溯性

政府审计信息数据库可以明确审计责任，落实审计建议。政府审计信息数据库基于以下子数据库建立：被审计单位财务信息数据库，审计机关政府审计报告数据库，上级政府审计机关批复意见审计数据库，司法检察机关的审计建议落实情况数据库。同时，不同数据库通过不同权限设置进行管理，形成相互制衡；数据库留痕功能更能够确保审计工作的完整性和严谨性，从而较好地保证非法非正常收入的审计效果。

（四）推进政府信息公开进程

当前我国政府信息还存在一定程度的不透明性，需要社会公众广泛知晓或参与的信息公开制度尚不完备，现有制度落实还不到位。2007 年我国就颁布了《中华人民共和国政府信息公开条例》，2010 年颁布了《关于领导干部报告个人有关事项的规定》和《关于进一步做好领导干部报告个人有关事项工作的通知》。现在来看，贪腐依然屡禁不止，舞弊行为时常发生，侵占资产行为屡见报端。继续推进政府预算透明化，加快制定官员财产公开制度与实施条例对于规范非法非正常收入越发重要。推进政府预算透明化就是要提升预算编制的公众参与度，强制进行信息披露，要用制度保障公众参与，强化预算编制的公众知情权。改革政府会计制度和财务报告制度。探索采用权责发生制编制政府财务报告，以促进政府会计管理的透明性。建立财政数据统计标准，特别是在财政金融、国际收支等方面采用国际标准，增强与国际数据的可比性，提高财政数据质量，加强财政信息传播。加快制定官员财产公开制度，政府官员财产公开应列入《政府信息公开法》，明确财产公开范围，对于容易滋生腐败的不动产及金融资产等应列入公开目录，同时，对于财产变动应及时进行登记，防止隐匿或转移财产事件的发生。

三、建立与现代企业管理相适应的分配政策体系

（一）完善企业收入分配政策体系

1. 建立现代法人治理结构

根据现代公司治理理论，公司治理是对公司所有者、董事会和管理层进行规范的一种制度安排，同时，通过内部和外部的制衡体系，保证公司及其所有利益

相关者履行受托责任，旨在约束全部人员及其所执行的工作程序和活动，以确保公司的恰当经管。现代法人治理结构要求董事会下设薪酬委员会，负责经营者绩效考评、合理设计薪酬分配方式。因此，现代法人治理结构有利于促进完善收入分配体系。对于国有企业而言，顺应当前国有企业改革进程，切实履行国资委的监督管理职能，通过设立国有资本运营公司和国有资本投资公司承担经营管理职能，加强董事会建设，切实发挥董事会对于公司运营的职责，确保监事会的独立性，赋予监事会成员充分履行监督职责的权力。对民营企业应逐步完善现代法人治理结构建设，切实发挥薪酬委员会职责，确保企业管理者与一般员工收入分配的公平合理。

2. 建立合理的经营者激励约束机制

企业经营者与所有者之间利益冲突往往影响收入分配秩序，经营者的道德风险使企业收入取得与预期不符，经营者的逆向选择使企业收入分配不公平。为此，应不断探索适应现代企业管理的经营者激励约束机制。可以采取股票期权、配股权等证券衍生工具约束企业经理人的经营行为，也可以通过经理人市场招聘、经理人绩效评估等方式限制经理人可能存在的违背企业股东利益的行为，还可以加强企业内部审计，定期或不定期地对经理人所从事的经营管理活动进行审计，同时加强经理人离任审计。

3. 建立合理的企业薪酬制度

企业薪酬管理应坚持内部平衡、外部平衡、发展平衡和自我平衡四项原则，构建全面报酬架构。实行以岗定薪制度，根据管理资产规模、营业收入、对企业贡献度和员工人数，包括复杂程度的不同确定薪酬。同时，按照绩效确定薪酬，定期对员工绩效进行考核，薪酬确定既要考核组织绩效又要考核个人绩效，组织绩效分为经营单位绩效和职能部门绩效。对于国有企业，探索实施员工持股计划，通过全员持股方式最大化员工对企业的所有者意识和组织承诺。

（二）确保按劳分配与生产要素分配结合的公平

国民生产需要投入劳动、资本等生产要素，我国在初次分配中注重对资本的分配，劳动参与初次分配不能享受公平待遇，这在一定程度上造成了不合理的收入分配。另外，技术是第一生产力，创新是企业可持续增长的内在动力。技术创新体现为对原有生产关系的调整，进而推动生产力发展。具体来说，技术创新会引致社会生产生活方式的重大变化，其对劳动力的替代、降低企业生产成本的影响不可小觑，从这个意义上来说，创新应与资本、劳动等要素一样参与国民收入的初次分配。

1. 分配应当向劳动要素倾斜，缓解重资本、轻劳动的分配局面

首先，对于国有企业的收入分配必须强调公有制的主体地位与按劳分配为主

的分配方式，不使公有制带来贫富差距扩大问题。不论是按劳分配还是按生产要素分配，都需要均衡利益关系，在巩固国有经济主导地位的同时，逐渐深化集体经济企业改革，加强政府宏观调控力度，均衡企业内部利益关系。充分发挥在优化生产资源、调动劳动者积极性方面的优势，不断丰富社会成员的收入来源，拓宽收入渠道，缩小收入差距。

2. 完善多种生产要素按贡献参与分配的制度

要完善生产要素市场，推进户籍制度改革，消除严重的劳动市场分割现象，加快统一的劳动市场建设，从法律与制度层面加大对劳动者权益的保护，企业不得随意裁员，应切实保障员工合法权益的实现，应提供相关培训，提高劳动者综合素质。企业应遵循土地市场运作规则，不得向政府进行寻租等活动为自己谋得不正当利益。企业应规范使用建设用地，不得违规建设或随意占用土地。要健全要素市场的报酬决定机制。进一步开放市场，让市场来决定生产要素价格，发挥市场在调节各种生产要素流动中的导向作用。要以有序、公平、公正的竞争为前提，实现各种生产要素价值与价格基本吻合的运行传导机制。政府适度对要素市场进行干预，以维护要素市场的稳定性与相应利益主体的根本利益。

3. 切实保护各生产要素所有者的要素产权

加强对劳动力产权的保护，使其能够按照在生产过程中提供的劳动数量和质量予以合理分配。同时，切实保护土地产权，特别是农村土地产权，弥补非均衡产权制度改革给农民带来的利益损失。

4. 鼓励企业进行技术创新

通过技术创新，能够提高我国经济发展的效率与质量，改善过于依赖劳动、资本、土地等生产要素投入的局面。在产业政策上应鼓励发展高技术产业，鼓励工业生产引入先进技术，通过政策支持与引导，构建创新型工业社会。在税收政策上，应加大技术改造企业与高新技术企业的税收优惠力度，引导企业积极进行技术研发，特别是在技术成果转化过程中应发挥税收政策的引导作用。在信贷政策上，银行等金融机构应在管控投资风险的基础上，给予从事技术创新企业一定的优惠利率，并增加贷款规模，确保技术创新得到足够的资金支持。

(三) 营造公平的市场竞争环境

营造公平的市场竞争环境，给予各市场主体参与市场竞争的平等地位，真正让市场在资源配置中发挥决定性作用，促进全社会收入分配秩序的合理与公平。

1. 限制行业垄断，管理和调控石油、电力等垄断性行业的收入水平

对于容易形成垄断的行业，应放宽市场准入条件，降低市场进入壁垒，企业应严格符合国务院《关于在市场体系建设中建立公平竞争审查制度的意见》的要求，依照审查标准，规范自身经营行为。同时，允许各种类型的社会资本通过

特许经营、PPP 等模式参与到行业经营管理中来，充分发挥民营资本的管理能力，形成合作双方互利共赢的良好局面。

2. 组建国有资本运营平台，加强国有资本运营管理

通过国有资本运营平台切实管住资本，对垄断行业的垄断定价进行管制。严格按照《中央国有资本经营预算管理暂行办法》的有关规定编制国有资本经营预算，落实预算责任，认真做好企业预算绩效考核。防止国有企业不合理截留利润，加强对国有企业内部审计与外部审计制度建设，同时，继续落实纪检巡视制度，防范国有企业存在的贪腐行为。

3. 完善垄断性行业产品或服务的定价机制

关系国计民生的产品或服务继续执行价格上限管理，由政府确定指导价格线，对于一般公共产品或服务的提供由企业自主确定价格，政府调节畸高价格；价格变动应严格履行听证程序，经公众听证会认可后方可实施价格调整。价格制定过程的相关信息应公开透明，并应公平合理定价。

4. 加强市场监管，加快建设全国统一市场

要废止妨碍公平竞争、设置行政壁垒、排斥外地产品和服务的各种分割市场的规定。同时，加大反对不正当竞争行为的力度，严厉查处各种仿冒、欺诈行为，保护企业合法权益，促进企业在更大范围、更广领域和更高层次上参与竞争。要严肃查处一些行业滥用优势地位实施的限制竞争行为，合谋实施的垄断性协议行为和反竞争的兼并行为；严肃查处限定、变相限定单位、个人只能经营、购买、使用本地生产的产品，或只能接受本地企业、其他经济组织、个人提供服务等地区封锁行为。积极创造各类市场主体平等使用生产要素的环境，促进商品和生产要素在全国市场自由流动。

四、提高居民合理正常收入比例，加强居民部门非法非正常收入监测

（一）破除制度性障碍，提高劳动者报酬

劳动在生产活动中属于关键要素投入，但一直以来，我国国民收入初次分配偏重资本分配，劳动者报酬在初次分配中占比不高。党的十八届三中全会强调，"要形成合理有序的收入分配格局。着重保护劳动所得，努力实现劳动报酬率增长和劳动生产率提高同步，提高劳动报酬在初次分配中的比重"。

1. 建立健全统一规范的劳动力市场，给予劳动者公平待遇

首先，逐渐淡化户籍制度约束，逐渐取消户口所附加的额外福利待遇，使户籍制度仅仅行使最基本职能。户籍制度改革非一朝一夕之功，特别是特大城市常住人口管理较为复杂，应在保证人口调控目标的前提下，循序渐进地破除户籍制度障碍。其次，给予劳动力平等待遇。企业或单位用人应消除显性或隐性歧视性

规定，在招聘过程中应一视同仁，不应优先考虑本地人口或附加其他任何不平等条款，注重建立用人单位与劳动者之间的双向选择机制。加快社会保障全国统筹进程，特别是推进劳动者医疗保险与养老保险的跨区转移与使用。最后，发挥劳动中介组织力量，健全劳动力市场服务体系。劳动力中介组织能够为劳动者提供所需的就业信息，降低劳动者搜寻信息成本，在一定程度上解决劳动力市场的信息不对称问题。为切实规范劳动力用工市场，需要实行劳动力中介组织备案制，建立正规劳动力市场中介服务机构。推进劳动力中介服务机构信息化建设，建立劳动力供需信息发布系统，实时更新市场信息。

2. 促进教育公平

首先，加强教育经费支出绩效评估，确保教育支出资金使用效率。目前，我国教育经费支出占 GDP 的比重已经达到 4%。合理评估教育支出经费的使用绩效对于提高资金使用效率、促进教育公平意义重大。需要参考教育支出本身特点，结合绩效评价环节和绩效评价指标设置规则，设置教育支出整体的评价体系。从主管部门层面、支出部门层面和项目层面进行定性和定量指标设置。同时增强教育支出绩效评价结果的时效性，加强教育支出绩效评价工作的监督监管。其次，开展多种形式的教育，培养更多高技术人才。引导社会树立正确的教育观念，摒弃"学而优则仕"的教育观念。加强职业技能教育培训，发挥财政资金对职业教育的引导作用，吸引更多社会资本办学；加强对下岗工人、农村剩余劳动力的职业技术培训，为再就业创造更多有利条件。继续开展多种形式的成人教育，保障更多人得到所需要的教育。最后，扩大接受高等教育人群范围，提高劳动力综合素质。推进高考户籍制度改革，改革高考录取存在的城市化与本地化倾向，给予进城务工人员子女同等待遇，让更多人享受高等教育。

3. 多措并举建立农民增收长效机制

首先，破除城乡二元经济结构，推进新型城镇化进程。以农民为核心推动新型城镇化，加快落实户籍制度改革，进一步放宽落户条件，推进农业转移人口市民化；加快棚户区改造，全民提升城市功能，以中小城市和特色小城镇建设辐射带动新农村建设。支持民营企业发展，引导民营资本投向新经济，以现代服务业的发展吸收更多农村剩余劳动力就业。完善农村基础设施，特别是加大落后地区道路、水利、电力、医疗卫生基础设施的建设，切实改善农业生产条件，保障农民增收。加大科技投入力度，以科学技术助推现代农业发展，发展生态农业，提高农业劳动生产率。发展极具特色的乡镇经济，以特色乡镇经济带动农村人口就地城镇化，实现农民增收。其次，发挥财政政策引导作用，建立农民增收长效机制。继续发挥财政资金对"三农"的支持，既要加强农田水利等基础设施建设，又要提高农村公共服务水平，同时引导农民自创营生，实现自身增收。加快推进农村土地制度改革，落实三权分置改革相关措施，确保农民土地入市权益。创新融资方式，提高农村公共服务水平。最后，培养农民掌握现代化技能，提高农民整体素质。除通过创造教育机会公平提高农民受教育程度之外，还应通过成人教育、职业教育、技能教育等方式使农民掌握现代化生产技能，提高农民整体素质。同时，应加强对农民的就业培训与创业培训，增强农民自身就业和创业能力，引导农民自主择业就业，或在当地创业。

（二）充分利用社会力量促进社会公平

探索再分配基础上的再次分配，对于缩小收入差距、实现社会公平意义重大。党的十八届三中全会要求，"完善慈善捐助减免税制度，支持慈善事业发挥扶贫济困积极作用"。慈善事业及社会捐赠作为收入分配的补充形式，减轻政府负担，协调居民社会关系。为充分发挥慈善捐助的作用，可以从以下三个方面着手：

1. 完善相关慈善捐赠法律法规，给予慈善捐赠一定的优惠政策

完善现有的《中华人民共和国公益事业捐赠法》，贯彻落实《社会团体登记管理条例》《基金会管理条例》及国家财政部、民政部等相关部门制定的规章制度。推动《慈善事业法》尽快出台，规范社会慈善捐助过程中存在的"诺而不捐""多说少捐"等现象，运用社会诚信平台管理社会慈善事业，将慈善捐赠记入捐赠人诚信档案。对于企业通过国家认可的慈善机构捐赠的货币、实物都应同等按照适用扣除比例予以税前扣除，同时提高捐赠扣除比例。对于个人捐赠应提高扣除比例，同时对于个人捐赠可以适当放宽捐赠要求，不只有通过国家规定慈善组织进行捐赠可以享受税收优惠，一般形式捐赠只要有据可查就应同等享受优惠政策。另外，除了对慈善捐赠实行税收优惠政策之外，还应该给予产业政策、财政政策、信贷政策等方面的优惠。

2. 创新慈善组织形式，吸引社会资本建设慈善机构

慈善事业更多是社会性救济事业，需要鼓励公众参与，过于浓厚的行政色彩不利于带动全社会力量。当前应探索实行中华总工会、中华红十字会改革转型，使其履行社会组织职能，引导全社会慈善行为。鼓励社会资本从事社会慈善事业。探索慈善事业与金融市场对接机制，发挥金融市场融通资金，引导收入分配的功能，成立类似慈善信托、公益慈善基金会等社会团体，充分发挥信托等形式的灵活性，构建社会保障、社会救助与社会慈善良性互动的体制机制。

3. 加强慈善事业信息披露制度与监督

慈善事业具有自愿性、无偿性的特征，其更多影响的是企业声誉与形象，在财务中体现为商誉。降低慈善事业准入门槛，倡导多种形式的慈善机构组织形式，必须加强组织机构运营的风险管理，特别是防范非法集资的发生。这就需要

建立慈善事业信息披露制度和监督体系。具体来说，实行慈善捐赠资金全过程的信息披露，包括接受慈善资金数额、捐赠人、资金使用方向、使用计划、资金使用效果评估。建立对慈善组织第三方评估制度，对慈善组织开展定期与不定期相结合的评估，并及时将评估结果向社会公众公布。建立内部监督与社会监督相结合的监督体系，慈善组织内部应有独立的监察部门，防止内部贪腐发生，同时应畅通投诉渠道，加强社会公众对慈善组织的违法行为及时发现、及时投诉。

第二节　治理非法非正常收入的突破口选择

治理非法非正常收入，需要采取一系列法律、政策、机构设置等措施，但要实现有序有效的治理，就必须寻找治理的突破口，依照轻重缓急加以治理。

一、全面深化改革，推动重点领域改革

全面深化改革是破除非法非正常收入的最重要途径，也是从源头上降低非法非正常收入的重要手段，特别是对重点群体、重点行业、重点领域的改革。

（一）以改革遏制政府部门非法非正常收入的源头

1. 协调中央政府与地方政府的财权和事权

重新划分中央与地方财权与事权。财权与事权的划分是财税体制改革的重中之重，这一过程必须与地方税体系重构和全面预算管理制度有效配合，同时中央政府必须推进地方官员考核评价制度的改革，从而从财政、税收体系和行政管理等诸方面重塑中央与地方政府以及地方上下级政府间的关系。财税体制改革的整体推进涉及大量的中央与地方政府协调、沟通和反馈活动。

2. 推进城乡一体化改革，打破现有土地财政模式

当前，土地财政已经成为地方政府最重要的预算外收入来源，直接关系到地方政府的财力水平。在推进城乡一体化改革过程中，中央政府应与地方政府密切协调，与财税体制改革协同推进，以避免地方政府的消极应对。在短期内，应加快户籍制度的改革，对于在非一线城市工作、生活多年且有稳定收入来源的农村转移人口应允许转换为城镇户籍，对于控制人口规模的一线城市建立合理的户籍进入标准，实现有序转换。加快农村土地流转步伐，短期可开展农村承包土地经营权抵押融资。在中期内，建立相关法律制度，依法推进农村土地流转和农民住房抵押等，开展地区改革试点。城乡一体化改革主要涉及三方面内容：户籍制度的放松、农村集体土地流转及与城镇化相对应的城镇基本公共服务均等化问题。

三个方面相互支持，互为条件。涉及农村集体建设用地和宅基地等土地流转的问题，需要法律制度的重新设计，并且将会较大影响地方政府的财政收入结构，从而间接影响城镇基本公共服务的提供能力。

3. 改革政府职能

在短期内，应优先推行简政放权，进行大部制改革，推进机构精简的省直管县改革试点。在试点成功的基础上。在中期内，加以推广，并建立更加科学系统的官员考核体系。在长期内，实现管理型政府向服务型、法治型政府的转变。中央与地方政府之间的协调以及财税体制的改革是政府职能改革中最大的阻力来源。简政放权和大部制改革集中于中央部委内部，既不涉及法律修改，也不涉及与地方政府的协调，并无须其他改革措施作为前置条件，从而可以在短期内迅速推进。省直管县改革的本质是省级政府和市级政府在财权和事权上的重新划分，自上而下的政策难以取得地方政府的配合，短期和中期区域性试点的推广和深化可能更为地方政府所接受。从长期来看，服务型、法治型行政体系的建立是政府职能改革的最终目的，也是财税体制改革的重要配套措施。为实现这一目标，中期内迫切需要建立一套完整的、科学的行政官员考核和评价体系，以引导地方政府将公共资源更多地配置于服务性领域。

（二）采取混合所有制等措施降低国有企业的行政性垄断

关于国有企业改革，在短期内主要是应聚焦于逐渐打破国企存在的行政性垄断和放松民间资本的行业准入限制，开展由大型央企和地方政府进行的国企改革试点。在中期内应聚焦于深化现代国有资产管理体制和国企混合所有制改革试点。建立起完善的混合所有制以及现代国有资产管理体制则是长期目标。破除行政垄断和完善国有资产管理体制是国企改革的两大方向。目前已经出台的一些打破垄断、鼓励民营资本参与投资的措施，包括废除食盐专营和鼓励社会资本参与交通基础设施、清洁能源工程、信息基础设施等领域投资项目等举措。这类改革措施因不涉及对已有国有企业的资产结构和运营模式调整而更易在短期内推进。完善国有资产管理体制方面，仍需依赖自下而上的试点—探索—推广模式。聚焦引入社会资本，进行市场化管理体制改革，并最终提升国企的市场竞争力，使其成为真正意义上的市场主体。预期在短期内，各地各企业试点政策的推出仍会较为谨慎，在中期内，试点在广度和深度方面可能有所深化。

加强对国企高管的薪酬管理。对金融、电信、石化、烟草等收入过高行业的国有及国有控股企业，应严格控制工资水平和工资总额，缩小与非垄断行业的工资差距。全面考虑企业当期业绩和未来发展，建立完善按照经营绩效、风险和责任综合确定人员薪资的制度，可以对由行政任命的国企高管实行限薪，实行薪酬延期支付与追索扣回制度，高管薪酬增幅不高于职工平均工资的增幅，从而缩小国企内部的分配差距。

（三）推动金融市场化改革，打破金融业垄断地位

在短期内，应重点解决民营银行的市场准入问题，加快推进利率市场化改革，资本市场推进企业上市的注册制改革。完善人民币汇率形成机制，进一步扩大人民币兑美元的双向波动幅度，逐步减少汇率干预，在中期内，基本实现人民币汇率市场化。在开放资本项目方面，短期可进一步放开企业和个人的对外直接投资限制，长期可加强国内金融市场建设，扩大开放程度，力争实现资本项目基本开放。利率市场化改革焦点是存款利率的放开。存款利率市场化改革并未面临本书所列举的三类阻力，但这将意味着商业银行资产与负债配置结构的重大变化，因而影响整个金融体系的宏观风险特征与稳定性。商业银行在存款利率管制下可以享受 3 个百分点以上的有保障的利差收入，因而缺乏支持改革的动力，但近年来兴起的互联网金融产品、理财产品、非标业务等利率实质上已经市场化的金融资产对存量存款规模形成了巨大冲击，可能从根本上对商业银行的决策模式产生影响。利率市场化、建设人民币汇率的市场化形成机制和资本项目可兑换三者之间存在先后关系。目前人民币汇率形成机制在中间价报价环节和波动幅度两方面仍受到央行较大程度的行政限制，资本项目，尤其是证券投资等短期资本流动仍受到管制。这两方面的限制使利率市场化改革可以在一个相对封闭的金融环境中展开。如上文所述，利率和汇率之间存在短期和长期的密切联系，而资本项目开放程度则决定利率和汇率之间价格扭曲和偏离程度。因此，在短期相对封闭的金融环境中首先推进利率市场化改革，在此基础上中期推进汇率逐步市场化，并在长期上基本放开资本项目管制，可以在维持较低的金融稳定性风险的基础上实现资金和货币价格的市场化。根据中国人民银行调查统计司课题组完成的《我国加快资本账户开放的条件基本成熟》研究报告，资本项目开放的一般原则是"先流入后流出、先长期后短期、先直接后间接、先机构后个人"，具体而言，短期内放松对真实直接投资的管制，鼓励企业对外投资；中期内适度放开对真实贸易的信贷管制，加快人民币国际化步伐；长期内健全金融市场，按照先流入后流出的原则审慎开展不动产、债券等金融交易，逐步由数量管制向价格管理转变。

二、优化初次分配与再分配机制，建立有效的综合治理体系

（一）优化收入分配机制，促进各要素获得合理要素收入

1. 引导形成结构合理的收入分配格局

按照初次分配效率公平都兼顾的原则，优化收入分配机制，让不同行业各种生产要素，特别是劳动要素在初次分配过程中获得合理的收入份额。进一步规范

收入分配秩序，让要素收入更加注重公平原则，让同等社会贡献、同等劳动强度和同等劳动要素稀缺性内在统一，相互协调，同工同酬，充分发挥政府在收入分配领域的宏观调控作用。具体来说，一是倡导勤劳致富，增加和保护合法收入。建立合理的科技人才薪酬评价标准，实现按实际贡献确定。实行灵活的薪酬制度，对紧缺的高级人才，企事业单位可采取项目工资或协议工资等工资形式。二是发挥好企业家作用，帮助企业解决困难、化解困惑，保障各种要素投入获得回报。三是完善科技成果转化激励分配政策，积极探索科技成果入股以及转化收益分红等多种激励分配办法。在科技成果转化方面，赋予高等学校、科研院所科技成果自主处置使用权，高等学校、科研院所科技成果转化所获收益可按70%及以上的比例，划归科技成果完成人以及对科技成果转化做出重要贡献的人员所有。鼓励拥有科技成果的科技人员创办科技型企业并持有股权。

2. 通过教育培训等方式，提高劳动生产率和劳动者收入

加强职业技能教育，提高劳动者劳动生产率和职业技能水平，为企业创造更多利润。增强劳动者自身素质和能力，是科技时代发展的需要，在当今信息化、智能化已经深入各行各业，通过高等教育和技术知识，提高劳动质量和效率，为企业和社会创造更多价值，打好提高收入的基础。健全完善社会保障制度，不断扩大社会保障范围，提高社会保障的保障水平。让低收入困难群体能够过上基本生活，共享经济社会发展成果。通过完善社会保障，达到合理引导社会再分配。创新就业和再就业机制，做到能劳动者可就业，避免他们从事非法经营、违法犯罪等行为获得非法非正常收入。

3. 多渠道增加居民财产性收入

首先，依法加强对公民财产权的保护。居民财产性收入，一般可分为家庭拥有的银行存款、有价证券等动产和房屋、车辆等不动产，主要通过交易、出租财产权或进行财产营运所获得的利息、股息、红利、租金、专利收入、财产增值收益、出让纯收益等收入。法律为多渠道增加居民财产性收入提供了制度保障，尤其在拆迁、征地、征用公民财产过程中，要依法确保公民财产权利和财富增值权利不受侵犯。其次，重视规范市场秩序和完善制度建设。多渠道增收空间将主要体现在两个方面：一是金融产品投资。要适度扩大利率浮动范围，依靠市场合理确定存贷款利差，加强存款人权益的保护；进一步规范资本市场，重视保护投资者特别是中小投资者合法权益，通过创新金融体系、强化投资理财渠道监管、规范交易方式、探索网络交易模式，让居民拥有更为多样的金融理财工具和产品；加强上市公司监管，规范可持续回报股东的分红制度。二是实业投资及租赁服务。要完善政策法规，保护民间投资的合法权益。最后，保护农民的合法权益，进一步拓宽增加农民收入的渠道。健全农产品价格保护机制，落实农业补贴，加

大对农民的职业技能培训以提高其工作能力，健全农村公共服务体系，增加农民的转移性收入。

4. 完善最低工资保障制度和行业工资增长约束机制

最低工资制度对于落实收入分配公平作用明显，最低工资的确立既要考虑当地社会经济发展水平，又要反映通货膨胀水平。应整顿政府、行政事业单位人员及国有企业员工工资，加强此类人员职务消费管理，取消各种显性与隐性非货币福利，对权力寻租加大惩处力度，运用信息技术对收入信息进行全面监测。

建立工资正常增长的长效机制，工资增长应与企业经济效益、劳动生产率、物价水平等相适应，让企业有能力、有动力进行工资改革，通过股权赠予、绩效分红、员工持股等方式，稳步提高劳动者报酬，增强职工归属感，让每一个劳动者活得有尊严、有获得感。通过规范劳动合同等保障民营企业、集体企业中低收入者的工资增长水平，制定农民工工资增长的合理机制。通过工会组织与企业进行工资集体协商，切实维护员工自身权益。增强收入分配的激励作用，完善企业年金，提高员工福利。制定法律规章制度，完善工资集体协商机制，加强对行业工资变动的监督、管理、指导，把工资分配制度纳入现代企业制度建设。协调推进社会各方面改革和发展，配合工资收入增长制度的完善。

5. 重点打击非法非正常收入

第一，健全法律法规，对公职人员腐败行为应切实按照中共十八届六中全会精神，要求所有公职人员严格按照《关于新形势下党内政治生活的若干准则》和《中国共产党党内监督条例》的有关规定提高自律意识，防止腐败行为发生；对于非公职人员应加强立法工作，对欠薪逃匿者加大刑事处罚力度。第二，严格界定合法劳动收入与非法劳动收入，对各种类型收入做出明确的法律界定，保护合法收入，取缔非法收入。一是应确定收入取得主体的权力资格，自始有权取得收入或履行法定义务取得相关收入才认定为合法收入；二是应确定收入取得过程的合法性，通过合法渠道或正常生产经营过程取得的收入被认定为合法收入；三是明确为取得收入可能造成的社会影响的合法性，如果为取得收入严重损害社会公众利益，那么即使通过劳动取得的收入依然会被认定为非法收入。因此，必须在法律层面考虑收入的合法性，才能防止非法非正常收入的发生。第三，严厉惩治腐败行为。对于侵占资产、徇私舞弊、偷逃税款、钱权交易等各种腐败行为必须严惩不贷，要综合运用严厉的刑事惩罚与附加刑处罚，使任何人员不敢腐、不能腐，直至消除腐败现象。

（二）充分发挥税收的再分配调节机制

税收政策工具能够很好地缩小收入差距，促进收入分配公平。强化个人所得税调节力度，优化税制结构，完善个人收入和财产申报制度是税收政策调节的应有之义。

1. 适度的个人与企业税负

按照世界银行的划分标准，我国属于中上收入国家，就宏观税负水平，已经超过了高收入国家 28.90% 的水平，达到了 30%。除了公开税负之外，还有来自于税收支出不明以及税收之外各种名目的收费或罚款，进一步加重了企业负担。企业承受着相对较高的实际税率使一些企业为了生存下去，不得不通过不正当的、非法途径获得非法非正常收入，同时也导致了地下经济的扩大。因此，适当降低税率和扩大税基是当前有必要采取的重要措施。一是这从税收制度上减少纳税企业追求额外收入的外在压力。降低税收直接效果是还富于企业，在经济上降低了获取非法非正常收入的内在动力。二是降低税率可以在一定程度上规范引导地下经济向地上经济转换，通过缴税将部分非正常收入纳入正常的合法收入范畴，有效防范灰色收入、地下经济的扩张。对不同的征税对象采取不同的税收政策，对于中低收入者和小微企业，要适当减轻税费负担，让他们能够维持正常的生产生活，避免他们通过非法、非常规或极端手段获取不当收入。通过税制结构化改革，形成一个有利于人民生活幸福、产业结构优化、社会诚信公平的税收环境。

强化个人所得税调节力度。当前我国采用的分类课税模式有悖于量能课税原则，并且多次提高个人所得税起征点也影响了个人所得税调节收入力度。因此，应探索综合课税模式，以家庭为课税单位，在考虑生计费、教育支出等各项费用扣除后，计算缴纳个人所得税。对于非劳动所得应采用较高的税率，以实现劳动所得与非劳动所得之间税负公平。

2. 创新税收管理模式

我国于 1980 年正式建立并执行个人所得税制度。经过几十年的发展，我国个人所得税制度历经几次修改完善，包括征税项目调整、免征额调整、税率调整等，主要侧重于税收本身的优化调整，而对防范个人所得偷税漏税，鼓励个人积极主动缴纳个人所得税，则没有制定专门的制度措施，在一定程度上给非法非正常收入提供了可乘之机。因此，要控制非法非正常收入，就不仅需要对现有个人所得税制度严格执行，还需要创新税收管理理念，深化税收制度改革，鼓励人们积极主动地申报缴纳个人所得税，保证税源不流失。具体可以从以下四个方面进行突破设计：一是按照个人申报纳税的时间节点、申报方式等，制定退税或优惠税率等形式的个人所得税税收优惠政策，从而达到鼓励个人自行主动申报纳税的目的；二是税务部门根据各市场主体支付收入的行为，建立全社会个人收入数据信息库，跟踪收入数据增减变化和来源去向变化，加强对个人收入异常变化的监管，防止任何收入的税收偷逃行为出现；三是加强税收信息化等技术手段建设，实现可征税对象全覆盖。建立完善税收信息化系统,增强税收监督管理能力,保证所有征税对象纳入信息化系统的数据库中来,通过信息化系统智能识别和监督,保证征税范围无死角、全覆盖;四是加强税收征缴力度。通过加强税务稽查,加大对个人、企业,特别是高收入群体偷税漏税行为的处罚力度。

面对经济社会形势发展中涌现出的各种新兴经济行为,我国税收制度要主动研究、主动参与,有针对性地创新税收产品和服务,合理调节经济发展结构和发展趋势,规范引导新兴行业和产业向健康有序的方向发展。

(三) 发挥财政转移支付和社会保障的功能

1. 提高财政转移支付的有效性

财政转移支付应避免"撒胡椒面"式的简单支付,应综合考虑转移支付目标,地区经济发展困难,财政资金使用效率等。首先,建立财政转移支付的约束性指标体系,将教育水平、医疗条件、社会保障、公共服务和基础设施等指标包括在内,以缩小各指标的多维差距为目标,在转移支付过程中注重转移支付的有效性,切实缩小地区收入差距。其次,完善转移支付制度。转移支付应有助于实现地区间基本公共服务的均等化,促进各地区间的协调平衡发展。对于转移支付专项资金,应避免多头管理、多头使用,必须确保专款专用。应加强资金使用的监管,提高资金使用效率。最后,探索建立横向转移支付制度。主要是按照共同富裕的根本原则,实现先富带后富,由经济实力较强省份对口帮扶相对贫穷落后省份,在资金与发展经验方面给予落后省份帮助,实现横向间的协调互动。

2. 推进社会保障体系改革

社会主义再分配的原则要求更加注重公平,社会保障体系属于再分配领域强有力的体系建设,是调节收入再分配的重要杠杆。完善社会保障体系,推荐社保体系改革,是现阶段收入分配领域的重要任务。首先,探索社会保障跨全国统筹,特别是医疗保险与养老保险的跨区域统筹,实现城乡居民社会保障资源共享。其次,扩大社会保障的覆盖范围。积极推进农民工参加社会保险,探索农民工与进城务工人员事业保障与保险措施。再次,进一步完善新型农村合作医疗制度。重点发展乡镇合作医疗,医疗报销比例以最大限度地缓解农民经济压力为原则,加强合作医疗的组织管理,使农民因病致贫现象有所改善。最后,多渠道筹集社会保障基金。既要通过扩大社保基金征缴覆盖面,提高缴费率保障社保基金收入水平,又要充分利用各种市场投资渠道,实现社保基金的保值增值。

(四) 基本公共服务的均等化和城乡一体的社会救助体系

1. 促进基本公共服务均等化

基本公共服务均等化就是实现城乡之间、地区之间公共产品提供和公共事业发展的均等化。公共产品主要包括医疗、教育、基础设施等,公共事业包括水利、电力等。促进城乡与地区间基本公共服务均等化，要改善农村公共产品供给条件，加强农村公共事业建设。首先，合理划分中央和地方政府的财权和事权，使事权与财权相匹配。对于像国防等涉及全国公共产品提供及跨区域公共物品提供一般应由中央财政承担，对于地区内的基础性及社会效益显著的公共服务提供一般由地方政府承担。由于地方政府事权支出责任较大，应给予其充分的财权，适当扩大地方政府税权。其次，提高公共服务供给效率。提供公共服务既要按照顶层设计自上而下的依规操作，又要根据群众诉求自下而上进行调整，进而使公共服务提供更加有效。最后，重视民生工程建设。以棚户区改造、保障性住房建设实现住有所居，以教育体制改革实现学有所教，以健全社会保障体系、完善最低生活保障制度实现病有所医、老有所养。

2. 完善城乡一体的社会救助体系

扩大对低收入人群的救助范围和支持力度，缓解经济下行、物价波动、重大疾病等对低收入群体基本生活的冲击。首先，建立健全城乡低保制度及特困人员供养制度，使其与医疗、教育、住房等专项救助制度相配套，临时救助和社会互助制度为补充的全方位、多层次的城乡社会救助体系。其次，完善专项医疗救助政策和特困人群临时救助政策。积极引导和支持低保、特困、优抚对象参保，以解决其后顾之忧，提高其生活保障水平。以医疗救助为重点加强专项和临时救助。建立以医疗保险为主体、医疗救助为支撑、公益慈善为补充，三者有序衔接、协同联动的综合保障体系，防止低收入群体因病致贫和因病返贫。再次，完善社会力量参与社会救助的优惠政策，鼓励和引导社会力量参与社会救助，使社会力量参与社会救助工作能够享有财政补贴、税收优惠和费用减免等政策。最后，培育承接主体，积极发展能够参与社会救助工作、提供社会救助服务事项的社会组织，提高其承接能力。通过委托、承包、采购等方式，把适合社会力量提供的社会救助服务转移给社会力量承担。

(五) 推进现金管理制度改革

现金交易的特点是不留交易痕迹，方便进行各种违法违纪活动，容易避开监督管理，对于从事非法非正常经济活动的人来说是一个较安全的交易方式。因此，加强现金管理，相当于堵住这一交易漏洞，切断了地下经济活动、非法非正常收入的交易交换方式，使地下经济的生存环境变恶劣。

我国支付方式主要以传统的现金支付为主，国内大量经济活动还是以现金交易方式完成。在金融和财务制度方面没有严格的现金交易限制，很多收支来源和去向都不清楚，在大量收入中存在规模不小的非法非正常收入，并且很难将其与合法收入区分开来。从全球经济活动来看，现金交易是主要的洗钱方式之一，是从事非法非正常经济活动的主要媒介。因此，在一定程度上给现金交易增加适当限制，可以有效控制非法非正常收入。具体可以从以下两个方面进行设计：一是推广交易支付方式电子化。不管是获得收入还是支付，电子化交易支付方式都可以降低社会成本，这避免了大额现金交易的缺陷。电子化交易支付方式对交易支付的数量和去向进行精确跟踪管理，对非法非正常收支形成透明、有效的监管；二是建立健全的金融实名制度。在发达国家，金融实名制度是一项比较健全的重要法律制度。金融实名制度的实行对个人金融资产的增减变化进行精确监控，有利于执法检察机关从中发现一些违法违纪行为的线索，有利于充分发挥金融机构的监督作用。目前，我国金融机构虽然在用户开立个人账户时，要求出示居民身份证，但是与发达国家真正意义上的金融实名制还存在一定差距。例如，国际上通行的实名制，在个人开立账户时除了需要身份证件之外，还需要包括职业、居住地址、通信地址、纳税信息、账单周期等在内的个人信息。可见，我国实行的金融实名制还相对简单，需要借鉴发达国家的经验，逐步建立健全的金融实名制度，有效破除非法非正常收入产生的基础条件和生存空间，以更准确地掌握收入分配情况，监管收支数量和去向，防止个人所得税源流失。

（六）完善社会信用体系建设

诚信是现代社会中社会个体的行为规范，诚信作为现代契约关系的价值内核，在经济社会生活各个领域普遍存在，遵守诚信是合作长期化的基础。改革开放以来，经济体制由计划经济向市场经济转轨，市场经济的不断发展，极大地促进了我国信用经济的扩张、结构更加复杂，已经成为推动我国市场经济发展的重要力量，是防范抵制非法非正常收入的内在基础。党的十八大报告提出"加强政务诚信、商务诚信、社会诚信和司法公信建设"，并将其作为"深入开展道德领域突出问题专项教育和治理"的重要内容。党的十八届三中全会提出"建立健全社会征信体系，褒扬诚信，惩戒失信"。党和政府的上述要求和举措，充分考虑了当前社会诚信存在缺失和各界日益强烈的诚信诉求。形成这一局面的原因在于：一是市场经济在我国的建立和快速发展创造的物质成果大大提高了居民生活水平，但也在精神思想方面产生了消费主义、拜金主义、享乐主义；二是社会从计划经济向市场经济转型的过程中会实现社会资源整合，促进社会进步，同时也拉大了社会个体之间的收入差距，引发新的社会不平衡；三是随着改革开放的深入，人们的思想意识多样化，有了更多的价值选择，由此也滋生了道德相对主义。因此，建立健全完整的社会信用体系，对于应对非法非正常收入行为挑战可以发挥积极作用。

1. 营造适合社会信用健康发展的文化环境

培育诚信道德是社会信用从外在约束向内在自律转变的过程，在这个过程中良好的文化环境是必要条件。在良好的社会信用文化环境中加强对社会成员的熏陶，使社会成员逐步建立诚信至上的思想观念。一是将培育和践行社会主义诚信价值观落实到行动上。应以社会主义核心价值观建设为依托，加快社会信用文化建设，建设国家文化战略实施平台，从外在约束和内在修养上使诚信价值观成为社会行为准绳。二是发挥我国传统道德文化中的诚信资源。在我国优秀传统文化中蕴含了高尚的诚信思想，不但强调个体对他人坚守的道德义务，而且注重自身修养。如孟子所讲的"诚者自成"。在全球经济开放度不断扩大的今天，进一步发扬我国传统信用文化，对于现代社会人们抵御外界不良诱惑、遵纪守法、修炼个人品性、恪守信用道德准则具有积极意义。三是把信用文化意识融入每个人的工作、生活中。文化观念的形成是一个长期过程，讲诚信、树信用也需要不断培养。通过职业规范、行为准则等逐渐将信用转化为日常行为要求，诚信价值观才会内化为道德意识，从而起到约束非法非正常行为的作用。

2. 建设和完善各种社会主体的信用信息平台

社会信用缺失给整个社会发展效率带来损失，实际上主要是由于社会信用信息不对称造成的。通过建立不同主体的社会信用信息搜集、共享、发布的平台，可以大大提高社会信用信息的传播透明度，缩小各社会主体掌握的信息差距，从而减少信息不对称问题，起到有效维护社会信用的作用。现代社会已经是数字化、信息化社会，互联网给人们带来的不仅是改变了的生产、生活方式，而且深度改变了人们的思维方式。通过互联网等信息技术，把每个人、企业等社会主体的信用数据存储在平台数据库，人们通过查询社会信用情况，可以清楚了解个人和企业的社会信用和诚信情况，从而帮助人们做出合理有效的决策，让那些从事过非法活动、非法行为或获取过非法非正常收入的人们在社会信用数据和诚信数据上有明显体现，从而可以有效遏制从事非法活动和获取非法非正常收入的行为。

3. 完善社会信用治理系统

现代社会治理提倡多元参与、协同共治，社会信用治理也要充分发挥政府、企业、社会组织的作用。一是建立多维度、网络化的信用治理体系。围绕社会信用加强立法工作，为社会信用规范提供合法依据和法律制度保障。通过立法程序，明确社会主体在遵守社会信用方面所承担的责任义务和权利，才能有效发挥社会信用治理系统的作用，达到约束非法非正常收入经济活动的目的。二是建立科学的社会信用评估体系，明确不同社会主体担负的信用责任及其在社会信用体系中的地位和作用。针对企业、个人等不同主体，依据不同标准，设计科学合理的信用评估指标，客观准确地反映评估对象的信用状况。同时，加强各主体的信用评估体系之间的相容性和适配性，保证社会信用评估体系的整体协调。还可以将评估结果与社会生活相联系，鼓励人们从事合法行为获取合法收入，从而获取社会资源和享受社会福利的主要依据。三是政府作为建立社会信用平台和成立社会征信机构的主体，对公民个体及企业等社会组织全面、系统、定期地进行信用信息收集，监督社会信用运行状况，将社会信用评估作为为社会个人提供社会服务、社会保障、社会救助等公共决策的关键依据；四是将社会信用治理纳入行业治理，赋予行业协会监管会员信用的权力与职能。信用治理的信息化方式运用和发展，能较好地反映各经济主体的信用状况，成为法治社会中约束主体行为的重要因素。依靠社会信用体系建设，可以有效治理地下经济、灰色收入等行为。

4. 健全社会信用惩戒机制

为了能够充分落实好维护社会信用的使命和责任，维护社会信用的权威，需要加强对失信行为的惩戒力度，并保证严格执行。按照经济学中的成本收益法则，通过健全社会信用惩戒机制，提高违约成本，强化违约惩罚，进一步巩固社会信用。加强法治建设，对贪污腐败、非法经营、制假贩假、偷税漏税、"黄赌毒"等违法犯罪行为，通过完善法治堵住违法行为的漏洞；设置专门接待部门，降低社会信用维权成本；对于失信者，通过信用平台定期实名公布失信记录；强化舆论监督。具体可以通过以下方式进行惩戒活动：第一，加大对地下经济的新闻曝光和打击力度，起到社会告诫、警示作用；第二，加强职业道德、家庭美德和社会公德等多方面的道德教育，加强法制宣传，增强守法意识，自觉抵制制假售假、走私贩私等违法犯罪活动；第三，发挥榜样的示范作用，对守法企业和人物加大宣传力度，发挥其示范作用，引领诚信守法的社会风气。

（七）强化思想教育，建立非法非正常收入的预防机制

1. 弘扬优良社会传统，培养人们树立正确的收入观

首先，弘扬社会主义核心价值观，提高人们的道德素质。继承优秀传统美德，广泛开展正确的收入价值观教育，用社会主义核心价值观凝魂聚气、强基固本，让人们端正对金钱、财富的认识，积极引导人们用遵纪守法、劳动光荣的理念，从而追求美好的物质生活。其次，加强舆论宣传导向，转变人们对实现人生价值的扭曲认识。强化劳动光荣的价值观，积极宣传人们应该在劳动创造中实现人生价值，形成诚信正义、守信守法的社会氛围。

2. 加强党的建设，进一步发挥党员的先锋队作用①

为贯彻中国共产党十八大、十八届三中全会、六中全会精神，进一步强调"在新形势下加强和规范党内政治生活，必须以党章为根本遵循，坚持党的政治路线、思想路线、组织路线、群众路线，着力增强党内政治生活的政治性、时代性、原则性、战斗性，着力增强党自我净化、自我完善、自我革新、自我提高能力，着力提高党的领导水平和执政水平、增强拒腐防变和抵御风险能力，着力维

---

① 相关指导思想参见党的十八大以来习近平总书记的重要讲话精神。

护党中央权威、保证党的团结统一、保持党的先进性和纯洁性，努力在全党形成既有集中又有民主、既有纪律又有自由、既有统一意志又有个人心情舒畅的生动活泼的政治局面。高级干部特别是中央领导层组成人员必须以身作则，模范遵守党章党规，严守党的政治纪律和政治规矩，坚持不忘初心、继续前进，坚持率先垂范、以上率下，为全党全社会作出示范"。第一，抓思想从严，着力教育引导全党坚定理想、坚定信念，增强"四个自信"。让党员领导干部、国家公职人员增强理想信念，牢记为人民服务理念，深刻学习领会"道路自信、理论自信、制度自信和文化自信"。深化思想教育，增强政府公务员的政治责任感和道德意识，在规范和完善制度的同时，注重人文教育，不但提高全民族文化素质，而且提升道德水平。第二，抓管党从严，引导全党增强政治意识、大局意识、核心意识、看齐意识，不断增强各级党组织管党治党意识和能力。新形势下加强党内监督的顶层设计，必须抓好贯彻执行，使其成为规范各级党组织和广大党员、干部行为的硬约束。准则、条例内在统一、相辅相成，是推进全面从严治党的重要制度法规保障。第三，抓执纪从严，坚持把纪律挺在前面，严明党的政治纪律和政治规矩，保证全党团结统一、步调一致。选贤任能，事关重大。对领导干部的选拔任用一定要严格把关，建立平等、公开、择优的干部选任机制，全面贯彻干部队伍"四化"方针和德才兼备原则，防止片面性和简单化；坚持任人唯贤，反对任人唯亲，反对"以人划线"和"以地域划线"；注重对干部思想政治素质包括道德品质的考察，不要只重才而轻德。要逐级建立健全用人失察责任追究制度，对选拔任用干部违反干部政策、不按规定行事造成失误的，要严肃追究责任。对在干部任用上搞以权谋私、权钱交易、受贿卖官的，一经发现就要坚决查处。明确国家机关公务员的权力，建立起明确的问责制度并让公众了解以便监督。第四，抓治吏从严，着力整治用人上的不正之风，优化选人用人环境。国家机关公务员选拔有能力、精干的人员构成，让有能力、干练的公务员得到相应的高工资待遇，弱化公务人员贪财腐化的动机，是一个防止贪污受贿的有效方法。只要有权力的存在就有产生腐败的可能，权力不受约束必然产生腐败。防止滥用权力的办法，就是用权力约束权力，将社会主义民主制度和党的民主集中制真正落实到实处。首先，政府决策规范化、公开化，除涉及机密事件之外，还要大力提高政府工作决策的透明度，做到政务信息公开。其次，在管理和执行过程中应当严格实行集体领导与个人分工负责相结合，出了问题要分清责任，不能拿"经过集体讨论决定"等理由来搪塞应负的责任，要按照责任制予以追究；强化内部约束机制，通过职能交叉、人员交叉等形式，实现相互约束、相互监督，防范腐败。第五，抓作风从严，着力解决许多过去被认为解决不了的问题，推动党风政风不断好转。加强国家公务员的职业操守建设，打击滋生贪污受贿的土壤，让国家公务员行使职权时以法律规定为准绳，恪守公正、平等的原则。第六，抓反腐从严，坚持"老虎""苍蝇"一起打，着力扎紧制度的笼子。详细调查研究纳入贪污受贿范围内的具体人员，不能只片面打击，发现谁处理谁，而要全面查出所有相关人员，从根本上在更大的范围内反腐，真正做到从严反腐。

三、保持持续高压态势，震慑从事非法非正常活动的经济主体

（一）牢固树立依法治国理念，建立健全法律体系

随着经济社会不断向前发展，获取非法非正常收入的手段和形式不断出新，有些已经超出了现有法律的约束范围。要及时对现有法律法规进行修订和完善，健全法律体系，与时俱进地做到有法可依。加大法制教育和宣传力度，树立依法治国理念最重要的是让法制观念入心入脑，要让人们学法、懂法、守法，通过合法手段获得合理正常的收入。

（二）从严治党，从严治政，严厉惩处腐败分子

反腐倡廉，严惩腐败，要大力加强和完善廉政立法，将廉政建设纳入法制化轨道，并严格执行，对违法乱纪、徇私舞弊等腐败行为，带来特别恶劣社会影响的，要从严从重惩处。建立一套相互制约的权力运行机制，创造一个良好的法律环境，从而使为官者、掌权者"不想腐败""不能腐败""不敢腐败""不愿腐败"，进而达到防止权力滥用、遏制腐败现象滋生、蔓延的目的。

参考文献

［1］ Achary. The Underground Economy in the United States: Comment on Tanzi ［R］. Staff Papers of International Monetary Fund, 1984, 31 (1): 724 - 726.

［2］ Anonymous. US Department of Justice: Former UBS Banker Sentenced to 40 Months for Aiding Billionaire American Evade Taxes ［J］. M2 Presswire, 2009.

［3］ Acemoglu D. and T. Verdier. The Choice Between Market Failures and Corruption ［J］. American Economic Review, 2000, 90 (1).

［4］ Charles Kerwin Kofi, Hurst Erik, Roussanov Nikolai. Conspicuous Consumption and Race ［J］. The Quarterly Journal of Economics, 2009, 124 (2).

［5］ La Porta, Rafael and Andrei Shleifer. The Unofficial Economy and Economic Development ［M］. Brookings Papers on Economic Activity Fall, 2008.

［6］ Luigi Bosco, Luigi Mittone. Tax Evasionand Moral Constraints: Some Experimental Evidence ［J］. Kyklos, 2004: 503.

［7］ Olivier Bargain, Tim Callan. Analysing the Effects of Tax - benefit Reforms on Income Distribution: a Decomposition Approach ［J］. The Journal of Economic Inequality, 2010 (8).

［8］ Ronald D. Picur, Ahmed Riahi - Belkaoui. The Impact of Bureaucracy, Corruption and Tax Compliance ［J］. Review of Accounting and Finance, 2006.

［9］ Schneider, F. Buehn and Montenegro, Shadow Economies all over the World: New Estimates for 162 Countries from 1999 to 2007 ［R］. Policy Research Working Paper, 2010: 5356.

［10］ Tedds M. Estimating the Income Reporting Function for the self - employed ［J］. Empirical Economics, 2010, 38 (3).

［11］ Yusuf M. Sidani, Abdul Jalil Ghanem, Mohammed Y. A. Rawwas. When Idea Listsevade Taxes: The Influence of Personal Moral Philosophy on Attitudes to Tax Evasion - a Lebanese Study ［J］. Bus Ethics Eur Rev, 2014: 232.

［12］安福仁．个人所得税税制的模式比较与路径选择［J］．生产力研究，2012（2）．

［13］艾芸，常修泽．如何走出"分配窄圈"——专访国家发改委宏观经济研究院教授常修泽［J］．人民论坛，2010（19）．

［14］白重恩．中国隐形收入规模估计［J］．经济研究，2015（6）．

［15］坂井吉良．経済構造と民主主義との相互関係に関する研究［M］．政経研究，2014.

［16］碧明．关于灰色收入的联想［J］．党员之友，1998（7）．

［17］蔡豪杰．非法收入征税问题的法理学分析［J］．涉外税务，2006（5）．

［18］蔡亦敏．我国居民财产性收入差距问题探析［J］．中共福建省党委党校学报，2009（4）．

［19］崔志坤，经庭如．我国个人所得税改革的机制创新［J］．税务研究，2014（3）．

［20］常兴华，李伟．我国国民收入分配格局的测算结果与调整对策［J］．宏观经济研究，2009（9）．

［21］陈弘．"逆激励性收入差距"——收入分配差距损害效率的机理分析［J］．山东社会科学，2008（10）．

［22］陈洪瑞．企业偷漏税手段及其防范［J］．当代经济，2016（24）．

［23］陈进之．灰色收入挑战社会公平［J］．今日中国论坛，2006（9）．

［24］陈克勤．征税机构与纳税企业的博弈分析［J］．会计之友，2012（3）．

［25］陈宗胜．经济发展中的收入分配［M］．上海：上海三联书店，1991.

［26］陈宗胜，周云波．非法非正常收入对居民收入差别的影响及其经济学解释［J］．经济研究，2001（4）．

［27］陈刚，李树．中国的腐败、收入分配和收入差距［J］．经济科学，2010（2）．

［28］陈刚，李树，尹希果．腐败与中国经济增长——实证主义的视角［J］．经济社会体制比较，2008（3）．

［29］程曾泽．合法的非劳动收入和以非法手段牟取暴利［J］．财务与会计，1988（6）．

［30］丁硕．我国的灰色收入现象浅析［J］．特区经济，2007（10）．

［31］董晓莉．论由权力寻租产生的灰色收入［J］．知识经济，2011（7）．

［32］杜胜利．完善社会主义市场经济条件下的非劳动收入［J］．改革与战略，2006（5）．

［33］杜鑫．中国垄断性行业与竞争性行业的收入差距：基于北京市微观数

据的研究［J］．南开经济研究，2010（5）．

［34］段小力．基于公共选择视角的"灰色收入"防控机制创新［J］．广西财经学院学报，2016（2）．

［35］邓伟，叶林祥．上游产业垄断与国有企业的高工资——来自省际面板数据的经验分析［J］．南开经济研究，2014（5）．

［36］樊纲，魏强，刘鹏．中国经济的内外均衡与财税改革［J］．经济研究，2009（8）．

［37］樊纲，姚枝仲．中国财产性生产要素总量与结构的分析［J］．经济研究，2002（11）．

［38］傅娟．中国垄断行业的高收入及其原因：基于整个收入分布的经验研究［J］．世界经济，2008（7）．

［39］范瑛，平新乔．工资合约、灰色收入和职业生涯考虑［J］．经济学（季刊），2004（2）．

［40］高尚全，尹竹．加快推进垄断行业改革［J］．管理世界，2003（10）．

［41］弓剑．我国高收入者个人所得税征管现状、原因及对策研究［D］．中国海洋大学硕士学位论文，2014.

［42］郭河驹．后金融危机时代西方社会腐败的特点［J］．中国纪检监察，2015（21）．

［43］管晓明，李云娥．行业垄断的收入分配效应——对城镇垄断部门的实证分析［J］．中央财经大学学报，2007（3）．

［44］海关总署2013年政府信息公开工作年度报告［EB/OL］．http：//www. customs. gov. cn.

［45］贺卫．寻租经济学［M］．北京：中国发展出版社，1999.

［46］何增科．创新体制从源头上预防和治理腐败［J］．公共管理学报，2004（3）．

［47］何华芹，郑少智．地下GDP分割模型对地下经济规模估测的再探讨［J］．统计与决策，2005（2）．

［48］胡俊超．地下经济行为的内部性与外部性分析［J］．山东社会科学，2007（5）．

［49］胡丽华．自然垄断企业收入分配的逆向监管［J］．企业经济，2007（8）．

［50］胡学锋．关于开展灰色收入与黑色收入统计的思考［J］．广东商学院学报，2007（6）．

［51］胡学锋．地下经济的测算方法［J］．统计与决策，2001（7）．

［52］胡静波，李立．我国垄断行业收入分配存在的问题与对策［J］．经济纵横，2002（11）．

［53］会敏．应当重视"灰色收入"膨胀问题［J］．学习与研究，1992（4）．

［54］惠宁，郭淑娟．行业垄断与行业收入差距研究［J］．山西财经大学学报，2012（8）．

［55］季建林．论中国的地下经济［J］．江苏社会科学，1995（5）．

［56］纪衍茜．垄断行业收入分配问题研究——基于合理分配国民收入的视角［J］．黑龙江对外经贸，2010（5）．

［57］贾邵华．我国税收流失的测算分析与治理对策探讨［J］．财贸经济，2002（4）．

［58］贾康．我国收入分配格局和企业负担问题辨析［J］．经济学动态，2018（3）．

［59］蒋华．生产企业几种价格违法行为的非法收入的计算［J］．价格月刊，1991（7）．

［60］姜俪．我国垄断行业职工高工资形成机理与实证研究［D］．浙江大学博士学位论文，2014．

［61］蒋萍．非法生产与GDP［J］．经济科学，2006（6）．

［62］姜琪．转轨经济中行业性行政垄断的制度根源——基于理性政府汲税约束视角［J］．经济评论，2012（4）．

［63］金健．非法收入怎能留给违纪单位？［J］．价格理论与实践，1984（3）．

［64］孔蕊．中国隐形经济问题刍议［J］．河海大学学报（哲学社会科学版），2002（3）．

［65］李海涛．我国地下经济规模核算及变化趋势［J］．统计与决策，2007（13）．

［66］李建军．基于国民账户均衡模型的未观测经济规模测算［J］．中央财经大学学报，2008（6）．

［67］李建军．地下金融规模及其对宏观经济影响分析［J］．中国金融，2005（4）．

［68］李建军．中国地下金融规模与宏观经济影响研究［M］．北京：中国金融出版社，2005．

［69］李晓宁．国有垄断与所有者缺位：垄断行业高收入的成因与改革思路

［J］．经济体制改革，2008（1）．

［70］李婷，李实．中国收入分配改革：难题、挑战与出路［J］．经济社会体制比较，2013（5）．

［71］李闻．论垄断对我国职业群体收入的影响及对策［J］．南京政治学院学报，2001（3）．

［72］李艳菊．规制当前市场竞争秩序必须治理互联网地下经济［J］．理论探讨，2015（2）．

［73］李振国．论取缔寻租而得的非法收入［J］．社会主义研究，2007（5）．

［74］李恩平，王莫寒．非正规就业与非正规经济关系浅析［J］．经济问题，2009．

［75］李开，邢小健．基于博弈论的反腐与官员互相监督机制研究［M］．北京：社会科学文献出版社，2015．

［76］李雪灵，张惺，刘钊等．制度环境与寻租活动：源于世界银行数据的实证研究［J］．中国工业经济，2012（11）．

［77］梁朋，梁云．关于中国地下经济规模的测估及思考［J］．财贸经济，1999（5）．

［78］林峰．行政垄断行业对全国收入分配差距贡献度的直接测度［J］．华东经济管理，2013（1）．

［79］刘灿．揭示生产关系规律是中国特色社会主义政治经济学研究的重大课题［J］．经济学家，2016（3）．

［80］刘丹丹．关于修正现金比率法的一点思考［J］．统计教育，2007（1）．

［81］刘剑文．非法未必不征税［J］．中国税务，2006（4）．

［82］刘君．企业偷漏税手段及防范［J］．时代金融，2015（29）．

［83］刘穷志．中国家庭收入不平等水平估算——基于省略性收入的测算与收入分布函数的选择［J］．中南财经政法大学学报，2015（1）．

［84］刘尚希．按家庭征个人所得税会更公平吗——兼论我国个人所得税改革的方向［J］．研究与探索，2011（4）．

［85］刘阳．"灰色收入"现象的透析与治理制度推进［J］．领导科学，2013（1）．

［86］林夕三．灰色收入突显中国贫富差距［J］．经济导论，2010（35）．

［87］刘穷志，罗秦．中国家庭收入不平等水平估算——基于分组数据下隐形收入的测算与收入分布函数的选择［J］．中南财经政法大学学报，2015（1）．

　[88] 刘渝琳, 梅斌. 行业垄断与职工工资收入研究——基于中国上市公司数据的分析 [J]. 中国人口科学, 2012 (1).

　[89] 刘洪, 平卫英. 我国非正规经济对税收收入影响的实证分析 [J]. 数量经济技术经济研究, 2004 (2).

　[90] 刘洪, 夏帆. 中国非正规经济规模的定量测估——现金比率法的修正及实证分析 [J]. 统计研究, 2003 (10).

　[91] 罗楚亮. 垄断企业内部的工资收入分配 [J]. 中国人口科学, 2006 (1).

　[92] 罗磊. 中国地下经济规模基本估计和实证分析 [J]. 经济科学, 2005 (3).

　[93] 罗美娟, 黄丽君. 我国地下经济与拉弗最适税率的关系研究 [J]. 云南财经大学学报, 2015 (4).

　[94] 罗美娟, 黄丽君. 宏观税负与我国地下经济的关系研究 [J]. 财政研究, 2014 (1).

　[95] 卢先祥, 杨彦云. 地下经济对中国财政收入的侵蚀——兼论 1978~1989 年中国地下经济规模问题 [J]. 财贸经济, 1992 (8).

　[96] 吕晓兰. 自然垄断、行政垄断与我国行业收入差距 [J]. 合作经济与科技, 2008 (2).

　[97] 马凌. 重新探析中国的"灰色收入"现象 [J]. 华东交通大学学报, 2004 (6).

　[98] 马君, 詹卉. 美国个人所得税课税单位的演变及其对我国的启示 [J]. 税务研究, 2013 (6).

　[99] 茂亭, 茂才. "灰色收入"哪里来 [J]. 乡镇论坛, 1996 (5).

　[100] 廖涵, 王平. 地下经济: 成因及条件分析 [J]. 中南财经大学学报, 1993 (3).

　[101] 聂辉华. 腐败对效率的影响: 一个文献综述 [J]. 金融评论, 2014 (1).

　[102] 潘胜文. 典型垄断行业职工收入状况的实证分析 [J]. 湖北社会科学, 2008 (9).

　[103] 平新乔. 中国地方政府支出规模的膨胀趋势 [J]. 经济社会体制比较, 2007 (1).

　[104] 平新乔, 黄昕, 安然. 地方财政收入中的土地出让金和房地产税收问题研究 [J]. 中州学刊, 2016 (7).

　[105] 祁光华. 北京市"阳光工资"实施效果的调查和分析 [J]. 北京行

政学院学报，2006（5）．

［106］七林卓玛．信息不对称视角下中国个人所得税征管问题研究［D］．云南财经大学硕士学位论文，2014．

［107］秦汝钧．中国的地下经济与税收流失及治理对策［J］．涉外税务，2000（12）．

［108］齐守锋．灰色收入的经济定义和主要形式［J］．商业经济，2014（3）．

［109］邱东．国民经济统计学［M］．辽宁：东北财经大学出版社，2001．

［110］戚聿东，柳学信．中国垄断行业的竞争状况研究［J］．经济管理，2006（2）．

［111］饶凌乔．偷税漏税概念的产生及入法源流考［J］．税务研究，2015（6）．

［112］任重，周云波．垄断对我国行业收入差距的影响到底有多大？［J］．经济理论与经济管理，2009（4）．

［113］沈长江．关于偷税漏税行为的心理分析与对策［J］．财经问题研究，1991（6）．

［114］沈伟．调整个人收入差距与促进社会公平［M］．北京：经济科学出版社，2012．

［115］苏飞，胡艳．1979～2009 年中国地下经济规模测算及影响分析［J］．统计与信息论坛，2012（4）．

［116］孙浩进．中国收入分配不公平问题分析及制度思考［J］．学习与探索，2009（1）．

［117］孙伊然．权力运作、法治与收入差距——基尼系数背后的政治经济学［J］．经济学家，2006（5）．

［118］孙健，朱建武．地下经济与收入不公的相关分析［J］．经济纵横，2001（11）．

［119］覃家源，黄战鹰．"违法所得"、"非法收入"的计算应用［J］．中国质量技术监督，1999（8）．

［120］唐娟．论我国灰色收入的界定、成因及其规范［D］．西南财经大学硕士学位论文，2011．

［121］田原，林玳玳，高毅蓉．对垄断性国有企业进行工资调控的几个视角［J］．生产力研究，2008（7）．

［122］土本武司．日本における赠收贿の特异性と法的规制［M］．法律文化，2004．

［123］万寿桥，张伟．我国地下经济初探［J］．中国统计，2005（2）．

［124］王忠辉．现金比率法对地下经济估算的应用研究［J］．中国煤炭经济学院学报，1995（4）．

［125］王国平．国库在流血——偷漏税威胁着中国财政［J］．上海经济研究，1993（9）．

［126］王劲颖．博弈论在税收管理中的应用［J］．现代经济探讨，2003（3）．

［127］王明华．影响居民收入差距扩大的制度性因素［J］．经济问题，2005（10）．

［128］王倩．中国行业垄断与收入分配差距问题研究［D］．山东大学博士学位论文，2014.

［129］王首元．灰色收入测算新模型：中国的应用——基于比例效用理论视角［J］．财贸研究，2014（5）．

［130］王小鲁．灰色收入与发展陷阱［M］．北京：中信出版社，2012.

［131］王小鲁．灰色收入与政府改革［J］．上海经济，2011（5）．

［132］王小鲁．灰色收入与政府变革［J］．中国经济观察，2011（2）．

［133］王小鲁．阻断扩大收入分配差距的"灰手"［J］．人力资源，2010（8）．

［134］王小鲁．我国的灰色收入与居民收入差距［J］．比较，2007（31）．

［135］王小鲁．灰色收入与居民收入差距［J］．中国税务，2007（10）．

［136］王小鲁，樊纲，刘鹏．中国经济增长方式转换和增长可持续性［J］，经济研究，2009（4）．

［137］王永兴．中国地下经济问题研究评述［J］．经济社会体制比较，2010（4）．

［138］王治．非法收入可税性研究［D］．兰州商学院硕士学位论文，2012.

［139］王丹，丛庆．中小企业偷税漏税及其防范措施［J］．商场现代化，2015（7）．

［140］王永兴，景维民．中国地下经济的区域发展分化：基于多指标面板数据的聚类分析检验［J］．南开经济研究，2014（6）．

［141］王永兴，景维民．"地下经济"诸种表现触发的国家安全［J］．改革，2014（5）．

［142］王宏伟，李平，樊明太．中国的隐形经济规模与收入不平等［J］．西部论坛，2012（6）．

［143］王俊豪，王建明．中国垄断性产业的行政垄断及其管制政策［J］．

中国工业经济，2007（12）.

[144] 汪晓茜. 遏制"灰色收入"探析［J］. 贵州师范学院学报，2014（12）.

[145] 魏元春. 浅议企业财务管理中的税收筹划原则及其应用［J］. 黑龙江科技信息，2015（26）.

[146] 魏杰，谭伟. 我国非法性收入差别的类型及对需求的影响［J］. 经济研究参考，2003（63）.

[147] 吴强. 关于垄断行业改革的几个问题［J］. 求是，2012（18）.

[148] 夏南新. 地下经济估测模型及敏感度分析［J］. 统计研究，2000（8）.

[149] 夏南新. 地下经济估测［M］. 北京：中国财政经济出版社，2002.

[150] 夏兴园. "地下经济"三论［J］. 经济学家，1997（5）.

[151] 肖文，李黎. 地下经济：原因、影响及规模估计方法［J］. 世界经济与政治，2001（3）.

[152] 肖军荣，田立新. 估算地下经济的计量经济模型［J］. 统计与决策，2004（8）.

[153] 晓静. 税务违章行为辨析——论偷税、漏税、欠税、抗税的政策界定［J］. 当代财经，2002（8）.

[154] 向蓉美. 国民经济核算及分析［M］. 成都：西南财经大学出版社，2005.

[155] 谢立中. 唯一真实的基尼系数是否可得［J］. 社会学研究，2013（5）.

[156] 徐正云. 中国地下经济规模测量研究［J］. 武汉理工大学学报，2009（11）.

[157] 徐蔼婷. 未被观测经济规模估算：收支差异法的适用性和创新性研究［J］. 统计研究，2008（12）.

[158] 徐美华. 企业偷漏税手段及其防范措施分析［J］. 商场现代化，2015（29）.

[159] 徐斌，夏杰长. 地下经济与正规经济关系的再检验［J］. 广东财经大学学报，2014（1）.

[160] 徐斌，万义平. "地下经济"规模测算方法的比较［J］. 统计与决策，2008（6）.

[161] 许宪春. 准确理解中国的收入、消费和投资［J］. 中国社会科学，2013（1）.

[162] 许周颖. 未观测经济规模对收入分配的影响 [D]. 浙江大学硕士学位论文, 2015.

[163] 薛宝贵. 公共权力、腐败与收入不平等 [J]. 经济学动态, 2015 (6).

[164] 鄢烈山. "灰色收入" 杂议 [J]. 瞭望周刊, 1991 (21).

[165] 鄢华香. 增强公民纳税意识杜绝偷税漏税行为 [J]. 福建师大福清分校学报, 2002 (3).

[166] 阎世平. 一种关于灰色收入的抽样调查方法 [J]. 黑龙江大学自然科学学报, 1995 (2).

[167] 严昌涛. "地下经济" 与税收 [J]. 税务研究, 2000 (8).

[168] 杨灿明, 孙群力. 中国的隐形经济规模与收入不平等 [J]. 管理世界, 2010 (7).

[169] 杨大光. 试析国民收入的隐形分配——灰色消费理论假说 [J]. 东北师大学报, 2003 (1).

[170] 杨缅昆, 宋建彪. 关于地下经济核算的若干理论问题 [J]. 统计研究, 1996 (5).

[171] 杨松. 企业偷税漏税弊病的综合治理措施 [J]. 中国乡镇企业会计, 2013 (12).

[172] 杨泽军. 应当加强 "地下经济" 活动的统计核算 [J]. 统计研究, 1990 (3).

[173] 杨兴坤. 中国省部级官员腐败的现状、趋势与治理 (1986～2014) [N]. 东方早报, 2014-09-09 (B11).

[174] 杨子莫. 企业偷税漏税的原因分析与对策研究 [J]. 福建质量管理, 2015 (11).

[175] 叶天勇. 建立城镇居民 "灰色收入" 统计的构想 [J]. 贵州商专学报, 1990 (4).

[176] 易定红. 中国收入分配秩序问题、原因与对策 [J]. 中国人民大学学报, 2014 (3).

[177] 尹龍澤. 日本における不正防止の現状と日韓の比較：荒川区の取り組みを契機に [M]. 創価法学, 2006.

[178] 于国安. 中国现阶段收入分配问题研究 [M]. 北京：中国财政经济出版社, 2010.

[179] 于慧君. 凡勃仑的制度理论和我国国有企业灰色收入的产生 [J]. 生产力研究, 2007 (6).

［180］于祖尧．转型时期暴富群体的政治经济学分析［J］．经济研究，1998（2）．

［181］于良春，菅敏杰．行业垄断与居民收入分配差距的影响因素分析［J］．产业经济研究，2013（2）．

［182］于良春，张伟．中国行业性行政垄断的强度与效率损失研究［J］．经济研究，2010（3）．

［183］余军华．中国收入分配制度中"灰色收入成因及治理"［J］．华东经济管理，2007（12）．

［184］苑茜，周冰，沈士仓等．现代劳动关系辞典［M］．北京：中国劳动社会保障出版社，2000（4）．

［185］岳希明，李实，史泰丽．垄断行业高收入问题探讨［J］．中国社会科学，2010（3）．

［186］岳希明，张斌，徐静．中国税制的收入分配效应测度［J］．中国社会科学，2014（6）．

［187］曾伏秋．国有垄断企业职工对收入分配问题的评价［J］．湖南商学院学报，2002（1）．

［188］曾国安．研究地下经济及其整治问题的最新力作——评《若干地下经济问题的整治研究》［J］．财贸经济，2012（6）．

［189］曾根威彦．政官業の癒着をめぐる構造汚職［J］．早稲田法学，2011．

［190］张福康．企业偷漏税的成因及其对策［J］．吉林商业高专学报，1997（1）．

［191］张辉．我国个人所得税税收潜在能力估算——基于分布估测法的实证分析［J］．税务研究，2013（9）．

［192］赵乐东．地下经济与GDP核算［J］．统计与决策，1998（8）．

［193］赵明凤．浅析偷税漏税的成因与防范［J］．时代经贸，2006（2）．

［194］张彤．如何计算违法所得或非法收入［J］．中国标准导报，1994（1）．

［195］张运成．全球地下经济发展态势［J］．现代国际关系，2001（3）．

［196］张原．中国行业垄断的收入分配效应［J］．经济评论，2011（4）．

［197］张亦峥．灰色收入形形色色［J］．出国与就业，1993（1）．

［198］张迎春．用通货需求模型估测中国地下经济规模［J］．统计与信息论坛，2003（4）．

［199］张哲，和丕禅．地下经济：影响与对策［J］．财政研究，2001

（12）．

［200］张志超，丁宏，但芳芳．中国地下经济的规模估测［J］．统计与决策，2004（123）．

［201］张红，吴树斌．"灰色收入"问题探析［J］．沈阳师范学院学报（社会科学版），2001（1）．

［202］郑理．我国企业偷税漏税的原因分析及有效策略［J］．科技经济市场，2006（11）．

［203］郑永彪．略论灰色收入来源、危害与治理［J］．经济与管理，2015（3）．

［204］郑勇军．决定地下经济规模的主要因素分析［J］．浙江社会科学，1995（3）．

［205］郑永彪，王丹．略论灰色收入来源、危害与治理［J］．人民论坛，2015（8）．

［206］直人．灰色收入拉大贫富差距［J］．价格与市场，1997（1）．

［207］钟锋．财产公开消灭灰色收入［J］．21世纪，2014（2）．

［208］中国社会科学院经济研究所．现代经济词典［M］．南京：凤凰出版社，江苏人民出版社，2005．

［209］周国富．国外测算非正规经济的各种方法及其观点综述［J］．统计研究，1999（4）．

［210］朱莺．我国垄断行业职工高福利现象解析：成因及负面影响［J］．上海企业，2007（1）．

［211］朱鹏．浅谈"搭便车"行为——从"偷税漏税"行为说起［J］．法制与社会，2009（20）．

［212］朱翼．私营企业偷税漏税行为的剖析与治理［J］．财经研究，1989（10）．

［213］朱小斌，杨缅昆．中国地下经济实证研究：1979－1997［J］．统计研究，2000（4）．

［214］庄新英，孙绍荣，宋玉强．制度下监督机构和特权者在灰色收入下的博弈分析［J］．上海理工大学学报，2012（4）．

［215］邹金町．探讨如何减少企业偷漏税行为的措施［J］．行政事业资产与财务，2014（5）．

［216］最高人民检察院工作报告——2014年3月10日在第十二届全国人民代表大会第二次会议上［EB/OL］．http：//www.spp.gov.cn/tt/201403/t20140318_69216.shtml.

附　录

附录1　1992～2013年企业、政府、居民三部门初次分配收入规模及比例

单位：亿元，%

年份	企业部门		政府部门		居民部门	
	规模	比例	规模	比例	规模	比例
1992	4869.74	18.00	4317.51	15.90	17894.78	66.10
1993	7791.23	22.00	5520.28	15.60	22138.87	62.40
1994	10563.29	21.80	6410.68	13.30	31396.35	64.90
1995	13976.11	23.20	7450.90	12.40	38719.56	64.40
1996	14102.81	20.00	9012.64	12.80	47422.81	67.20
1997	17145.58	21.80	9821.10	12.50	51550.59	65.70
1998	17130.98	20.50	10774.45	12.90	55600.34	66.60
1999	18464.37	20.70	11619.80	13.10	58905.66	66.20
2000	20854.61	21.20	12938.86	13.10	64768.75	65.70
2001	25058.89	23.10	13791.40	12.70	69833.14	64.20
2002	27977.35	23.40	16746.66	14.00	75040.98	62.60
2003	32882.73	24.20	18555.08	13.70	84281.00	62.10
2004	43053.92	26.90	22354.29	13.90	94881.48	59.20
2005	49158.46	26.60	25977.87	14.10	109439.44	59.30
2006	58411.45	26.90	31033.32	14.30	127801.79	58.80
2007	73806.26	27.50	39216.97	14.60	155607.82	57.90
2008	90346.02	28.30	44959.47	14.10	183431.18	57.60

续表

年份	企业部门		政府部门		居民部门	
	规模	比例	规模	比例	规模	比例
2009	94085.19	27.30	48010.45	13.90	202950.73	58.80
2010	109581.51	26.90	59510.16	14.60	238046.14	58.50
2011	123600.65	25.80	72226.44	15.00	283749.04	59.20
2012	131858.29	24.70	82529.82	15.50	318483.95	59.80
2013	140691.81	24.10	88745.04	15.20	353759.88	60.70

资料来源：国家统计局，Wind 数据库。

附录2   1952～2014 年支出法最终消费支出结构   单位：亿元

年份	GDP：支出法	GDP：最终消费支出	GDP：最终消费支出：居民	GDP：最终消费支出：政府
1952	692.20	546.30	453.00	93.30
1953	834.30	644.40	529.20	115.20
1954	878.30	654.10	550.00	104.10
1955	934.90	722.30	602.60	119.70
1956	1034.20	772.60	646.80	125.80
1957	1101.90	816.40	686.60	129.80
1958	1291.20	852.60	724.00	128.60
1959	1451.30	821.50	691.20	130.30
1960	1508.00	932.60	741.70	190.90
1961	1275.20	995.10	816.70	178.40
1962	1176.40	985.70	838.70	147.00
1963	1293.10	1014.30	844.20	170.10
1964	1441.80	1078.60	889.60	189.00
1965	1629.20	1158.60	951.50	207.10
1966	1827.30	1251.30	1021.10	230.20
1967	1707.70	1275.70	1081.50	194.20

续表

年份	GDP：支出法	GDP：最终消费支出	GDP：最终消费支出：居民	GDP：最终消费支出：政府
1968	1708.70	1269.10	1076.60	192.50
1969	1857.70	1359.40	1127.70	231.70
1970	2207.00	1459.70	1206.80	252.90
1971	2392.50	1557.90	1262.00	295.90
1972	2453.80	1644.30	1334.20	310.10
1973	2669.60	1751.30	1432.50	318.80
1974	2738.70	1809.60	1467.00	342.60
1975	2950.40	1887.40	1528.50	358.90
1976	2968.30	1969.50	1588.50	381.00
1977	3166.00	2057.80	1647.80	410.00
1978	3634.10	2232.90	1759.10	473.80
1979	4078.20	2578.30	2014.00	564.30
1980	4575.30	2966.90	2336.90	630.00
1981	4957.30	3277.30	2627.50	649.80
1982	5426.30	3575.60	2867.10	708.50
1983	6078.70	4059.60	3220.90	838.60
1984	7345.90	4784.40	3689.50	1094.90
1985	9180.50	5917.90	4627.40	1290.50
1986	10473.70	6727.00	5293.50	1433.50
1987	12294.20	7638.70	6047.60	1591.10
1988	15332.20	9423.00	7532.10	1890.90
1989	17359.60	11033.30	8778.00	2255.30
1990	19067.00	12001.40	9435.00	2566.40
1991	22124.20	13614.20	10544.50	3069.70
1992	27334.20	16225.10	12312.20	3912.80
1993	35900.10	20796.70	15696.20	5100.50

续表

年份	GDP：支出法	GDP：最终消费支出	GDP：最终消费支出：居民	GDP：最终消费支出：政府
1994	48822.70	28272.30	21446.10	6826.20
1995	61539.00	36197.90	28072.90	8125.10
1996	72102.50	43086.80	33660.30	9426.40
1997	80024.80	47508.60	36626.30	10882.30
1998	85486.30	51460.40	38821.80	12638.60
1999	90823.80	56621.70	41914.90	14706.70
2000	100576.80	63667.70	46987.80	16679.90
2001	111250.20	68546.70	50708.80	17837.90
2002	122292.10	74068.20	55076.40	18991.80
2003	138314.70	79513.10	59343.80	20169.30
2004	162742.10	89086.00	66587.00	22499.10
2005	189190.40	101447.80	75232.40	26215.40
2006	221206.50	114728.60	84119.10	30609.50
2007	271699.30	136229.40	99793.30	36436.20
2008	319935.80	157466.30	115338.30	42128.00
2009	349883.30	172728.30	126660.90	46067.40
2010	410708.30	198998.10	146057.60	52940.50
2011	486037.80	241022.10	176532.00	64490.10
2012	540988.90	271112.80	198536.80	72576.10
2013	596962.90	300337.80	219762.50	80575.30
2014	648493.10	328312.60	242539.70	85772.90

资料来源：国家统计局，Wind 数据库。

附录3　2013年资金流量表（实物交易）

单位：亿元

机构部门 交易项目	非金融企业部门		金融机构部门		政府部门		居民部门		国内合计		国外部门		合计	
	运用	来源	运用	来源	运用	来源	运用	来源	运用	来源	运用	来源	运用	来源
一、净出口												-14552.1		-14552.1
二、增加值		359277.1		41190.5		42559.7		144991.5		588018.8				588018.8
三、劳动者报酬	147383.1		12090.1		37081.9		101415.3	298966.1	297970.3	298966.1	1102.0	106.2	299072.3	299072.3
四、生产税净额	65701.3		4598.4		286.1	73536.4	2950.6		73536.4	73536.4			73536.4	73536.4
五、财产收入	48864.3	23497.6	47284.0	42647.8	5760.2	15777.2	7656.3	21824.4	109564.8	103747.0	10309.1	16126.9	119873.9	119873.9
（一）利息	22246.6	21041.5	44342.1	41887.1	5760.2	5633.8	7598.5	18429.3	79947.5	86991.7	7930.3	886.1	87877.8	87877.8
（二）红利	19995.6	2378.8	1188.8	760.7		3463.5		1719.4	21184.4	8322.4	2378.8	15240.8	23563.2	23563.2
（三）地租	5070.1					5127.9	57.8		5127.9	5127.9			5127.9	5127.9
（四）其他	1552.0	77.4	1753.1			1552.0		1675.7	3305.0	3305.0			3305.0	3305.0
六、初次分配总收入		120826.0		19865.8		88745.0		353759.9		583196.7				

续表

机构部门 交易项目	非金融企业部门 运用	非金融企业部门 来源	金融机构部门 运用	金融机构部门 来源	政府部门 运用	政府部门 来源	居民部门 运用	居民部门 来源	国内合计 运用	国内合计 来源	国外部门 运用	国外部门 来源	合计 运用	合计 来源
七、经常转移	21908.9	1287.2	9177.4	4274.9	46454.4	68085.3	40826.8	44180.3	118367.5	117827.7	3292.2	3832.1	121659.7	121659.7
(一)所得税、财产税等经常税	16537.0		5890.1			29030.4	6603.2		29030.4	29030.4			29030.4	29030.4
(二)社会保险缴款					7425.8	35993.6	28567.8		35993.6	35993.6			35993.6	35993.6
(三)社会保险福利					28743.9			28743.9	28743.9	28743.9			28743.9	28743.9
(四)社会补助	191.3				9899.6			10091.0	10091.0	10091.0			10091.0	10091.0
(五)其他	5180.5	1287.2	3287.3	4274.9	385.0	3061.4	5655.8	5345.4	14508.7	13968.8	3292.2	3832.1	17800.9	17800.9
八、可支配总收入		100204.4		14963.2		110376.0		357113.4		582656.9				582656.9
九、最终消费					81245.9		219762.5		301008.4				301008.4	
(一)居民消费							219762.5		219762.5				219762.5	
(二)政府消费					81245.9				81245.9				81245.9	

续表

机构部门＼交易项目	非金融企业部门		金融机构部门		政府部门		居民部门		国内合计		国外部门		合计	
	运用	来源	运用	来源	运用	来源	运用	来源	运用	来源	运用	来源	运用	来源
十、总储蓄		100204.4		14963.2		29130.1		137350.9		281648.5		-9190.2		272458.3
十一、资本转移	3196.8	7707.3			7793.6	3857.9	384.6		11375.0	11565.2	276.5	86.2	11651.5	11651.5
(一)投资性补助		7707.3			7707.3				7707.3	7707.3			7707.3	7707.3
(二)其他	3196.8				86.2	3857.9	384.6		3667.6	3857.9	276.5	86.2	3944.1	3944.1
十二、资本形成总额	172643.3		636.3		28262.6		72634.4		274176.7				274176.7	
(一)固定资本形成总额	164613.9		636.3		27879.8		69897.9		263027.9				263027.9	
(二)存货增加	8029.4				382.8		2736.5		11148.8				11148.8	
十三、其他非金融资产获得减处置	30833.3				-7461.7		-23371.6							
十四、净金融投资	-98761.7		14326.9		4393.5		87703.5		7662.1		-9380.5		-1718.4	

附录4　2010～2014年世界各国清廉指数得分情况

Country/Territory	Code	CPI 2010 Score	CPI 2011 Score	CPI 2012 Score	CPI 2013 Score	CPI 2014 Score
Denmark	DNK	9.3	9.4	90	91	92
New Zealand	NZL	9.3	9.5	90	91	91
Finland	FIN	9.2	9.4	90	89	89
Sweden	SWE	9.2	9.3	88	89	87
Norway	NOR	8.6	9	85	86	86
Switzerland	CHE	8.7	8.8	86	85	86
Singapore	SGP	9.3	9.2	87	86	84
Netherlands	NLD	8.8	8.9	84	83	83
Luxembourg	LUX	8.5	8.5	80	80	82
Canada	CAN	8.9	8.7	84	81	81
Australia	AUS	8.7	8.8	85	81	80
Germany	DEU	7.9	8	79	78	79
Iceland	ISL	8.5	8.3	82	78	79
United Kingdom	GBR	7.6	7.8	74	76	78
Belgium	BEL	7.1	7.5	75	75	76
Japan	JPN	7.8	8	74	74	76
Barbados	BRB	7.8	7.8	76	75	74
Hong Kong	HKG	8.4	8.4	77	75	74
Ireland	IRL	8	7.5	69	72	74
United States of America	USA	7.1	7.1	73	73	74
Chile	CHL	7.2	7.2	72	71	73
Uruguay	URY	6.9	7	72	73	73
Austria	AUT	7.9	7.8	69	69	72
Bahamas	BHS		7.3	71	69	71
United Arab Emirates	ARE	6.3	6.8	68	69	70
Estonia	EST	6.5	6.4	64	68	69
France	FRA	6.8	7	71	71	69
Qatar	QAT	7.7	7.2	68	68	69

Country/Territory	Code	CPI 2010 Score	CPI 2011 Score	CPI 2012 Score	CPI 2013 Score	CPI 2014 Score
Saint Vincent and the Grenadines	VCT		5.8	62	62	67
Bhutan	BTN	5.7	5.7	63	63	65
Botswana	BWA	5.8	6.1	65	64	63
Cyprus	CYP	6.3	6.3	66	63	63
Portugal	PRT	6	6.1	63	62	63
Puerto Rico	PRI	5.8	5.6	63	62	63
Poland	POL	5.3	5.5	58	60	61
Taiwan	TWN	5.8	6.1	61	61	61
Israel	ISR	6.1	5.8	60	61	60
Spain	ESP	6.1	6.2	65	59	60
Dominica	DMA	5.2	5.2	58	58	58
Lithuania	LTU	5	4.8	54	57	58
Slovenia	SVN	6.4	5.9	61	57	58
Cape Verde	CPV	5.1	5.5	60	58	57
Korea (South)	KOR	5.4	5.4	56	55	55
Latvia	LVA	4.3	4.2	49	53	55
Malta	MLT	5.6	5.6	57	56	55
Seychelles	SYC	4.8	4.8	52	54	55
Costa Rica	CRI	5.3	4.8	54	53	54
Hungary	HUN	4.7	4.6	55	54	54
Mauritius	MUS	5.4	5.1	57	52	54
Georgia	GEO	3.8	4.1	52	49	52
Malaysia	MYS	4.4	4.3	49	50	52
Samoa	WSM	4.1	3.9			52
Czech Republic	CZE	4.6	4.4	49	48	51
Slovakia	SVK	4.3	4	46	47	50
Bahrain	BHR	4.9	5.1	51	48	49
Jordan	JOR	4.7	4.5	48	45	49
Lesotho	LSO	3.5	3.5	45	49	49

Country/Territory	Code	CPI 2010 Score	CPI 2011 Score	CPI 2012 Score	CPI 2013 Score	CPI 2014 Score
Namibia	NAM	4.4	4.4	48	48	49
Rwanda	RWA	4	5	53	53	49
Saudi Arabia	SAU	4.7	4.4	44	46	49
Croatia	HRV	4.1	4	46	48	48
Ghana	GHA	4.1	3.9	45	46	48
Cuba	CUB	3.7	4.2	48	46	46
Oman	OMN	5.3	4.8	47	47	45
Macedonia	MKD	4.1	3.9	43	44	45
Turkey	TUR	4.4	4.2	49	50	45
Kuwait	KWT	4.5	4.6	44	43	44
South Africa	ZAF	4.5	4.1	43	42	44
Brazil	BRA	3.7	3.8	43	42	43
Bulgaria	BGR	3.6	3.3	41	41	43
Greece	GRC	3.5	3.4	36	40	43
Italy	ITA	3.9	3.9	42	43	43
Romania	ROM	3.7	3.6	44	43	43
Senegal	SEN	2.9	2.9	36	41	43
Swaziland	SWZ	3.2	3.1	37	39	43
Montenegro	MON	3.7	4	41	44	42
Sao Tome and Principe	STP	3	3	42	42	42
Serbia	SCG	3.5	3.3	39	42	41
Tunisia	TUN	4.3	3.8	41	41	40
Benin	BEN	2.8	3	36	36	39
Bosnia and Herzegovina	BIH	3.2	3.2	42	42	39
El Salvador	SLV	3.6	3.4	38	38	39
Mongolia	MNG	2.7	2.7	36	38	39
Morocco	MAR	3.4	3.4	37	37	39
Burkina Faso	BFA	3.1	3	38	38	38
India	IND	3.3	3.1	36	36	38
Jamaica	JAM	3.3	3.3	38	38	38

Country/Territory	Code	CPI 2010 Score	CPI 2011 Score	CPI 2012 Score	CPI 2013 Score	CPI 2014 Score
Peru	PER	3.5	3.4	38	38	38
Philippines	PHL	2.4	2.6	34	36	38
Sri Lanka	LKA	3.2	3.3	40	37	38
Thailand	THA	3.5	3.4	37	35	38
Trinidad and Tobago	TTO	3.6	3.2	39	38	38
Zambia	ZMB	3	3.2	37	38	38
Armenia	ARM	2.6	2.6	34	36	37
Colombia	COL	3.5	3.4	36	36	37
Egypt	EGY	3.1	2.9	32	32	37
Gabon	GAB	2.8	3	35	34	37
Liberia	LBR	3.3	3.2	41	38	37
Panama	PAN	3.6	3.3	38	35	37
Algeria	DZA	2.9	2.9	34	36	36
China	CHN	3.5	3.6	39	40	36
Suriname	SUR		3	37	36	36
Bolivia	BOL	2.8	2.8	34	34	35
Mexico	MEX	3.1	3	34	34	35
Moldova	MDA	2.9	2.9	36	35	35
Niger	NER	2.4	2.5	33	34	35
Argentina	ARG	2.9	3	35	34	34
Djibouti	DJI	3.2	3	36	36	34
Indonesia	IDN	2.8	3	32	32	34
Albania	ALB	3.3	3.1	33	31	33
Ecuador	ECU	2.5	2.7	32	35	33
Ethiopia	ETH	2.7	2.7	33	33	33
Kosovo	LWI	2.8	2.9	34	33	33
Malawi	MWI	3.4	3	37	37	33
Côte d'Ivoire	CIV	2.2	2.2	29	27	32
Dominican Republic	DOM	3	2.6	32	29	32
Guatemala	GTM	3.2	2.7	33	29	32

Country/Territory	Code	CPI 2010 Score	CPI 2011 Score	CPI 2012 Score	CPI 2013 Score	CPI 2014 Score
Mali	MLI	2.7	2.8	34	28	32
Belarus	BLR	2.5	2.4	31	29	31
Mozambique	MOZ	2.7	2.7	31	30	31
Sierra Leone	SLE	2.4	2.5	31	30	31
Tanzania	TZA	2.7	3	35	33	31
Vietnam	VNM	2.7	2.9	31	31	31
Guyana	GUY	2.7	2.5	28	27	30
Mauritania	MRT	2.3	2.4	31	30	30
Azerbaijan	AZE	2.5	2.4	27	28	29
Gambia	GMB	3.2	3.5	34	28	29
Honduras	HND	2.4	2.6	28	26	29
Kazakhstan	KAZ	2.9	2.7	28	26	29
Nepal	NPL	2.2	2.2	27	31	29
Pakistan	PAK	2.3	2.5	27	28	29
Togo	TGO	2.4	2.4	30	29	29
Madagascar	MDG	2.6	3	32	28	28
Nicaragua	NIC	2.5	2.5	29	28	28
Timor – Leste	TLS	2.5	2.4	33	30	28
Cameroon	CMR	2.2	2.5	26	25	27
Iran	IRN	2.2	2.7	28	25	27
Kyrgyzstan	KGZ	2	2.1	24	24	27
Lebanon	LBN	2.5	2.5	30	28	27
Nigeria	NGA	2.6	2.4	27	25	27
Russia	RUS	2.1	2.4	28	28	27
Comoros	COM	2.1	2.4	28	28	26
Uganda	UGA	2.5	2.4	29	26	26
Ukraine	UKR	2.4	2.3	26	25	26
Bangladesh	BGD	2.4	2.7	26	27	25
Guinea	GIN	2	2.1	24	24	25
Kenya	KEN	2.1	2.2	27	27	25

续表

Country/Territory	Code	CPI 2010 Score	CPI 2011 Score	CPI 2012 Score	CPI 2013 Score	CPI 2014 Score
Laos	LAO	2.1	2.2	21	26	25
Papua New Guinea	PNG	2.1	2.2	25	25	25
Central African Republic	CAF	1	2.2	26	25	24
Paraguay	PRY	2.2	2.2	25	24	24
Congo Republic	COG	2.1	2.2	26	22	23
Tajikistan	TJK	2.1	2.3	22	22	23
Chad	TCD	1.7	2	19	19	22
Democratic Republic of the Congo	COD	2	2	21	22	22
Cambodia	KHM	2.1	2.1	22	20	21
Myanmar	MMR	1.4	1.5	15	21	21
Zimbabwe	ZWE	2.4	2.2	20	21	21
Burundi	BDI	1.8	1.9	19	21	20
Syria	SYR	2.5	2.6	26	17	20
Angola	AGO	1.9	2	22	23	19
Guinea – Bissau	GNB	2.1	2.2	25	19	19
Haiti	HTI	2.2	1.8	19	19	19
Venezuela	VEN	2	1.9	19	20	19
Yemen	YEM	2.2	2.1	23	18	19
Eritrea	ERI	2.6	2.5	25	20	18
Libya	LBY	2.2	2	21	15	18
Uzbekistan	UZB	1.6	1.6	17	17	18
Turkmenistan	TKM	1.6	1.6	17	17	17
Iraq	IRQ	1.5	1.8	18	16	16
South Sudan	SSD				14	15
Afghanistan	AFG	1.4	1.5	8	8	12
Sudan	SDN	1.6	1.6	13	11	11
Korea (North)	PRK		1	8	8	8
Somalia	SOM	1.1	1	8	8	8

Country/Territory	Code	CPI 2010 Score	CPI 2011 Score	CPI 2012 Score	CPI 2013 Score	CPI 2014 Score
Brunei	BRN	5. 5	5. 2	55	60	
Macau	MAC	5	5. 1			
Vanuatu	VUT	3. 6	3. 5			
Kiribati	KIR	3. 2	3. 1			
tonga	TON	3	3. 1			
Solomon islands	SLB	2. 8	2. 7			
Maldives	MDV	2. 3	2. 5			
Equatorial Guinea	GNQ	1. 9	1. 9	20	19	
Saint Lucia	LCA		7	71	71	

后　记

　　本书为国家社会科学基金一般项目"非法非正常收入形成的博弈机理及其对国民收入分配格局的影响研究"（批准号：13BJL033）的最终成果。本书比较系统全面地研究了非法非正常收入形成的理论机制以及我国在政府、企业和居民三大市场主体中存在的非法非正常收入问题。希望本书对非法非正常收入的治理有所助益，对收入分配研究有所贡献。

　　经过课题组全体成员的不懈努力，本书得以完成。首先，向国家社科基金规划办、首都经济贸易大学科研处和经济学院、经济管理出版社的相关领导和工作人员表示感谢，感谢他们给予的工作指导和出版支持。其次，感谢李伟博士、高连水博士等课题组成员，感谢他们在本书研究中所做的努力。再次，感谢杨永恒博士、孙哲博士、刘春义博士和邓阳博士，感谢他们在有关研究上提供的资料和研究建议。最后，感谢我妻子的支持，她承担了孩子教育任务和大部分家务，使本书的出版得到了更好的保障。

　　鉴于本书处于探索性阶段，书中不可避免地存在不足之处，敬请各位同仁不吝赐教，以期在今后的研究中加以改进。